MANUAL DE

DERECHO PENAL INTERNACIONAL

MIGUEL ALÍA PLANA

MANUAL

DE

DERECHO PENAL INTERNACIONAL

ORIGEN Y DESARROLLO

MIGUEL ALÍA PLANA

Capitán Auditor del Cuerpo Jurídico Militar
de las Fuerzas Armadas Españolas.
Doctor en Derecho, en Periodismo y en Filosofía y Ciencias de la Educación

MANUAL DE DERECHO PENAL INTERNACIONAL,
ORIGEN Y DESARROLLO
Miguel Alía Plana
© 2004 By Lulu Inc.
Printed in USA, Lulu.com
ID: 95221
ISBN 1-4116-2020-8

MANUAL DE DERECHO PENAL INTERNACIONAL

INTERNACIONAL

ORIGEN Y DESARROLLO

MIGUEL ALÍA PLANA

INDICE

EL AUTOR

Miguel Alía Plana es doctor en Derecho, Periodismo y Filosofía y Ciencias de la Educación; Master en Relaciones Internacionales y Comunicación, y en Seguridad y Defensa. Posee varios diplomas, en Mando de Operaciones de Paz, Observador Militar y Policía Civil de Naciones Unidas, así como el de Altos Esudios Internacionales de la Sociedad de Estudios Internacionales. Es Capitán Auditor del Cuerpo Jurídico Militar de las Fuerzas Armadas Españolas, en el que posee la especialidad de Derecho Internacional Militar. Ha prestado servicio en Bosnia-Herzegovina e Irak.

PRESENTACION

Nos hemos dado cuenta de que nuestro lenguaje no cuenta con suficientes palabras para expresar la ofensa que hemos recibido, la destrucción del hombre.

Primo Levi, superviviente de Auschwitz.

Este estudio pretende ser una aproximación a una disciplina que se encuentra en pleno desarrollo, auque sus orígenes sean ya lejanos. La novedad del Derecho Penal Internacional radica más que en sus planteamientos, en la atención que ha despertado, apenas hace unos años, tras el procesamiento de Pinochet por el magistrado español Baltasar Garzón, aunque el juicio de Nüremberg sea, posiblemente, la primera imagen en que pensemos si leemos u oímos alguna referencia sobre el tema. Efectos mediáticos aparte, gracias a esas actuaciones contra el dictador chileno, la responsabilidad penal internacional ha quedado plenamente aceptada a lo largo del mundo y no se admiten espacios de impunidad en los que libremente, y sin consecuencias, se puedan violar los derechos humanos masivamente, nos guste ello o no, con independencia del signo político del genocida. Y que conste que no estamos ante una cuestión ideológica, sino moral. Las izquierdas y las derechas han aportado, a lo largo de su historia, una lista amplia de culpables, de monstruos y de asesinos de masas, como para que ahora el proceso contra Pinochet sea solamente considerado "un triunfo de la izquierda progresista" y no un logro del Derecho y de la propia Humanidad. Hora es de abandonar los caducos conceptos de derechas e izquierdas, inútiles para contemplar un fenómeno jurídico. También es preciso que justifiquemos el tono de este libro: se ha escrito buscando más un estilo periodístico que técnico, porque espero que los lectores no se limiten a juristas, abogados y funcionarios. Por ello, he pretendido, en todo momento, usar un lenguaje fácil, al plantear los orígenes de esta disciplina y dibujar un esbozo, sin duda simplificado, del camino que ha elegido la Historia para ella; sus inflexiones, hitos, momentos cumbres y abismos. Nos enfrentaremos a las primeras manifestaciones de los crímenes internacionales; a figuras como Lieber, George Washington Williams, Moyner, Lemkin o Jackson, sin cuyos aportes esta disciplina no sería lo que es; veremos la forma en que actuaron los tribunales militares de Nüremberg y Tokio, y sabremos de la existencia de criminales de guerra como Goering, Yamashita, Homma, Eichmann o Calley, que perpetraron las monstruosidades que les hicieron famosos, en el que debería haber sido, para todo soldado, el campo del honor y que ellos despreciaron y mancharon. El texto desgranará hechos históricos sangrientos, como los crímenes de las dictaduras militares argentina y chilena (dignos de una nueva y borgiana *Historia Universal de la Infamia*), las guerras civiles de Yugoslavia (en cuyo territorio serví como asesor jurídico de las tropas españolas de la NATO), Ruanda, Sierra Leona...Y llegaremos al último capítulo, en el que describimos el proceso internacional que llevó a la creación de la Corte Penal Internacional de Roma. Por último, quiero que este libro sirva para recordar a las *víctimas necesarias del devenir histórico*, como diría Marx o, como en su día, oí mencionar a Trinidad Jiménez cuando comentaba la guerra de Irak en Tele 5. Yo soy nieto de una de esas víctimas: mi abuelo Jesús Alía Palomo, comandante de Infantería, torturado, mutilado y asesinado por miembros del Partido Socialista Obrero Español, por ser militar y católico, el 23 de agosto de 1936, aquel verano del genocidio que los partidos de izquierdas perpetraron, con total impunidad, en media España.

El autor.

24 de diciembre de 2004.

1.-Concepto de Derecho Penal Internacional: el *core delicta iuris gentium*

Hoy en día, una vez abandonadas numerosas disquisiciones académicas y un tanto estériles, sobre el contenido de esta materia[1], se acepta sin controversias que el Derecho Penal Internacional[2] es aquella disciplina, intermedia o mixta[3], entre el Derecho Internacional Público y el Derecho Penal, que regula, mediante los oportunos acuerdos y principios generales, suscritos y reconocidos por Estados y organizaciones internacionales, las siguientes materias:

1. La determinación del conjunto de acciones típicas, antijurídicas, culpables y punibles que, cometidas individual o colectivamente, afectan a la totalidad de la comunidad internacional, por su especial trascendencia o gravedad. Tal determinación se realiza a través de la creación de un listado de acciones de alcance global, llamado *core delicta iuris gentium*. Se entiende por tal expresión, *el catálogo de los crímenes más graves que afectan a toda la humanidad y ofenden la conciencia y el derecho de todas las naciones*. Este *core delicta iuris gentium* está integrado, actualmente, por el genocidio, los crímenes contra la paz (delito de agresión), los crímenes de guerra (o violaciones de las leyes y usos aplicables en los conflictos

---

1.-GIL GIL, Alicia, *Derecho Penal Internacional*, Madrid: Editorial Tecnos, 1999, ps. 23 a 27. Para esta autora, y desde un punto de vista esencialmente español y con nuestro Derecho como punto de referencia, se decía hasta tiempos recientes que esta disciplina comprendía temas relativos a la competencia jurisdiccional, la aplicabilidad de la Ley penal española en el espacio, especialmente fuera de nuestras fronteras, la entreayuda judicial y el reconocimiento de sentencias extranjeras. Cf. RUEDA FERNÁNDEZ, Casilda, *Delitos de Derecho Internacional*, Barcelona: Bosch, 2001.

2.-Según QUINTANO RIPOLLÉS, el término Derecho Internacional Penal se debe a BENTHAM, que lo incluyó en sus Principles de 1820. A título de curiosidad, diremos que según MANZINI y FERRI era una disciplina imposible, ya que, para el primero, no existían delitos internacionales; mientras que el segundo mantenía que para su existencia era necesario que se organizara una justicia penal común entre Estados. Cf. QUINTANO RIPOLLÉS, Antonio, *Tratado de Derecho Internacional Penal*, Madrid: CSIC, 1955.

3.-GIL GIL, Alicia, *Derecho Penal Internacional.*, op. cit., p. 52. Es penal por su contenido e internacional por su objeto.

armados) y los crímenes de lesa humanidad, así como sus variantes específicas. El objeto jurídico de estos tipos penales es complejo, ya que si bien protegen derechos individuales, la razón de ser de tal protección es la paz internacional, que depende, en su visión moderna, del respeto a los derechos humanos y a las relaciones pacíficas entre los distintos actores internacionales[4]. Una cuestión muy debatida, hasta tiempos recientes, era que este *core delicta iuris gentium* se había establecido a lo largo de proceso histórico que no siempre respetaba el principio de legalidad, inherente al Derecho Penal[5]. La cuestión parece resuelta, desde el desarrollo y compilación del Derecho de la Guerra y el Humanitario, después de la Segunda Guerra Mundial; la entrada en vigor de los estatutos de los tribunales internacionales de la antigua Yugoslavia, Ruanda y Sierra Leona, y con la tipificación prevista en el Estatuto de la Corte Penal Internacional.

2.   El establecimiento de los tribunales oportunos para enjuiciar a las personas individuales que sean responsables de la comisión de los tipos contenidos en tal *core delicta iuris gentium*. Ello implica la creación y reconocimiento universal de sus propias jurisdicciones (limitadas, en el espacio o el tiempo, o universales), y con las competencias inherentes en cuanto su régimen interno y funcionamiento administrativo. Se debe entender por jurisdicción la potestad de juzgar y ejecutar lo juzgado.

3.   El Derecho Procesal y Judicial de los citados órganos, es decir, las normas de funcionamiento interno

---

4.-Existe una relación directa entre los bienes jurídicos individuales, tales como la vida, los derechos humanos, etc., y el bien jurídico amparado por el concepto paz internacional. Ibíd., p. 37.

4. La determinación de las penas y el Derecho Penitenciario, oportuno y necesario, para castigar a los culpables.

Como primera aproximación, debemos destacar las siguientes notas características:

1. Su naturaleza es mixta, ya que requiere del empleo de conceptos e instituciones del Derecho Penal y del Derecho Internacional, y, dentro de éste, del Derecho de los Conflictos Armados y del Derecho de los derechos humanos. Es de destacar que el particular espíritu de los instrumentos internacionales que lo forman, tiende al uso y aceptación de elementos que no son estrictamente propios de nuestra cultura jurídica continental, sino que obedecen a sistemas del Derecho Penal anglosajón, que ha participado activamente en su formación y en la decantación de sus principios. Así, por ejemplo, el Derecho Penal Internacional posee la misma potestad que la reconocida en el Derecho Británico de considerar la jurisprudencia fuente del Derecho, en la interpretación, determinación y búsqueda de sus principios generales. Pero es que además de abarcar instituciones internacionales y penales, el Derecho Penal Internacional regula otras que escapan estrictamente a estos ámbitos, como es el *Derecho Procesal de los tribunales internacionales* creados hasta la fecha, y el régimen personal de sus miembros, magistrados, fiscales, personal de apoyo, etc., en lo que podríamos llamar *Derecho Judicial de los tribunales internacionales.* Esta naturaleza mixta, así como su novedad, hacen de él una realidad en permanente evolución, imperfecta en la medida que lo es la comunidad internacional: no posee un único poder político, su orden social es fragmentario, no está universalmente preestablecida una noción común de

---

5.-DE VABRES, Donnedieu ,"Le Proces de Nuremberg devant les Principes modernes du droit pénal

justicia o de reparación, es posible el uso de la fuerza, etc. Carece del desarrollo del Derecho Penal nacional y, por tanto, de su aceptación, respeto social y desarrollo académico. En este sentido, el Derecho Penal nacional, en abstracto (con todo su poder y eficacia) podría ser el *desideratum* del Derecho Penal Internacional, el *querer ser* al que se pretende que evolucione. QUINTANO mantenía que era *precario y gestante, pero Derecho al fin, con normas preexistentes aunque no siempre de exigibilidad inmediata, como lo fue el penal en la época del feudalismo y el civil en la Roma de elaboración pretoria*[6].

2. Otro motivo de imperfección es la falta de un consenso sobre el contenido concreto de un *core delicta iuris gentium* universalmente aceptado. Los delitos que contempla *han sido engendrados fuera del crisol exclusivo de la voluntad de un Estado determinado, y aun contra ella, con lo cual escapan a la dogmática del voluntarismo estatal*[7]. De ahí su carácter *iusnaturalista*[8],

---

international ", *Recueil des Cours* (1947-I), vol. 70, p. 577.

6.-QUINTANO RIPOLLÉS, Antonio, *Tratado de Derecho Internacional Penal*, op. cit., p. 12.

7.-Ibíd., p. 378 y sis.

8.-QUINTANO señala lo siguiente, sobre la base iusnaturalista de esta disciplina: *Se ha dicho y repetido hasta la saciedad que el Derecho Internacional Penal "creado" por los signatarios del Acuerdo de Londres de 8 de agosto de 1945 y aplicado en Nüremberg primero y en Tokio después, fue un acto unilateral de las Potencias vencedoras en la Segunda Guerra Mundial. Así hubiese sucedido, en efecto, si los representantes de los cuatro países allí congregados (Francia, Gran Bretaña, Estados Unidos de América y la U.R.S.S.) y los diecinueve que ulteriormente se adhirieron, hubieren "creado" dicho Derecho, imaginando infracciones y sanciones de su propia voluntad, y el reproche responde a la ya aludida mentalidad consciente o inconscientemente positiva que no concibe el Derecho más que en función de elaboración autoritaria a imprimir en una "Gaceta oficial". No fue así, sin embargo, y veintitrés países que aceptaron el programa jurídico a desarrollar contra los criminales de guerra no hicieron más que una labor de sistematización mínima a los efectos prácticos de la incriminación en juicio, no una "invención" de crímenes, cuya estimativa era de común sentir en dicho momento histórico. De la nada se creó el sistema, y la técnica, que ya fue mucho, pero el sustratum criminal, en su raíz ontológica y moral existía y era del dominio común, sin necesidad de un imposible plebiscito o una suma de voluntades nacionales, de Abisinia a Zululandia, para respetar el orden alfabético y la concepción comunitaria estrictamente geográfica. Que la guerra de agresión sea un crimen de guerra y aun el mayor de los crímenes posibles, nadie en nuestro tiempo osaría negarlo, y otro tanto puede decirse del resto de actos de violencia, exterminios previstos bajo los epígrafes de "crímenes de guerra" y "contra la humanidad" que luego serán especificados al detalle. La discusión se centra no en la estimativa jurídica ontológica de*

24

ya que su fundamento apela, en suma, *a la existencia de unos valores propios de la comunidad internacional, pero concebida ésta no al modo ecuménico-geográfico estricto y numérico, sino al de una formación sociológica y cultural de matiz más existencias que consensual y orgánico*[9].

Es preciso subrayar, con TRIFFTERER[10], la distinción entre *crímenes internacionales propios*, que amenazan valores universales como la paz o la integridad de la comunidad internacional; y los *impropios*, basados en el Derecho nacional, que requieren de instrumentos internacionales para una adecuada represión (la extradición, por ejemplo, o la cooperación judicial y policial) y que quedarían al margen del Derecho Penal Internacional. No obstante, su evolución podría hacer que aumentaran el elenco del *core delicta iuris gentium* definido hasta ahora, con la inclusión de delitos transnacionales y transfronterizos, de especial relevancia para la paz mundial. Tales son, clásicamente, la piratería, la trata de personas y la prostitución, el narcotráfico, el terrorismo y hoy en día, ciertos delitos ecológicos, informáticos y financieros. Estos delitos se caracterizan por la realización de los hechos típicos y por la producción de sus consecuencias en territorios sometidos a soberanías estatales diferentes. En general, se castigan por vía de Derecho nacional y se persiguen según un principio de competencia estatal universal, por decisión del legislador interno, no del internacional.

3. Es expansivo. Como fenómeno social, arranca de tiempos relativamente recientes, con antecedentes occidentales remotos. Su promoción, interés

---

tales crímenes, *en que todos están conformes, sino en el problema puramente técnico de su no definición previa por normas formalmente legales.* Ibíd., p. 380.

9.-Ibíd.

10.-TRIFFTERER, Otto, *Commentary on the Rome Statute of the International Criminal Court: Observers' Notes, Article by Article*, Baden-Baden: Nomos Verlagsgsellschaft, 1999.

académico y mediático demuestran que existe un consenso de la comunidad internacional sobre la protección de la dignidad humana y el rechazo a la barbarie, a través de una doble vía. Por un lado, es evidente el reconocimiento de un conjunto de graves violaciones a los derechos humanos y al Derecho Internacional Humanitario como crímenes internacionales. Por otro, se ha puesto de manifiesto la necesidad de perseguir tales acciones, cuya sanción interesa a toda la comunidad internacional. El castigo de los responsables no solamente es esencial para prevenir atrocidades y combatir la impunidad, también es un componente indispensable de una paz estable.

4. La base fundamental sobre la que se asienta, es la responsabilidad personal del autor por su comportamiento, que afecta no solamente a las víctimas y a su particular sociedad, sino también a la comunidad internacional y a la paz mundial, por la trascendencia de su contenido (genocidio, violaciones sistemáticas, delitos contra las leyes y usos de la guerra, vulneración del Derecho Humanitario Bélico, etc.).

Una vez visto lo anterior, es preciso determinar, en una primera y breve aproximación, el contenido de ese *core delicta iuris gentium* o catálogo de delitos que por su especial relevancia afectan a toda la comunidad internacional. Según GIL[11], en la actualidad pueden clasificarse de acuerdo con cuatro categorías independientes y con naturaleza propia: *crímenes contra la paz, contra la humanidad, de guerra y genocidio*[12].

- **Genocidio**: Este es sin duda, a primera vista, el delito menos problemático

---

11.-GIL GIL, Alicia, *Derecho Penal Internacional*, op. cit.

12.-Según se desprende del Estatuto de Roma de la Corte Penal Internacional (CPI), aprobado el 17 de julio de 1998. Cf. www.icrc.org/icrcspa.nsf/.

en cuanto a su tipificación. Se define en la *Convención para la Prevención y la Sanción del Delito de Genocidio, adoptada por Resolución 260 (III) A de la Asamblea General el 9 de diciembre de 1948* como *cualquiera de los actos mencionados a continuación, perpetrados con la intención de destruir, total o parcialmente, a un grupo nacional, étnico, racial, o religioso, como tal: (a) Matanza de miembros del grupo; (b) Lesión grave a la integridad física o mental de los miembros del grupo; (c) Sometimiento intencional del grupo a condiciones de existencia que hayan de acarrear su destrucción física, total o parcial; (d) Medidas destinadas a impedir los nacimientos en el seno del grupo; (e) Traslado por fuerza de niños del grupo a otro grupo.* La Convención prevé que los casos de genocidio pueden remitirse a un tribunal penal internacional. Los estudios e interpretaciones de lo que se entiende por genocidio han sido muy numerosas, pero la más importante ha sido, probablemente, la contenida en el *Informe Whitaker*[13], y planteada en el *caso Pinochet*, a la que haremos referencia en su momento.

- **Crímenes contra la paz o delito de agresión**: Los crímenes contra la paz, o delito de agresión, presentan más dificultades en cuanto al tipo, ya que no existe una definición comparable a la del genocidio, como pueda ser el empleo de la fuerza armada por un Estado contra la soberanía, la integridad territorial o la independencia política de otro Estado. Haya o no declaración de guerra, los ejemplos siguientes son, sin duda, actos de agresión:

13.-Cf. WHITAKER, M. B., "United Nations Economic and Social Council Commission on Human Rights, Sub-Commission on Prevention of Discrimination and Protection of Minorities, Thirty-eighth session, Item 4 of the provisional agenda, E/CN.4/Sub.2/1985/6 — 2 July 1985, REVIEW OF FURTHER DEVELOPMENTS IN FIELDS WITH WHICH THE SUB-COMMISSION HAS BEEN CONCERNED, Revised and updated report on the question of the prevention and punishment of the crime of genocide. Prepared by Mr. B. Whitaker". en www.preventgenocide.org/prevent/UNdocs/whitaker/.

a.-La invasión o el ataque del territorio de un Estado por las fuerzas armadas de otro Estado, o cualquier ocupación militar, o cualquier anexión mediante el empleo de la fuerza, del territorio o de parte del territorio de otro Estado.

b.-El bombardeo o el empleo de cualquier arma contra el territorio de otro Estado.

c.-El bloqueo de los puertos y de las costas de un Estado por las fuerzas armadas de otro Estado.

d.-El ataque por las fuerzas armadas de un Estado contra las fuerzas armadas terrestres, navales o aéreas o contra la marina y la aviación civil de otro Estado.

e.-La utilización de las fuerzas armadas de un Estado que están estacionadas en el territorio de otro Estado con el consentimiento del Estado de acogida, contrariamente a las condiciones estipuladas en el acuerdo, o toda prolongación de su presencia sobre el territorio en cuestión, más allá de la terminación del acuerdo.

f.-El hecho de que un Estado admita que su territorio, que ha sido puesto a disposición de otro Estado, sea utilizado por este último para perpetrar un acto de agresión contra un tercer Estado.

g.-El envío por un Estado o en nombre suyo de bandas o grupos armados, de fuerzas irregulares o de mercenarios que cometan actos de fuerza armada contra otro Estado, de tal gravedad que se equiparen con los actos enumerados más arriba, o el hecho de participar de manera substancial en una acción de tal índole.

Lógicamente, el Estado víctima de una agresión tiene derecho a ejercer la legítima defensa. No constituyen actos de agresión los actos realizados en el ejercicio del derecho de los pueblos a la libre determinación, así como los que tienen como propósito la lucha contra la dominación colonial, la ocupación extranjera o la subyugación, de acuerdo con la Resolución 1514 (XV) de Naciones Unidas.

En la Resolución 3314 (XXIX) de la Asamblea General, de 14 de diciembre de 1974, se trata de la agresión por parte de los Estados, pero no se contempla como crimen susceptible de cometerse por una persona física. Por otra parte, esta Resolución tiene por objeto servir de guía al Consejo de Seguridad, órgano al que da una serie de pautas para la interpretación de las relaciones interestatales, pero no dar una definición para uso judicial. Sin embargo, dadas las disposiciones del párrafo, 4 del artículo 2 de la Carta de las Naciones Unidas, ofrece alguna orientación que nos permite afirmar que, hoy en día, un tribunal debería estar en mejores condiciones para tipificar este crimen (generalmente definido como de Derecho Internacional consuetudinario) que los Tribunales de Nüremberg y Tokio en 1946. Por otra parte, las dificultades de la definición y aplicación, unidas a la responsabilidad especial del Consejo de Seguridad, en virtud del Capítulo VII de la Carta, significan que deben tomarse medidas especiales para garantizar que sólo se incoen procedimientos por agresión si el Consejo de Seguridad determina primero que el Estado de que se trate ha cometido una agresión. Al respecto tampoco ha habido consenso. Se ha opinado que no todo acto de agresión es un crimen que dé lugar a la responsabilidad penal de los individuos. La norma consuetudinaria, tal como ha evolucionado desde 1945, sólo abarcaba la *iniciación de una guerra de agresión*. Esta opinión se apoyaba, en particular, en el apartado a) del artículo 6 del Estatuto del Tribunal de Nüremberg; y en la *Declaración sobre las relaciones de amistad*, contenida en la Resolución 2625 (XXV) de la Asamblea General de Naciones Unidas, de 24 de octubre de 1970, cuyo principio 1 establece que *una guerra de agresión constituye un crimen contra la paz que, con arreglo al Derecho Internacional, entraña responsabilidad*. A mayor abundamiento, el art. 5, párrafo. 2 de la Resolución 3314 (XXIX) de 14 de diciembre de 1974, sobre la definición de este término, establece que la guerra de agresión es un crimen contra la paz internacional.

- **Crímenes de guerra o violaciones de las leyes y usos aplicables en los conflictos armados**: Se reflejan aquí una prohibición ya clásica del Derecho Internacional, contenida en el Estatutos de Nüremberg y Tokio. Estas normas se desglosan en las conocidas ramas del Derecho de la Guerra y Derecho Humanitario Bélico (Convenciones de La Haya, Ginebra y Protocolos Adicionales), en las que se regula el comportamiento bélico en sus dos formas: *ius ad bello y ius in bellum*.

- **Crímenes de lesa humanidad**: Este es un término técnico específico que responde a una posición de Derecho Internacional General. El Estatuto del Tribunal de Nüremberg estableció una primera aproximación, mediante una enumeración de comportamientos, tales como el asesinato, el exterminio, la esclavitud, la deportación, el encarcelamiento, la tortura, la violación; la persecución por motivos políticos, raciales o religiosos; y cualquier otro *acto inhumano*. Comprenden, por lo tanto, las violaciones sistemáticas y masivas de los derechos humanos que no puedan ser reprimidas de acuerdo con los tipos anteriores, de ahí que tenga un cierto carácter residual y abierto. Según GIL[14], se definen como los atentados contra bienes jurídicos individualizados cometidos como parte de un ataque generalizado o sistemático realizado con la participación o tolerancia del poder político de *iure* o de *facto*.

Hoy en día, el Derecho ha evolucionado lo suficiente como para establecer estos delitos y, en fin, toda una teoría que permite esta visión cuatripartita. Sin embargo, como logro jurídico, ha sido reciente. En las líneas que siguen veremos cómo desde el origen de los primeros delitos internacionales (o al menos de las primeras incriminaciones que podrían tenerse como sus antecedentes) hasta el tiempo presente, no ha existido una visión clara de la materia. Además, aunque en la actualidad no sea así, se vincularon en sus primeras formulaciones a la guerra como referente fáctica, jurídica, social e incluso psicológica, en especial, al comportamiento exigible al militar en el ejercicio de su profesión, en campaña. Con el paso de los años, estos primeros vínculos perderían el vigor original, hasta casi desaparecer por completo en alguna de las formulaciones recientes.

En los puntos que siguen se abordará la aparición de las primeras manifestaciones del *core delicta iuris gentium*, su evolución durante el siglo XX, los Tratados de Versalles y Sévres; los Tribunales Militares Internacionales de Nüremberg y Tokio, los Tribunales Internacionales de la antigua Yugoslavia, Ruanda y Sierra Leona; y, finalmente, la Corte Internacional de Justicia, creada por el Tratado de Roma.

2.-Origen. Von Hagenbach, Lieber, George Washington Williams y los crímenes contra la humanidad

En las primeras normas en que se regularon acciones próximas a lo que

---

14.-GIL GIL, Alicia, *Derecho Penal Internacional*, op. cit., p. 151.

entendemos hoy en día como delito internacional, entraban en consideración factores religiosos (las *Leyes de Dios*) y morales, como la *caballerosidad* debida entre soldados[15]. Además, se relacionaban con la guerra y las leyes que debían presidir el comportamiento bélico, no escritas hasta el siglo XIX. Como veremos a lo largo de este estudio, poco a poco el Derecho Penal Internacional irá abandonando sus ropajes estrictamente militares y pasará, de castigar acciones cometidas en guerra por soldados, a reprimir violaciones de derechos cometidas en situaciones más amplias que la guerra, como son el conflicto armado, la subversión, el terrorismo de Estado, las dictaduras más salvajes, etc. Asimismo, los actores serán no sólo militares o milicianos, sino también autoridades políticas o personas con puestos de relevancia social, como políticos, periodistas o incluso jueces, como ocurrió, por ejemplo, en los procesos de *desnazificación* llevados a cabo en Alemania en los años cuarenta o cincuenta del siglo XX; o policías, en los casos de las dictaduras sudamericanas, como veremos más adelante.

Los primeros casos de enjuiciamientos y condenas por las acciones del *core delicta iuris gentium* apuntado, se refieren, por lo común, a comportamientos *bárbaros* de militares que se extralimitan en sus atribuciones y acciones, en los que además hay una constante alusión a principios éticos ajenos al Derecho resumidos

---

15.-Como ejemplo histórico de esta caballerosidad que comentamos, podemos citar un suceso acaecido en el siglo XVIII. El combate del jabeque *África*, el mando del Teniente de Navío D. José Salcedo, contra una corbeta y un navío ingleses, como entretenimiento para que un convoy español arribara a Fuengirola (cosa que consiguió) motivó una curiosa solicitud caballeresca por parte del Almirante Collingwood al Teniente General Mazarredo, superior de Salcedo. Tras reñido combate, quedó el Oficial español herido y prisionero de los ingleses, cuyo Almirante solicitó una recompensa al mando español por el valor demostrado por Salcedo: *...Por tanto, conjuro a VE. para que haga presente esta meritoria conducta al Rey de España, con mi humilde suplica de que Su Majestad se digne agraciar con alguna señal de su Real consideración a los muertos y recompensar al distinguido valor del valiente Salcedo, que les sobrevive.* Los ingleses le prestaron auxilio médico y, una vez recuperado, fue puesto en libertad. La Real Orden de 18 de marzo de 1799 calificó de *mérito sobresaliente* esta acción, se ascendió a Salcedo, de concedieron pensiones a las viudas y se estableció una medalla con el busto del Rey y una cinta, de la que se desconocen la forma y los colores. GUILLÉN la supone con la imagen de Carlos IV y la leyenda *AL MERITO*. Cf. GUILLEN TATO, Julio F., *Historia de las condecoraciones marineras: cruces, medallas y escudos de distinción*, Madrid: Consejo Superior de Investigaciones Científicas-Instituto Histórico de la Marina, 1958, p. 30; también FERNANDEZ DURO, Cesáreo, *Armada*

en el término vago y general de las *leyes de Dios*. Ya en el *Estatuto para el Gobierno del Ejército*, publicado en 1386 por el rey Ricardo II de Inglaterra, se establecían límites para la conducción de hostilidades y se prohibían, so pena de muerte, los actos de violencia contra mujeres y sacerdotes desarmados, el incendio de casas y la profanación de iglesias. En los códigos promulgados por Fernando de Hungría en 1526, por el Emperador Maximiliano II en 1570 (artículos 8 y 9) y por Gustavo II de Suecia en 1621, se estipulaban disposiciones de esta misma naturaleza[16]. El artículo 100 de los *Artículos de Guerra,* de Gustavo II, disponía que *ningún hombre debiere ejercer la tiranía sobre ningún clérigo o anciano, hombres o mujeres, doncellas o niños.*

El primer proceso, por crímenes de esta naturaleza, del que parece ha quedado rastros documentales, es el del *landvogt* (*prevoste,* es decir, gobernador) Peter von Hagenbach, incoado en 1474[17]. Ya en este caso, como en muchos posteriores, la posible condena del acusado giraba en torno a la cuestión de la obediencia debida[18]. Carlos *el Temerario*, Duque de Borgoña (1433-1477), conocido como *Carlos el Terrible*, había nombrado a Peter Von Hagenbach comandante de la plaza de Breisach, en el Alto Rin. La guerra se extendía, como una epidemia, por Centroeuropa: el Imperio se veía sacudido por los enfrentamientos entre Matías Corvino, señor de Hungría; Ladislao de Polonia, los *ultraquistas,* los *taboristas,* los *valdenses*, los turcos y los cantones suizos. El gobernador instauró un régimen de arbitrariedad, brutalidad y terror a fin de reducir la población civil de la ciudad al

---

Española, Madrid: 1902, tomo VIII, p. 175.

16.-SCHWARZENBERG, G., *International Law as Applied by International Courts and Tribunals, Vol. II: The Law of Armed Conflicts*, Londres: Stevens, 1968, p. 15; ÖGREN, K., "El Derecho Humanitario en los Artículos de Guerra decretados en 1621 por el Rey Gustavo Adolfo II de Suecia", *RICR*, nº 136 (julio-agosto de 1996), p. 472.

17.-Ibíd.

18.-DINSTEIN, Y., *The Defence of "Obedience to Superior Orders" in International Law*, Leiden: OBC, 1965.

sometimiento total. Los homicidios, las violaciones, la imposición ilegal de impuestos y la confiscación arbitraria de la propiedad privada, fueron prácticas generalizadas. Todos estos actos se cometían también contra los habitantes de los territorios vecinos, y afectaban igualmente a los mercaderes suizos en su camino hacia la feria de Francfort. Una coalición, formada por Austria, Francia, Berna y las ciudades y caballeros del Alto Rin, puso fin a las ambiciosas metas del poderoso Duque de Borgoña, que soñaba con la corona imperial, lo cual hizo caer a su subordinado von Hagenbach. El sitio de Breisach, la rebelión de sus propios lansquenetes y de los ciudadanos, acarrearon la derrota del tirano. En 1476, el Archiduque de Austria, que había capturado a Hagenbach, ordenó su procesamiento. En vez de remitir el caso a un tribunal ordinario, se instauró una corte *ad hoc*, formada por 28 jueces. En su calidad de soberano de la ciudad de Breisach, el Archiduque de Austria designó el presidente. En el proceso, un representante del Archiduque, que ejercía la acción pública, declaró que von Hagenbach había *pisoteado las leyes de Dios y del hombre*. Y le acusó de homicidio, violación, perjurio, y otros *malefacta*, entre los que se incluía el impartir órdenes a sus mercenarios de matar a los hombres en las casas donde se alojaran, para que las mujeres y los niños quedaran a su merced. El argumento de la defensa, basado esencialmente en la obediencia debida, sostenía que von Hagenbach no reconocía *otro juez ni señor diferente al Duque de Borgoña*, cuyas órdenes no podía cuestionar. *¿No se sabe acaso que los soldados deben absoluta obediencia a sus superiores?* [19] Esta pregunta era el *quid* de la cuestión, ya que el Duque de Borgoña había confirmado y ratificado, personalmente, *ex post factum*, que *todo se había hecho en su nombre* [20]. Von Hagenbach solicitó un aplazamiento, para pedir al Duque que confirmara sus argumentos, pero el tribunal se negó a concedérselo, por considerar la solicitud contraria a las *leyes de Dios* y porque los

19.-Ibíd.
20.-Ibíd.

crímenes cometidos por el acusado ya habían quedado plenamente acreditados. El tribunal le halló culpable y von Hagenbach, privado de su dignidad de caballero y de sus privilegios, fue ejecutado el 9 de mayo de 1474[21].

Este caso es interesante por varias razones. En primer lugar, aunque la ciudad no estaba en guerra, el Imperio sí. Además, Breisach podía considerarse como un territorio ocupado. Incluso si es difícil clasificar estos actos como crímenes de guerra, pueden, no obstante, considerarse como manifestaciones tempranas de crímenes de lesa humanidad. Gracias a este ejemplo, podemos contemplar el cimiento sobre el que se construirán las primeras aproximaciones a los delitos internacionales y la práctica totalidad del Derecho Penal Internacional: la cuestión del comportamiento exigible a militares y autoridades en el ejercicio de la fuerza, en situaciones de guerra o de conflicto social. De todo lo anterior se deducen dos conclusiones. La primera es que las restricciones a las actividades hostiles hay que buscarlas en el estudio de la cultura. Tienen su origen en valores religiosos y en el desarrollo de las concepciones militares. La medida en que estas costumbres se asemejan, reviste especial interés, y las similitudes suelen estar relacionadas tanto con el comportamiento que se espera de los combatientes entre ellos, como con la necesidad de respetar a los no combatientes[22]. Los manuales tradicionales de Derecho Humanitario citan como sus fundamentos los principios de *necesidad militar, humanidad* y *caballerosidad*[23]. Este último criterio parece fuera de lugar en el mundo moderno, pero es importante para comprender el origen y la índole del Derecho Humanitario.

21.-Cf. *Enciclopedia Universal Ilustrada Europeo Americana*, Madrid/Barcelona/Bilbao: Espasa e hijos, 1925, tomo XXVII, p. 513, voz *Hagenbach (Pedro de)*.

22.-Un estudio interesante sobre estas costumbres en distintas partes del mundo, se encuentra en la parte I de la obra *International Dimensions of Humanitarian Law*, París: UNESCO, 1988.

23.-OPPENHEIM, L., *International Law, Volumen II, Disputes, War and Neutrality*, Londres: Longmans and Green, 1952, ps. 226-227.

La segunda conclusión es que el Derecho Humanitario se elaboró en una época en que el recurso a la fuerza no constituía un instrumento político ilícito, aunque debía interpretarse de acuerdo con los parámetros ideológicos del Cristianismo. De ahí la importancia que tuvo, para el desarrollo del Derecho en Europa, la doctrina de la *guerra justa* de la Iglesia Católica[24].

En España, los primeros atisbos sobre la regulación de estas materias se contienen en los Fueros medievales de la Reconquista, en las *Leyes de Indias*, dictadas para regular las relaciones de los conquistadores (militares) con la población indígena de América; y en los *Bandos* dictados en el siglo XVI por los Capitanes Generales en las campañas de Italia y Flandes, citados por QUATREFAGES[25] y PARKER[26]. También destacan varias ordenanzas en las que se abordan estos temas, como por ejemplo, las siguientes:

1) Ordenanza de 13 de mayo de 1587, dada por Alejandro de Farnesio[27], conocida como *Primera de Flandes*.

2) *Real Ordenanza de 18 de diciembre de 1701, que llaman de Flandes*[28], *segunda* de Flandes, para distinguirla de la anterior.

3) *Ordenanzas de Carlos III*, de 22 de octubre de 1768, tituladas *Ordenanzas de S.M. para el régimen, disciplina, subordinación y servicio de*

24.-BAILEY, S., *Prohibitions and Restraints in War*, Londres: Oxford University Press, 1972.

25.-QUATREFAGES, René, *Los Tercios*, Madrid: Ediciones Ejército, 1983.

26.-PARKER, Geoffrey, *El ejército de Flandes y el Camino Español*, 1567-1659, Madrid: Alianza, 1991.

27.-Museo Naval de Madrid, S. 11611.

28.-PORTUGUÉS Y MORENTE, José Antonio, *Colección General de Ordenanzas Militares de España desde 1551 hasta 1758*, Madrid: 10 tomos, 1746-65.

sus Ejércitos[29].

Las colecciones de PORTUGUÉS[30], COLÓN DE LARRIÁTEGUI[31], VALLECILLO[32] o BACARDÍ[33] contienen éstas y otras normas semejantes, en las que ya se hace referencia al comportamiento que debía someterse el militar español en relación con la población civil de territorio ocupado, con el enemigo, el respeto a los heridos y prisioneros, etc. Este estado de cosas se mantuvo hasta la aparición, durante de la Guerra de Secesión Americana el *Código Lieber*[34], que contenía importantes novedades al respecto. Así, por ejemplo, dos normas básicas del Derecho Internacional Humanitario, la protección de los civiles y el trato decoroso a los prisioneros de guerra, se contemplan en su texto. *No obstante, así como la civilización ha avanzado durante estos últimos siglos, también ha evolucionado constantemente, especialmente en la guerra terrestre, la distinción entre el ciudadano individual de un país hostil y el país hostil en sí, con sus hombres armados. Se reconoce cada vez más que se ha de respetar la vida, los bienes y el honor del civil desarmado en la medida en que lo permitan las exigencias de la guerra*[35]. La

---

29.-VALLECILLO, Antonio, *Ordenanzas de S.M. para el Régimen Disciplina, Subordinación y Servicio de sus Ejércitos ilustradas por artículos con las Reales Ordenes espedidas hasta la fecha de esta edición*, Madrid: Imprenta de los Señores Andrés y Díaz, Plazuela del Duque de Alba nº 4, 3 ts., 1850.

30.-PORTUGUÉS Y MORENTE, José Antonio, *Colección General de Ordenanzas Militares de España...*, op. cit.

31.-COLÓN DE LARRIATEGUI Y XIMENEZ DE EMBUN, Félix, *Juzgados Militares de España*, Madrid: Viuda de Ibarra, hijos y Cía., 1788.

32.-VALLECILLO, Antonio, *Ordenanzas de S.M. para el Régimen Disciplina, Subordinación...*, op, cit; y del mismo autor, *Legislación Militar de España Antigua y Moderna, recogida, ordenada y recopilada por D. Antonio Vallecillo*. Madrid: Establecimiento tipográfico de T. Fortanet, 1853.

33.-BACARDÍ, Alejandro de, *Nuevo Colón o Tratado del Derecho Militar de España y sus Yndias*, Barcelona: Imprenta de Narciso Ramírez, 1858; y del mismo autor, *Diccionario de Legislación Militar*, Barcelona: Imprenta de Sucesores de Narciso Ramírez y Cía., 1885.

34.-*Instructions for the Government of Armies in the Field, prepared by Francis Lieber, promulgated as General Orders No.100 by President Lincoln, 24 April 1863*, en www.commonlaw.com/Lieber.html. Cf. SCHINDLER y TOMAN, *The Laws of Armed Conflicts*, Ginebra: Instituto Henry Dunant, 1988.

35.-*Art. 22. Nevertheless, as civilization has advanced during the last centuries, so has likewise steadily*

importancia del trato respetuoso a los prisioneros de guerra se explica como sigue: *un prisionero de guerra no ha de sufrir castigo por ser un enemigo público ni ser objeto de venganza ni se le ha de infligir intencionadamente sufrimientos o penalidades, como un cruel cautiverio, privación de alimentos, mutilación, muerte o cualquier otra violencia*[36]. Las leyes de la caballerosidad, a las que hemos aludido, aparecen también en el articulado. *Los hombres de honor, cuando son capturados, se abstendrán de dar al enemigo información concerniente a su propio ejército y el moderno Derecho de guerra ya no permite el uso de cualquier tipo de violencia contra los prisioneros, para obtener la información deseada o para castigarlos por haber dado falsa información*[37].

Con respecto a la protección de los hospitales, el *Código Lieber* estipula que los *beligerantes de honor solicitan con frecuencia que se señalen los hospitales situados en territorio enemigo, para que sean respetados;* y también que *se considera con justicia acto de mala fe, infame o perverso, el hecho de engañar al enemigo mediante banderas de protección*[38].

---

advanced, especially in war on land, the distinction between the private individual belonging to a hostile country and the hostile country itself, with its men in arms. The principle has been more and more acknowledged that the unarmed citizen is to be spared in person, property, and honor as much as the exigencies of war will admit.

36.-*Art. 56. A prisoner of war is subject to no punishment for being a public enemy, nor is any revenge wreaked upon him by the intentional infliction of any suffering, or disgrace, by cruel imprisonment, want of food, by mutilation, death, or any other barbarity.*

37.-*Art. 56. A prisoner of war is subject to no punishment for being a public enemy, nor is any revenge wreaked upon him by the intentional infliction of any suffering, or disgrace, by cruel imprisonment, want of food, by mutilation, death, or any other barbarity. Art. 80. Honourable men, when captured, will abstain from giving to the enemy information concerning their own army, and the modern law of war permits no longer the use of any violence against prisoners in order to extort the desired information or to punish them for having given false information.*

38.-*Art. 116. Honourable belligerents often request that the hospitals within the territory of the enemy may be designated, so that they may be spared. An honourable belligerent allows himself to be guided by flags or signals of protection as much as the contingencies and the necessities of the fight will permit.*

Art. 117. It is justly considered an act of bad faith, of infamy or fiendishness, to deceive the enemy by flags of protection. Such act of bad faith may be good cause for refusing to respect such flags.

En el capítulo relativo a los territorios ocupados, se indican las acciones que puede emprender un ocupante con fines bélicos, en particular recaudar impuestos y medidas similares, pero se especifican muy claramente os tipos de atropellos que quedan prohibidos.

Toda violencia desenfrenada contra personas en el país invadido, toda destrucción de bienes no ordenada por el oficial autorizado, todo robo, pillaje o saqueo, incluso tras haber tomado un lugar por la fuerza, toda violación, heridas, mutilaciones o matanzas contra esos habitantes, quedan prohibidas con la pena de muerte u otro castigo que pueda ser adecuado a la gravedad del delito.

Un soldado, oficial o particular, que cometa semejantes actos de violencia y desobedezca al superior que le ordene abstenerse de ello podrá ser muerto legalmente in situ por ese superior.

Por último, en esta pequeña selección de artículos, habría que mencionar la advertencia a los Estados en cuanto al recurso a las represalias, que entonces aún se consideraban, por lo general, lícitas. *No se recurrirá a represalias como medida de pura venganza, sino como medio de justo castigo protector y de manera prudente y cuando es inevitable; es decir, se ha de recurrir a las represalias únicamente tras indagación pormenorizada de lo que realmente ocurrió y de la índole de los delitos que requieren un justo castigo. Las represalias injustas o desconsideradas alejan, a los beligerantes de las normas moderadoras de la guerra regular y los acercan, cada vez más rápidamente, a destructivas guerras de salvajes* [39].

39.-Art. 28. *Retaliation will, therefore, never be resorted to as a measure of mere revenge, but only as a means of protective retribution, and moreover, cautiously and unavoidably; that is to say, retaliation shall only be resorted to after careful inquiry into the real occurrence, and the character of the misdeeds that may demand retribution. Unjust or inconsiderate retaliation removes the belligerents farther and farther from the mitigating rules of regular war, and by rapid steps leads them nearer to the internecine wars of*

El *Código Lieber* era considerado en su época como el reflejo general de la costumbre internacional. Se empleó en la Conferencia de Bruselas de 1874 como base para el primer intento de codificación de estas costumbres. Aunque en esta conferencia no se logró suscribir ningún tratado, la declaración que aprobó era muy parecida a los Reglamentos de La Haya de 1899 y 1907. Estas reglamentaciones son mucho menos completas que el *Código Lieber* y, al igual que otros tratados posteriores, no incluyen una explicación explícita de sus normas.

Unos años después de promulgarse este texto, vio la luz, en España, el *Reglamento de Campaña* aprobado por Ley de 5 de enero de 1882[40], cuyo art. 851 aludía a las *leyes de la guerra*, a las que negaba un carácter jurídico y sí moral. Afirmaba que estas *leyes de la guerra* se habían establecido...

> ...*sin más garantía que la buena fe, como todo el Derecho Internacional, pero van logrando dar a la guerra carácter más humano y caballeresco, aminorando antiguos e inútiles desastres.*

La comparación del modelo español con el *Código Lieber* resulta favorable a la regulación norteamericana, en las que se recogía tanto la costumbre internacional, positivizándola en el Derecho Interno, como se establecía un sistema penal represor. Dos años después del *Reglamento de Campaña*, en 1884, se corrigió esta situación con el Código Penal del Ejército, que en un Título específico y bajo la rúbrica de *Delitos contra el Derecho de Gentes*, aparecen unas prescripciones que tipificaban como delitos ciertas conductas típicas que entrañaban una vulneración de la costumbre internacional. Así, su art. 104 castigaba al militar que...

---

savages.

40.-*Colección Legislativa del Ejército*, Madrid: Imprenta Litografía del Depósito de Guerra, 1903 (volumen relativo al año 1882).

...sin motivo justificado o sin autorización competente (...) violare tregua, armisticio, capitulación u otro convenio celebrado con el enemigo o entre sus fuerzas beligerantes, siempre que de sus resultas sobreviniere (...) o se produjeren violencias o represalias.

Asimismo, castigaba las siguientes acciones:

1.-*El militar que obligare a los prisioneros de guerra a combatir contra sus banderas, les maltratare de obra, les injuriare gravemente o privare del alimento necesario.*

2.-*El que atacare, sin necesidad, hospitales o asilos de beneficencia, dados a conocer por los signos establecidos para tales casos.*

3.-*El que destruyere en territorio amigo o enemigo Templos, Bibliotecas, Museos, Archivo u obras notables de arte, sin exigirlo las operaciones de guerra.*

El *Código Penal de la Marina de Guerra*, de 1888, reprodujo la práctica literalidad de los preceptos reseñados, en su Título I, en un capítulo titulado *Delitos contra el Derecho de Gentes*. Por su parte, el *Código de Justicia Militar* de 1890, bajo la rúbrica de *Delitos contra el Derecho de Gentes, devastación y saqueo*, en Capítulo aparte, se recogen los antedichos delitos y se incluye uno nuevo, la *devastación y saqueo* (art. 233), para...

...los militares que, prescindiendo de la obediencia a sus jefes, incendien o destruyen edificios u otras propiedades, saqueen a los habitantes de los pueblos o caseríos, o cometan actos de violencia en las personas.

Se castigaba al que despojara de sus vestidos u otros efectos a un herido o prisionero de guerra para apropiárselos (art. 235), y al militar que en la guerra despojara y se apropiara del dinero o alhajas que sus compañeros de armas muertos en el campo de batalla llevaran sobre sí (art. 236).

Es en esta época cuando un antiguo soldado negro de la Unión idea el término *crimen contra la humanidad*. El activista norteamericano GEORGE WASHINGTON WILLIAMS[41], que luchó como voluntario en la Guerra de Secesión, y, durante una azarosa vida, fue pastor protestante antiesclavista, historiador, embajador y senador por Ohio, fue el primer autor que usó este término. Estados Unidos, la nueva república libre, era un venero de este tipo de personas: tras sostener la economía de sus Estados del Sur con mano de obre esclava, es decir, sobre la base de la violación sistemática de los derechos humanos de un segmento enorme de su población, mantenía en estos años una política genocida de exterminio de las tribus de *pieles rojas* de las llanuras centrales del país, con total impunidad. No es extraño, pues, que surgieran políticos como GEORGE WASHINGTON WILLIAMS. Tras una visita al Congo Belga, publicó, con ocasión de su participación en la conferencia antiesclavista celebrada en Holanda, en 1885, su célebre *Carta abierta a Su Serena Majestad Leopoldo II, Rey de los Belgas*. En ella, relata el exterminio de los indígenas negros y el expolio realizado por las compañías privadas a las que Leopoldo había entregado los recursos congoleños. VALENCIA VILLA[42] nos recuerda, en su *Diccionario Espasa de Derechos Humanos*, cómo las atrocidades que

---

41.-*Enlisting at 14, Williams fought for the North in the Civil War. In 1874, he became the first black to graduate from the Newton Theological Seminary in Cambridge, Mass. A Baptist minister in Boston and Cincinnati, he later became a lawyer and was the first African American elected to the Ohio legislature. In 1882 Williams published History of the Negro Race in America, 1619–1880, making him the first major historian of African-American ancestry. At the end of his administration, President Chester A. Arthur appointed Williams minister to Haiti. But the new president, Grover Cleveland, cancelled the assignment. Williams attended an antislavery conference in Brussels in 1885, prompting the Belgian government to send him to the Congo, where he criticized Belgian atrocities.* Cf. "George Washington Williams", *Encyclopaedia Britannica*, 2002, en www.pbs.org/wnet/aaworld/reference/articles/george_washington_williams.html. Cf. HOPE FRANKLIN, John, *George Washington Williams: A Biography*, Chicago: University of Chicago Press, 1987.

42.-VALENCIA VILLA, *Diccionario Espasa de Derechos Humanos*, Espasa: Madrid, 2003, p. 438.

movieron a este activista fueron recogidas, magistralmente, por CONRAD en su novela *El corazón de las tinieblas,* un relato impresionante que, un siglo después, daría lugar a *Apocalypse Now*, en la que el cine recogería el horror de la deshumanización del soldado, en estado puro, concentrado en la figura exorbitante de Kurtz, un hombre alucinado por la *belleza de la violencia y del espanto*. Este tipo de crimen, para WILLIAMS, es la negación de la humanidad a los miembros de un grupo, su *cosificación*, su degradación a la condición de *animal*. Consiste en un atentando a la propia dignidad de cada hombre atacado, que es la esencia del género humano. Tratado sin humanidad, se le niega a la víctima su naturaleza humana y, por tanto, es susceptible de ser asesinado, mutilado, torturado, esclavizado, de sufrir *apartheid*, de venderse, de comprarse, de prostituirse, de ser violado o de morir como si de tratara de ganado, después de haber sido explotado sin ninguna consideración, tal como practicaban los escindidos Estados Confederados de América[43] con su población negra, o el colonialismo belga, holandés y alemán con las poblaciones colonizadas de Africa o Asia. Estos actos serían repetidos más tarde, por los sistemas

---

43.-Carolina del Norte, Carolina del Sur, Mississippi, Florida, Alabama, Georgia, Luisiana, Texas, Virginia, Arkansas y Tennessee. Los Estados del Norte (la Unión), bajo mando de Lincoln, lucharon para mantener a Estados Unidos como un sólo país y librar a la nación de la esclavitud, por lo que el 1 de enero de 1863 entró en vigor la *Proclama de Emancipación*, que otorgaba libertad a todos los esclavos en áreas aún controladas por la Confederación. Una vez terminada la reconstrucción del Sur, tras su derrota, se perpetuaron los crímenes contra la humanidad de sus habitantes, especialmente los de raza negra, mediante la creación de un sistema de segregación racial contra el que habría de luchar, en pleno siglo XX, Martin Luther King. Hacia fines de siglo XIX, el sistema de segregación y opresión de los negros se tornó muy rígido. En el caso *Plessy vs. Ferguson*, sustanciado en 1869, la Corte Suprema de Estados Unidos determinó que la Constitución permitía instalaciones y servicios separados para las dos razas, siempre que dichas instalaciones y servicios fueran iguales. Sin más tardanza, las legislaturas de los Estados del Sur destinaron a los negros instalaciones separadas, pero desiguales. Las leyes pusieron en vigor una estricta segregación en el trasporte público, los teatros, los deportes e incluso en los ascensores y cementerios. La mayoría de los negros y muchos blancos pobres perdieron el derecho de voto debido a que no tenían recursos suficientes para pagar los impuestos que habían sido decretados para excluirlos de la participación política, y a que no sabían leer ni escribir. Los negros culpables por delitos menores eran sentenciados a trabajos forzados y algunas veces eran asediados por turbas violentas y asesinados, de acuerdo con las posturas extremistas de la *justicia privada* del juez Lynch. La mayoría de los negros del sur, debido a su pobreza e ignorancia, seguían labrando las tierras como agricultores arrendatarios. Aunque legalmente eran libres, vivían y eran tratados como esclavos. Cf. "Departamento de Estado de Estados Unidos, Programa de Formación Internacional, Resumen histórico de los Estados Unidos de América (Hasta el Siglo XX)", en usinfo.state.gov/espanol/eua/hist.htm.

esclavistas-industriales nazi, soviético y chino; y *esclavistas-agrarios* camboyano (ideado y ejecutado por POL POT) y cubano (bajo la tiranía de CASTRO), durante en el siglo XX y XXI. WILLIAMS aporta al proceso de formación del Derecho Internacional Penal, por primera vez, elementos ajenos al Derecho de la Guerra y que, sin poder preverlo en su tiempo, formarían una parte importante del Derecho de los derechos humanos. La ocupación y explotación colonial del Congo, por parte belga, suponía una conquista armada en toda regla, pero una vez realizada, los terribles actos sufridos por los indígenas a manos de los comerciantes europeos; su destrucción y aniquilamiento, realizado de muy distintas formas, con fines económicos, superaba con creces el marco militar, para entrar en el de la barbarie organizada por un gobierno dictatorial, que negaba, de hecho y de derecho, toda dignidad a los indígenas.

3.-El nacimiento del Derecho Internacional Humanitario

Otro de los puntos determinantes de la aparición del Derecho Penal Internacional fue el nacimiento del Derecho Internacional Humanitario, cuya finalidad, desde su origen, fue aliviar los sufrimientos de las víctimas de los conflictos armados, heridos, enfermos, náufragos, prisioneros de guerra y civiles. Hasta mediados del siglo XIX, los acuerdos concertados para proteger a las víctimas de la guerra sólo eran ocasionales y obligaban únicamente a las partes contratantes según fórmulas de reciprocidad. Se trataba de acuerdos de capitulación militar, válidos solamente mientras duraba el conflicto. El nacimiento del Derecho Internacional Humanitario, ligado al del Movimiento de la Cruz Roja, modifica completamente esa situación.

En 1859, HENRY DUNANT atraviesa Lombardía, asolada a sangre y fuego por dos ejércitos enfrentados: el franco-italiano y el austro-húngaro. Llega a Solferino la tarde de la sangrienta batalla y es testigo del sufrimiento de los miles de soldados heridos, que yacen abandonados, desasistidos, condenados a una muerte segura.

Impresionado por las escenas que contempla, improvisa un hospitalillo de campaña, sin apenas medios ni apoyos sanitarios. Esta experiencia será fundamental para publicar una obra que dará la vuelta al mundo, su *Recuerdo de Solferino* [44]. En ese reportaje, tras describir con crudeza los combates y las agonías de los militares, Dunant propone paliar la carencia de los servicios sanitarios de los ejércitos preparando a *socorristas voluntarios* en tiempo de paz y obteniendo su protección en el campo de batalla, para evitar que sean atacados, eliminados y, por tanto, que sea imposible que presten su servicio a los heridos. Esta idea tuvo acogida por cuatro ginebrinos: MOYNIER, DUFOUR, APPIA y MAUNOIR, que se unen a DUNANT para formar el *Comité Internacional de socorro a los heridos*, futuro *Comité Internacional de la Cruz Roja* [45]. En 1864, logran convencer al gobierno suizo para que convoque una conferencia internacional, en la que participan doce Estados y cuyo resultado tangible es la firma, ese mismo año, de un *Convenio para mejorar la suerte que corren los militares heridos de los ejércitos en campaña*. En adelante, los militares heridos y enfermos serán socorridos y asistidos sin distinción alguna de índole, con independencia de su uniforme o bandera [46]. Se respetará al personal sanitario, el material y los establecimientos sanitarios, que serán señalados mediante un signo distintivo, la cruz roja sobre fondo blanco [47]. El Derecho Internacional Humanitario se desarrolla a partir del primer Convenio de Ginebra, firmado en 1864, y mantiene un constante desarrollo hasta la actualidad. El año 1899, se firma en La Haya un Convenio en el que se adaptan a la guerra marítima los principios del Convenio de Ginebra de 1864, y cuyas disposiciones se mejoran y completan en 1906. El año 1907, en el IV Convenio de La Haya se define la categoría de combatientes que

---

44.-DUNANT, Henry, *Recuerdo de Solferino*, en www.icrc.org.

45.-PICTET, Jean, *Desarrollo y Principios del Derecho Internacional Humanitario*, en www.icrc.org.

46.-SWINARSKI, Christophe, *Principales nociones e institutos del Derecho Internacional Humanitario como sistema de protección de la persona humana*, en www.icrc.org.

47.-BUGNION, François, *El Emblema de la Cruz Roja - Reseña histórica*, en www.icrc.org.

tienen, en caso de captura, derecho al estatuto de prisionero de guerra y que se benefician de un trato particular mientras dure su cautiverio. Se reafirman y se desarrollan, en 1929, esos tres Convenios. En 1949, se aprueban los cuatro Convenios de Ginebra actualmente en vigor. La Conferencia Diplomática de 1949 tiene capital importancia por más de una razón; de hecho, además de elaborar el *Convenio sobre protección de personas civiles en tiempo de guerra*, permite revisar los convenios anteriores, cuyos textos quedan, así, armonizados. Los Convenios de Ginebra de 1949 garantizan desde hace más de treinta años, la protección de innumerables víctimas de conflictos armados. La protección se ampliaría con los Protocolos Adicionales de 1977. Estas normas tienen una importancia vital para el *core delicta iuris gentium*.

4.-La propuesta de tribunal internacional de Moynier

Con estos antecedentes inmediatos, no es de extrañar la primera propuesta seria de creación de un tribunal penal internacional fuera la realizada el 3 de enero de 1872 por GUSTAVE MOYNIER[48], uno de los fundadores, y durante mucho tiempo, presidente del Comité Internacional de la Cruz Roja. En realidad, no era inicialmente partidario de la institución de un tribunal penal internacional permanente. De hecho, aunque en su comentario de 1870 al Convenio de Ginebra de 1864 relativo al trato debido a los soldados heridos, consideró la conveniencia de instituir uno con la misión de asegurar su eficacia y aplicación, pronto abandonó esta idea y la sustituyó por lo que podríamos llamar el control basado en la *presión de la opinión pública*, y ello fue

---

48.-VV.AA., *Curso de Derecho Internacional Público*, Madrid: Servicio de Publicaciones de la Universidad Complutense, 1992; AMNISTÍA INTERNACIONAL, "Corte Penal Internacional: Garantías de un papel eficaz para las víctimas. Memorando para el seminario de París, abril de 1999", Abril de 1999, Índice AI: IOR 40/06/99/s, en www.edai.org/centro/tematico/cpi/I4000699.HTM; CAMARGO, Pedro Pablo, *Tratado de Derecho Internacional Público*, Leyer: Bogotá, 1998; KEITH HALL, Christopher, "La primera propuesta de creación de un tribunal penal internacional permanente", *Revista Internacional de la Cruz Roja*, nº 145 (marzo de 1998); y, sobre todo. MOYNIER, Gustave, "Note sur la création d'une institution judiciaire internationale propre à prévenir et à réprimer les infractions à la Convention de

así por su particular idea de lo que no era un tratado internacional, que no era *una ley impuesta a sus subordinados por una autoridad superior, sino un contrato cuyos signatarios no pueden dictar penas contra sí mismos ya que nadie podría decretarlas ni aplicarlas*. Su contenido se garantizaba con la crítica pública a las infracciones cometidas contra el Convenio de Ginebra, presión que entendía suficiente, *ya que esta opinión es, en última instancia, el mejor guardián de los límites que por ella misma se imponen. El Convenio de Ginebra, en particular, está ahí gracias a la influencia de la opinión pública y podemos confiarle la aplicación de lo en él estipulado... La perspectiva, para los interesados, de verse procesados ante el tribunal de la conciencia pública por incumplimiento de sus obligaciones y de ser proscritos de las naciones civilizadas es un freno suficientemente poderoso para que consideremos fundado que ningún otro lo podría igualar.* Abrigaba también la esperanza de que los Estados promulgaran leyes penales al respecto.

Meses después de esta primera propuesta, estalló la Guerra Franco-prusiana. La prensa y la opinión pública de ambos bandos difundían atrocidades y MOYNIER reconoció que una sanción puramente moral era *insuficiente para contener las pasiones desatadas.* Además, aunque ambos bandos se acusaron mutuamente de infringir el Convenio, no fueron capaces de castigar a los responsables o, al menos, de promulgar la legislación necesaria. En una reunión del Comité Internacional de la Cruz Roja celebrada el 3 de enero de 1872, presentó una propuesta de creación, mediante un tratado, de un tribunal internacional para prevenir y sancionar las infracciones a la Convención de Ginebra. MOYNIER no se desanimó por el fracaso de otras propuestas de institución de tribunales penales internacionales, porque éstas estaban concebidas para velar por el cumplimiento de un derecho consuetudinario mal definido, y no de las infracciones regladas en un

---

Genève", *Bulletin international des Sociétés de secours aux militaires blessés*, nº 11 (abril de 1872), p. 122 .

tratado. El modelo propuesto fue el tribunal arbitral establecido en Ginebra el año anterior, de conformidad con el Tratado de Washington del 8 de mayo de 1871, para resolver las reclamaciones de Estados Unidos contra el Reino Unido, por los daños que el corsario confederado *Alabama* le había causado a la flota estadounidense, y que dictó su laudo el 14 de septiembre de 1872. Aunque este modelo tenía la ventaja de resultar familiar a los Gobiernos y al público en general, como órgano *ad hoc* concebido para resolver discrepancias entre Estados, no era del todo adecuado para un tribunal penal.

La propuesta constaba de diez breves artículos. El tribunal sería, en efecto, una institución permanente, que se activaría automáticamente en caso de guerra entre las partes (artículo 1). El presidente de la Confederación Suiza habría de elegir por sorteo a tres juzgadores (denominados *árbitros*) procedentes de Estados signatarios neutrales, y los beligerantes habrían de elegir a los otros dos (artículo 2, párrafo 1). Si hubiera más de dos beligerantes, los que fuesen aliados escogerían a un solo juzgador (artículo 2, párrafo 3). Si uno de los Estados signatarios neutrales que hubieran designado a un juzgador se convirtiera en beligerante durante la guerra, habría una nueva elección mediante sorteo para sustituir a ese juez (artículo 2, párrafo 4). El tribunal no dispondría de una sede permanente, sino que los cinco juzgadores se reunirían lo antes posible en la localidad elegida provisionalmente por el presidente de la Confederación Suiza (artículo 2, párrafo 2). Los jueces decidirían entre sí el lugar en el que se reunirían (artículo 3, párrafo 1), lo que permitiría que el tribunal pudiera reunirse donde resultara más conveniente a los acusados y a los testigos. La propuesta dejaba a criterio discrecional de los juzgadores, cada vez que se convocara el tribunal, la decisión con respecto a los detalles de la organización del tribunal y del pertinente procedimiento (artículo 3, párrafo 1). Sin embargo, ciertos aspectos del procedimiento habrían de ser invariables en todos los casos. El tribunal celebraría una vista contradictoria (artículo 4, párrafo 3) y dictaría en cada caso una sentencia absolutoria o condenatoria (artículo 5, párrafo 1). El Estado demandante desempeñaría el papel de la acusación pública. Si se determinase la culpabilidad del acusado (lo que sugería que la carga de la prueba correspondería al demandante), el tribunal dictaría sentencia, de conformidad con el Derecho Internacional, que se recogería en un nuevo tratado independiente al Convenio de Ginebra (artículo 5, párrafo 2). Sólo se permitiría la presentación de denuncias por *los Gobiernos interesados* (artículo 4, párrafo 1). El tribunal tendría que determinar la inocencia o la culpabilidad en cada caso particular (artículo 5, párrafo 1), rechazando así las sanciones colectivas, tras realizar una investigación contradictoria (artículo 4, párrafo 3).

MOYNIER propuso definir las infracciones penales, ya que los términos del Convenio de Ginebra eran inadecuados para determinarlas (artículo 5, párrafo 2), pero no abordó personalmente esta tarea.

Todos los Estados signatarios, particularmente los beligerantes, estarían obligados prestar *cooperación* al tribunal (artículo 4, párrafo 3). Los castigos, que figurarían en un convenio específico, tendrían que determinarse *de conformidad con la ley penal internacional*, que no se sabía cuál podía ser en esa época (artículo 5, párrafo 2), lo que excluiría la posibilidad de que por unos mismos actos se pudieran dictar sentencias distintas según distintas legislaciones nacionales, como la del lugar donde se cometieron los delitos, la del país del acusado o la del país de la víctima. El tribunal enviaría copias de las sentencias a los Gobiernos interesados, que estarían obligados a aplicar la sentencia dictada (artículo 6). Como medida disuasoria, el tribunal enviaría copias de la sentencia a todos los Estados que hubieran firmado el Convenio de Ginebra, los cuales la *traducirán, si es necesario, al idioma de su país y publicarán, en el más breve plazo posible, en su órgano oficial* (artículo 8, párrafo 1). Además, el tribunal procedería de igual modo con *aquellos avisos que, a juicio de los árbitros, hayan de tener publicidad, en interés de sus actividades y especialmente con respecto a la aplicación de la sanción y al pago de los daños e intereses.* MOYNIER explicó que deseaba *garantizar a las actividades del tribunal la más amplia publicidad,* ya que así era como se había de *formar e ilustrar a la opinión publica que le ha de servir de apoyo.*

La propuesta de MOYNIER dio lugar a un intercambio de cartas entre FRANCIS LIEBER, ACHILLE MORIN, DE HOLTZENDORFF, JOHN WESTLAKE, ANTONIO BALBÍN DE UNQUERA, y GREGORIO ROBLEDO, que se publicaron unos meses más tarde, con un comentario de GUSTAVE ROLIN-JAEQUEMYNS, en la *Revue de droit international et de législation comparée.* Casi todos estos expertos argumentaron que la propuesta no sería eficaz y todos se mostraban críticos con aspectos de la propuesta. LIEBER abogaba por el arbitraje tradicional entre los Estados y reclamó la celebración de una gran reunión de expertos para remediar las deficiencias existentes en el Derecho Internacional. DE HOLTZENDORFF y ROLIN-JAEQUEMYNS argumentaban que debería darse prioridad a la constitución de comisiones internacionales de encuesta y al fortalecimiento de la protección de las sociedades de ayuda humanitaria. DE HOLTZENDORFF destacaba la importancia de dar a conocer las reglas del Convenio de Ginebra. LIEBER argumentaba que la falta de una fuerza policial que aplicara las decisiones del tribunal resultaría funesta, y WESTLAKE ponía en duda la posibilidad de obligar a los testigos militares a comparecer durante una guerra. MORIN subrayaba la importancia de distinguir entre infracciones accidentales, leves, con respecto a las cuales el tribunal debería calificar los hechos como falta civil; y las infracciones graves, criminales, que habrían de definirse en un convenio adicional. Acerca de éstas, sostenía que el tribunal debería dictar una declaración de responsabilidad penal, dejando en manos del Gobierno de la nacionalidad del acusado la tarea de aplicar la pena de conformidad con las especificadas en el convenio.

El Comité Central de la Cruz Roja Española, por otra parte, aprobó incondicionalmente la propuesta, con la salvedad de que señaló que sería difícil imponer a los Gobiernos el requisito de garantizar el pago de las indemnizaciones, que todos los juzgadores deberían ser neutrales y que el papel de convocar al tribunal no debería dejarse en manos del presidente de la Confederación Suiza. Además, ROLIN-JAEQUEMYNS comunicó que una de las principales potencias europeas, después de un cuidadoso examen, estaba dispuesta a firmar un convenio en la línea sugerida por MOYNIER. Sin embargo, después de la fría acogida de los expertos jurídicos, ningún Gobierno aceptó públicamente la propuesta.

5.-Los tratados de Versalles y Sévres

Ya hemos visto cómo se inició durante el siglo diecinueve la idea del establecimiento de una corte internacional, para juzgar a gobernantes y altos responsables nacionales de graves violaciones de los derechos humanos. Frente a estas propuestas, los Estados continuaron resistiéndose a restringir su soberanía y a someterse a una forma obligatoria de jurisdicción internacional; por ello, tales proposiciones sólo recibieron atención por los vencedores de la Primera Guerra Mundial, pero más como un intento de crear consejos de guerra *de vencedores* que una auténtica justicia universal *para vencedores y vencidos*.

La invasión de Bélgica, a pesar de su neutralidad, y de Luxemburgo, seguidas de ejecuciones extrajudiciales y secuestros; el saqueo de Lovaina; el hundimiento de buques de pasajeros, los bombardeos de ciudades, con considerables pérdidas de civiles; la deportación de más de sesenta mil belgas como forzados en Alemania; así como la matanza de casi un millón de armenios por parte de los turcos (primer genocidio del siglo XX[49]), permitirían que, una vez terminadas

---

49.-ANDREOPOLUS, George, *Genocide: Conceptual and Historical Dimensions*, Philadelphia: University of Pennsylvania Press, 1994, p. 125.

las hostilidades en 1919, y como resultado de la Conferencia sobre la Paz en París, se creara la *Comisión sobre Responsabilidades de los Jefes de Guerra y sobre la Imposición de Sanciones Penales* (*Commission on the Responsability of the Authors of the War and Enforcement of Penalties*). Esta Comisión estuvo formada por quince abogados de diez países, entre los cuales figuraron dos especialistas que llegarían a ser jueces de la Corte Internacional Permanente de Justicia, tres miembros del Instituto de Derecho Internacional y muchos editores de las publicaciones más importantes del mundo en Derecho Internacional.

La tarea de la Comisión fue evaluar, entre otros aspectos, los crímenes y los atentados cometidos contra las leyes y costumbres de guerra.

Su informe final incluyó referencias a ejecuciones, violaciones, pillaje, uso de gas venenoso, asesinatos, matanzas de civiles y prisioneros de guerra. Asimismo, se incluían referencias a inmunidad de personas y la supuesta inviolabilidad de la soberanía del Estado. De este modo, se estableció que no existía justificación para eximir de responsabilidad a los individuos por razón de su rango jerárquico. La Comisión concluyó que todas las personas pertenecientes a los países enemigos, aun cuando tuvieran una posición alta en la estructura gubernamental, sin distinción de rango estaban sujetas a enjuiciamiento criminal, incluyendo a los jefes de Estado que hubieran tenido responsabilidad en los actos contra las leyes y costumbres de guerra y las leyes de humanidad[50]. El Tratado de Versalles del 28 de junio de 1919[51]

50.-"Commission on the Responsability of the Authors of the War and Enforcement of Penalties - Rapport présenté à la Conférence préliminaire de la paix, Versailles, 29 mars 1919", *American Journal of International Law*, Vol. 95, 1920, p. 121. *The Commission on the Responsibility of the Authors of the War and on Enforcement of Penalties was instituted at the plenary session of the Paris Peace Conference of 25 January 1919. Its purpose was to formally assign war guilt, a judgement that inevitably saw blame fully attributed to the Central Powers. The commission was comprised of two representatives from each of the five main Allied powers - the U.S., Britain, France, Italy and Japan - and one from Belgium, Greece, Poland, Romania and Serbia. Robert Lansing was selected as its chairman.The commission's two conclusions briefly summarised the findings of the report, in particular the first, i.e.: "The war was premeditated by the Central Powers together with their Allies, Turkey and Bulgaria, and was the result of acts deliberately committed in order to make it unavoidable". Cf. "Primary Documents: Report of*

Commission to Determine War Guilt, 6 May 1919", en www.firstworldwar.com/source/commissionwarguilt.htm. También *German White Book Concerning the Responsibility of the Authors of the War* (Nueva York, 1924), ps. 15-21.

51-.La enumeración de los principales puntos del Tratado de Versalles da una idea del rigor con que las potencias vencedoras impusieron su mandato. 1) Alemania perdió el derecho de poseer un ejército, excepto 90.000 soldados y 4.000 oficiales; los efectivos eran alistados por el término de doce años y, si alguno de ellos moría durante ese lapso, no podía ser reemplazado; se eliminaba también el estado mayor; quedaba suprimida la artillería pesada, la aviación militar y se debían desmantelar todas las fortalezas y los puertos militares; se prohibía la fabricación de armas y se establecían comisiones aliadas de contralor. 2) Sólo se permitía a Alemania conservar seis cruceros de 10.000 toneladas cada uno, igual cantidad de 6.000 toneladas, doce destructores y doce cañoneras; quedaba suprimida la flota submarina; los puertos marítimos, así como también los ríos Danubio, Rin, Elba y Oder eran declarados abiertos a los buques de las potencias aliadas, sin que fuera necesario el permiso de Alemania. 3) Alemania renunciaba a todas sus colonias sin excepción y quedaba prohibida la construcción de cualquier clase de fortificaciones en la orilla izquierda del Rin y en una franja de 50 kilómetros al este del mismo río. De tal manera, el país quedaba a merced de cualquier potencia de segundo orden, como Polonia o Checoslovaquia. La existencia de Alemania ya ni dependía de sí misma, sino de la voluntad de sus vecinos. En cuanto a las pérdidas territoriales. Alsacia y Lorena se anexionaban a Francia que, además, ocupaba por 15 años la región del Sarre. Luego de este período, se decidiría por plebiscito a quién pertenecería en el futuro ese territorio. Si el Sarre volvía a Alemania, ésta debía indemnizar a Francia en divisas oro por la restitución de los yacimientos carboníferos allí existentes. Polonia recibía una parte de la Alta Silesia (otros distritos pasaban a Checoslovaquia), Postdan, casi toda la Prusia Occidental y algunos distritos de la Pomerania. Danzig era declarada ciudad libre. Entre Francia y el Imperio Británico se repartían todas las colonias de Alemania. La primera recibía casi todo el Camerún y gran parte de Togo; Inglaterra tomaba posesión de África Oriental y Occidental, las partes restantes de Togo y Camerún, las islas Samoa y de Nueva Guinea. Por otros puntos del tratado, Alemania entregaba toda su flota mercante de calado superior a las 1.600 toneladas, la mitad de los buques de calado inferior, el 25 % de los pesqueros y el 12 % de las embarcaciones fluviales. Además, se comprometía por el término de cinco años a entregar anualmente una parte de los nuevos barcos que construyera. Debía suministrar durante diez años más de 40 millones de toneladas de carbón a los aliados; entregaba a Francia y a Bélgica 371.000 cabezas de ganado, de las que 141.000 eran vacas lecheras. En la posguerra, esta imposición resultaba particularmente dolorosa. Todavía antes de conocer el monto exacto, debía comprometerse a abonar cualquier suma de dinero que le fuera exigida antes del 1° de mayo de 1921. Alemania aceptaba conceder a las potencias victoriosas la cláusula de nación más favorecida en las tarifas aduaneras, sin ningún tipo de reciprocidad. El Tratado de Versalles, que llena un grueso volumen de exigencias, ponía como garantía de cumplimiento la ocupación por quince años de todo el territorio alemán situado a lo largo de la orilla izquierda del Rin. Los gastos de mantenimiento de las tropas aliadas asignadas a esta función corrían a cargo de Alemania, por supuesto. La violación de cualquiera de las cláusulas del tratado implicaba duras sanciones adicionales. Se formó una Comisión de Reparaciones, que tenía poder para realizar allanamientos, registros e investigaciones en cualquier momento y lugar. Según una lista que presentaría la Entente, debían entregarse a los aliados a todas aquellas personas que habían violado el Derecho Internacional. En este sentido, se hacía a Alemania única responsable de la guerra. "Somos condenados no sólo a la impotencia política, sino también a la ruina económica y a la servidumbre", dijo un diplomático alemán. En cuanto se supo en Alemania su contenido, se decretó una semana de luto nacional, a la vez que se realizaban demostraciones contra la firma. En Weimar se vivía el más grande abatimiento. El primer ministro Scheidemann dimitió el 21 de junio y fue designado jefe del gabinete el socialdemócrata Bauer. Un día después, la Asamblea Nacional de Weimar votó sobre la firma del Tratado: por 237 votos contra 138 se resolvió acatar el mandato de los vencedores haciendo dos reservas: se negaba a reconocerse como única responsable de la guerra y se negaba a entregar a la Entente a sus ciudadanos acusados de crímenes contra el Derecho Internacional. Clemenceau replicó que no se aceptaba ninguna concesión. Así, tal como fue establecido por los aliados, se firmó el tratado el 28 de junio de 1919, en Versalles.

estableció el derecho de las potencias aliadas a enjuiciar y castigar a los individuos responsables de *violaciones de las leyes y costumbres de la guerra.*

Por su parte, el Tratado de Sévres [52] de 10 de agosto de 1920, preveía la persecución y el enjuiciamiento de oficiales del Imperio Otomano que hubieran cometidos delitos contra las leyes de la guerra. En particular, el texto de Versalles determinaba lo siguiente:

PART VII. PENALTIES

ARTICLE 227: The Allied and Associated Powers publicly arraign William II of Hohenzollern, formerly German Emperor, for a supreme offence against international morality and the sanctity of treaties.

A special tribunal will be constituted to try the accused, thereby assuring him the guarantees essential to the right of defence. It will be composed of five judges, one appointed by each of the following Powers: namely, the United States of America, Great Britain, France, Italy and Japan.

In its decision, the tribunal will be guided by the highest motives of international policy, with a view to vindicating the solemn obligations of

---

52.-Tratado de paz entre Turquía y las potencias aliadas (a excepción de la Unión Soviética y de Estados Unidos) posterior a la I Guerra Mundial. El acuerdo se firmó el 10 de agosto de 1920 en Sévres (Francia). Desintegraba el Imperio otomano y limitaba Turquía a la ciudad de Constantinopla y sus territorios circundantes, y a parte de Asia Menor. Turquía tuvo que ceder a Grecia la Tracia Oriental, Imbros, Tenedos y Esmirna; Armenia logró la independencia y el Kurdistán su autonomía; Arabia, Palestina, Siria, Mesopotamia y Egipto se separaron también de Turquía, y se estableció la libertad de navegación por los Estrechos, que quedaban bajo control de una comisión internacional. También se acordaba el establecimiento de zonas de influencia italiana y francesa. El Tratado, que fue aceptado por Mohammed VI, sultán de Turquía, y el gobierno turco, no fue reconocido por el líder nacionalista Mustafá Kemal Atatürk. Como jefe de la Gran Asamblea Nacional Turca, encabezó la oposición al Tratado, derrocó al gobierno de Estambul y estableció la República de Turquía, con Angora (hoy Ankara) como capital. Sus victorias frente a los ejércitos franceses, italianos y griegos, que habían ocupado Turquía a finales de la guerra, condujeron a la firma de nuevos acuerdos. La Conferencia de Lausana (1923) permitió a los turcos recuperar territorios de las zonas de influencia francesa e italiana, la mayor parte de Armenia y Tracia Oriental, configurando el territorio, aproximadamente de la actual Turquía.

international undertakings and the validity of international morality. It will be its duty to fix the punishment, which it considers, should be imposed.

The Allied and Associated Powers will address a request to the Government of the Netherlands for the surrender to them of the ex-Emperor in order that he may be put on trial.

ARTICLE 228: The German Government recognises the right of the Allied and Associated Powers to bring before military tribunals persons accused of having committed acts in violation of the laws and customs of war. Such persons shall, if found guilty, be sentenced to punishments laid down by law. This provision will apply notwithstanding any proceedings or prosecution before a tribunal in Germany or in the territory of her allies.

The German Government shall hand over to the Allied and Associated Powers, or to such one of them as shall so request, all persons accused of having committed an act in violation of the laws and customs of war, who are specified either by name or by the rank, office or employment which they held under the German authorities.

ARTICLE 229: Persons guilty of criminal acts against the nationals of one of the Allied and Associated Powers will be brought before the military tribunals of that Power.

Persons guilty of criminal acts against the nationals of more than one of the Allied and Associated Powers will be brought before military tribunals composed of members of the military tribunals of the Powers concerned.

In every case, the accused will be entitled to name his own counsel.

ARTICLE 230: The German Government undertakes to furnish all documents and information of every kind, the production of which may be considered necessary to ensure the full knowledge of the incriminating acts, the discovery of offenders and the just appreciation of responsibility. [53]

El Gobierno alemán tenía la obligación de entregar a *todas las personas acusadas*, a fin de que un tribunal militar aliado pudiera juzgarlas. Se disponía que, en caso de que un individuo fuese declarado *culpable de actos criminales contra nacionales de más de una de las Potencias aliadas y asociadas*, podía constituirse un tribunal internacional. Por otra parte, en el artículo 227, se declaraba que el Káiser Guillermo II era responsable *de un delito se suma gravedad contra la ética internacional y la inviolabilidad de los tratados*. Así pues, para juzgar al acusado, las Potencias Aliadas aprobaron la formación de un *tribunal especial* compuesto por jueces designados por Estados Unidos, Gran Bretaña, Francia, Italia y Japón. *En su decisión* — se decía — *el tribunal deberá guiarse por los más altos designios de política internacional, con miras a reivindicar las obligaciones solemnes de los compromisos internacionales y la validez de la ética internacional*. Las Potencias acordaron someter al Gobierno de los Países Bajos una solicitud de entrega del Emperador, iniciativa que no tuvo éxito. El káiser huyó a Holanda, entonces país neutral que se rehusó a extraditarlo, con el argumento de que ello supondría una aplicación retroactiva de la norma penal. La extradición se negó formalmente el 23 de enero de 1920. Allí falleció en 1941 [54].

La *Comisión sobre Responsabilidades de los Jefes de Guerra y sobre la*

53.-Cf. *The Treaties of Peace 1919-1923, Vol. I,* Nueva York: Carnegie Endowment for International Peace, 1924, p. 121.

54.-Ibíd.

Imposición de Sanciones Penales completó su informe en 1919[55], suministró una lista de 889 presuntos criminales de guerra (que quedaría reducida a 45 finalmente)[56] y formuló cargos específicos contra varios de ellos. En su letra "G" figuraba HERMAN GOERING, por haber bombardeado un hospital militar. Sin embargo, ninguna acción posterior de enjuiciamiento fue llevada a cabo. Razones de tipo político llevaron a que los Aliados no continuaran con el juicio de los responsables de tales conductas. No obstante, se acordó que los eventuales responsables alemanes fueran juzgados por el más alto tribunal alemán, el *Reichsgericht* de Leipzig[57], en vez del tribunal internacional que se había propuesto, especialmente aplaudido por la opinión pública aliada, bajo la consigna de *hang the Kaiser!*[58]. Fueron los llamados *Juicios de Leipzig*. El Tribunal del Reich juzgó doce casos y absolvió en seis de ellos. Mientras en los países vencedores se tenía por criminales a los militares alemanes inculpados, en Alemania, en medio de una apoteosis nacional, eran tenidos como héroes. Los comandantes de la Armada Imperial DITHMAN y BOLDT, acusados del hundimiento del buque hospital *Llandovery Castle*, que produjo la muerte de 234 miembros de su dotación, fueron condenados a 6 meses de arresto, que no llegaron a cumplir porque se fugaron de la prisión. NEUMANN, comandante del submarino que había fondeado otro buque hospital, el *Dover Castle*, fue absuelto por obediencia debida[59].

El Tratado de Sévres establecía unas medidas parecidas en cuanto al posible enjuiciamiento de los criminales de guerra turcos:

55.-"Report Presented to the Preliminary Peace Conference, Versailles, March 29, 1919", *American Journal of International Law*, n° 95 (1920), en www.asil.org.

56.-QUINTANO RIPOLLÉS, Antonio, *Tratado de Derecho Internacional Penal*, op. cit., p. 403.

57.-*German War Trials, Report of Proceedings Before the Supreme Court in Leipzig*, Londres: His Majesty's Stationery Office, 1921; WILLIS, J. W. *Prologue to Nüremberg: The Politics and Diplomacy of Punishing War Criminals of the First World War Westport*, Connecticut: Greenwood Press, 1982.

58.-¡*Ahorcad al Káiser!* QUINTANO RIPOLLÉS, Antonio, *Tratado de Derecho Internacional Penal*, op. cit., p. 402.

PENALTIES

ARTICLE 226: The Turkish Government recognises the right of the Allied Powers to bring before military tribunals persons accused of having committed acts in violation of the laws and customs of war. Such persons shall, if found guilty, be sentenced to punishments laid down by law. This provision will apply notwithstanding any proceedings or prosecution before a tribunal in Turkey or in the territory of her allies.

The Turkish Government shall hand over to the Allied Powers or to such one of them as shall so request all persons accused of having committed an act in violation of the laws and customs of war, who are specified either by name or by the rank, office or employment which they held under the Turkish authorities.

ARTICLE 227: Persons guilty of criminal acts against the nationals of one of the Allied Powers shall be brought before the military tribunals of that Power.

Persons guilty of criminal acts against the nationals of more than one of the Allied Powers shall be brought before military tribunals composed of members of the military tribunals of the Powers concerned. In every case, the accused shall be entitled to name his own counsel.

ARTICLE 228: The Turkish Government undertakes to furnish all documents and information of every kind, the production of which may be considered necessary to ensure the full knowledge of the incriminating acts, the prosecution of offenders and the just appreciation of responsibility.

59.-Ibíd., p. 403.

ARTICLE 229: The provisions of Articles 226 to 228 apply similarly to the Governments of the States to which territory belonging to the former Turkish Empire has been or may be assigned, in so far as concerns persons accused of having committed acts contrary to the laws and customs of war who are in the territory or at the disposal of such States. If the persons in question have acquired the nationality of one of the said States, the Government of such State undertakes to take, at the request of the Power concerned and in agreement with it, or upon the joint request of all the Allied Powers, all the measures necessary to ensure the prosecution and punishment of such persons.

ARTICLE 230: The Turkish Government undertakes to hand over to the Allied Powers the persons whose surrender may be required by the latter as being responsible for the massacres committed during the continuance of the state of war on territory which formed part of the Turkish Empire on August 1, 1914.

The Allied Powers reserve to themselves the right to designate the tribunal, which shall try the persons so accused, and the Turkish Government undertakes to recognise such tribunal.

In the event of the League of Nations having created in sufficient time a tribunal competent to deal with the said massacres, the Allied Powers reserve to themselves the right to bring the accused persons mentioned above before such tribunal, and the Turkish Government undertakes equally to recognise such tribunal.[60]

The provisions of Article 228 apply to the cases dealt with in this Article.

60.-Cf. *The Treaties of Peace 1919-1923, Vol. I, op, cit.*

La falta de eficacia de estoas previsiones se debió a que nunca fue ratificado por Turquía, pero es que además, el posterior Tratado de Lausana[61] incluyó una *declaración de amnistía*, para todos los posibles delitos cometidos entre el 1 de agosto de 1914 y el 20 de noviembre de 1922[62].

61.-El Tratado de Lausana, de 24 de julio de 1923 supuso la reforma del de Sévres, de acuerdo con los siguientes acontecimientos. La dureza de los términos contenidos en el Tratado de Sévres provocó la reacción del nacionalismo turco, liderado por Mustafá Kemal Atatürk (1881-1938), general-inspector del 9° Ejército, estacionado en Anatolia. Kemal ocupó rápidamente esa Península (a parte sustancial del Imperio), organizó elecciones, reunió un Parlamento Nacional en Ankara, que le designó jefe del gobierno en abril de 1920, y declaró la guerra a Grecia. La aceptación por Mohamed VI del Tratado de Sévres en agosto de 1920 volcó la contienda del lado de Kemal. Tras derrotar en varios combates a los griegos, expulsarles de Esmirna y obligarles a aceptar un armisticio (octubre de 1921), abolió el sultanato y en marzo de 1924, el califato, dignidad de sucesión de Mahoma, proclamando la República (29 de octubre de 1923). Los aliados, después que los ingleses, estacionados en Chanak, en los Dardanelos, se vieran al borde de la guerra, aceptaron revisar el Tratado de Sévres. Y en efecto, por el nuevo Tratado de Lausana (12 de julio de 1923), reconocieron a Turquía, Anatolia, Armenia, Kurdistán, Tracia oriental y la posesión neutralizada de los Estrechos. Los aliados abandonarían además Constantinopla (Estambul), que había quedado bajo su control desde el 30 de octubre de 1918. Turquía no pagaría indemnizaciones de guerra ni sus militares responderían por crímenes de guerra. A cambio, renunciaba a los territorios no turcos de Oriente Medio, ocupados por ingleses, franceses y árabes desde la guerra mundial. Francia y Gran Bretaña proclamaron en 1920, y así les fue reconocido por la Sociedad de Naciones, sus mandatos respectivos sobre Siria y Líbano (Francia) y sobre Irak, Transjordania y Palestina (Gran Bretaña), más o menos según el pacto secreto que en mayo de 1916 habían negociado los diplomáticos sir Mark Sykes y François Georges-Picot. Este acuerdo sentenció la desaparición de Armenia y del Kurdistán como entidades independientes y supuso el primer intercambio forzoso de población internacionalmente aprobado, que constituyó un programa de "limpieza étnica": un fenómeno tan viejo como la humanidad y que sin duda no es único. Lo que quizá sí fue singular fue el carácter obligatorio del Tratado de Lausana, y el hecho de que fuera reconocido internacionalmente. Dado el nivel de expulsión de la población, que afectó a un millón y medio de personas, y al tiempo transcurrido desde entonces, es sorprendente que se haya prestado tan poca atención a las consecuencias de este acontecimiento en el ámbito de los estudios sobre migración forzosa.

62.-Naciones Unidas describió la situación jurídica en 1948. *United Nations Economic and Social Council Commission on Human Rights, Report Prepared by the United Nations War Crimes Commission in Accordance with the Request Received from the United Nations Restricted — E/CN.4/W.20 — 28 May 1948. Information Concerning Human Rights Arising from Trials of War Criminals. II. Developments during the First World War. 1. The Massacres of the Armenians in Turkey. In connection with the massacres of the Armenian population which occurred at the beginning of the First World War in Turkey, the Governments of France, Great Britain and Russia made a declaration, on 28 May 1915, denouncing them as "crimes against humanity and civilization" for which all the members of the Turkish Government would be held responsible, together with its agents implicated in the massacres. The relevant part of this declaration reads as follows: "En présénce de ces nouveaux crimes de la Turquie contre l'humanité et la civilisation, les Gouvernements alliés font savoir publiquement à la Sublime Porte qu'ils tiendront personnellement responsables des dits crimes tous les membres du Gouvernement ottoman ainsi que ceux de ces agents qui se trouveraient impliqués dans de pareils massacres." As will be shown later in more detail, the warning given to the Turkish Government on this occasion by the Governments of the Triple Entente dealt precisely with one of the types of acts which the modern term "crimes against humanity" is intended to cover, namely, inhumane acts committed by a government against its own subjects... The first peace treaty with Turkey, namely, the Treaty of Sévres, signed on 10 August 1920,*

Estos fueron los primeros intentos para sancionar la responsabilidad individual en casos de crímenes internacionales, pero no pudieron alcanzar resultados positivos debido a que los Estados no nunca restringirían, a priori, su propia soberanía. Sin embargo, la idea de desarrollar una *cultura de la responsabilidad,* frente a *la cultura de la impunidad*, que implicaba la creación de órganos jurisdiccionales internacionales, no pudo ser silenciada. Una vez que las pasiones de la guerra se calmaron, el debate en torno a la culpabilidad individual de los combatientes provocó que ciertos visionarios empezaran a considerar el establecimiento de un tribunal internacional que no fuese simplemente producto de la *justicia de los vencedores.* De este modo, a mediados de 1920 se reunió en La Haya un *Comité Asesor de Juristas para redactar el Estatuto de la Corte Permanente de Justicia*, creada en el ámbito de la Sociedad de Naciones, que además recomendó la creación de una *Corte Internacional de Justicia* para juzgar los crímenes que constituyesen violaciones al orden público internacional y del Derecho Internacional. Durante los años siguientes, abogados y académicos elaboraron su estatuto, escribieron artículos y libros y hablaron públicamente a favor de la creación de un

---

contained in addition to the provisions dealing with violations of the laws and customs of war [Articles 226-228 corresponding to Articles 228-230 of the Treaty of Versailles] a further provision, Article 230, by which the Turkish Government undertook to hand over to the Allied Powers the persons responsible for the massacres committed during the war on Turkish territory. The relevant parts of this article read as follows: "The Turkish Government undertakes to hand over to the Allied Powers the persons whose surrender may be required by the latter as being responsible for the massacres committed during the continuance of the state of war on territory which formed part of the Turkish Empire on the 1st August, 1914." "The Allied Powers reserve to themselves the right to designate the Tribunal which shall try the persons so accused, and the Turkish Government undertakes to recognize such Tribunal. In the event of the League of Nations having created in sufficient time a Tribunal competent to deal with the said massacres, the Allied Powers reserve to themselves the right to bring the accused persons mentioned above before such Tribunal, and the Turkish Government undertakes equally to recognize such Tribunal. The provisions of Article 230 of the Peace Treaty of Sévres were obviously intended to cover, in conformity with the Allied note of 1915 referred to in the preceding section, offences which had been committed on Turkish territory against persons of Turkish citizenship, though of Armenian or Greek race. This article constitutes therefore a precedent for Articles 6c and 5c of the Nüremberg and Tokyo Charters, and offers an example of one of the categories of "crimes against humanity" as understood by these enactments. The Treaty of Sèvres was, however, not ratified and did not come into force. It was replaced by the Treaty of Lausanne, signed on 24 July 1923, which did not contain provisions respecting the punishment of war crimes, but was accompanied by a "Declaration of Amnesty" for all offences committed between 1 August 1914, and 20 November 1922. Cf. "United Nations War Crimes Commission Report (may, 28, 1948)", en www.armenian-genocide.org.

tribunal penal internacional, con jurisdicción *sobre las ofensas contrarias a las leyes de la humanidad*. En este grupo, destacaron HUGH BELLOT, de Inglaterra; HENRI DONNEDIEU DE VABRES, de Francia; VESPARIEN PELLA, de Rumania; NICOLÁS POLITIS, de Grecia; QUINTILLANO SALDAÑA, de España; ELIHU ROOT, de Estados Unidos; y WALTER PHILLIMORE, de Sudáfrica. Además, fundaron la *Asociación Internacional de Derecho Penal*, que se constituyó en uno de los principales foros dedicado al estudio de la jurisdicción internacional. Otro proyecto de Estatuto fue adoptado por organizaciones no gubernamentales, tales como la *Unión Interparlamentaria*, en 1925 y por instituciones académicas como la *Asociación de Derecho Internacional*, en 1926.

Sin duda, teniéndose presentes los antecedentes vistos, el Convenio de Ginebra de 1929 para mejorar la suerte de los heridos y enfermos de las fuerzas armadas en campaña, estableció, en su artículo 30, una disposición en la que también se empezaba a perfilar la responsabilidad penal que estudiamos:

> *...A petición de un beligerante deberá abrirse una investigación según la forma que ha de fijarse entre las partes interesadas, a propósito de toda violación del Convenio que se alegase; una vez comprobada la violación, los beligerantes le pondrán término y la reprimirán lo más pronto posible.*

Por primera vez se avanzaba por este camino, ya que los Convenios de La Haya de 1899 y de 1907, así como el Convenio de Ginebra de 1929, relativo al trato debido a los prisioneros de guerra, no contenían disposiciones para el castigo de individuos que violaran sus normas[63]. En los años treinta se dio un paso más: como resultado de los asesinatos de ALEJANDRO DE YUGOSLAVIA y del Ministro de Relaciones Exteriores de Francia, LOUIS BARTHOU, en atentado terrorista, la

---

63.-SCOTT, J. B., *The Hague Conventions and Declarations of 1899 and 1907*, Nueva York: Carnegie Endowment for International Peace, 1915.

Sociedad de Naciones propuso la adopción de un tratado para la prevención y castigo del terrorismo y un tribunal internacional como mecanismo adecuado para asegurar su cumplimiento, en 1937[64]. Sin embargo, sus Estados miembros consideraron estas ideas como una amenaza a su soberanía, de nuevo, y el proyecto murió de inanición.

6.-La primera definición del genocidio: Lemkin

La aportación fundamental de este autor fue la propuesta de creación de un tipo penal internacional que, tras un período de reflexión y maduración, se convertiría en el genocidio. A finales de noviembre de 1944, poco antes de ser declarado *libro judío del mes*, la Columbia University Press publicó discretamente un grueso volumen titulado *Axis Rule in Occupied Europa: Laws of Occupation, Analysis of Government, Proposals for Redress* [65], patrocinado por la división de publicaciones de Derecho Internacional del *Carnegie Endowment for International Peace*. Escrito por un desconocido en Estados Unidos, llamado RAPHAEL LEMKIN, llegó a ser una de las obras más relevantes del pensamiento político de los años cuarenta y cincuenta del siglo XX, y una de las referencias fundamentales del proceso de Nüremberg.

LEMKIN nació el 24 de junio de 1901 en Bezwodene, Polonia. Estudió Derecho y Filología en la Universidad de Lwow y Heidelberg (Alemania). Su primer empleo fue de secretario en el *Tribunal de Apelación de Varsovia*, y después, de fiscal en dicha ciudad (1925). Representó a Polonia en diversas conferencias, ante la Sociedad de Naciones, en especial, durante 1929, como *Secretario de la Comisión de Leyes de la República Polaca*. Con estos cargos, representó a Polonia en la *V Conferencia Internacional para la Unificación del Derecho Criminal*, que tuvo lugar en

64.-LEAGUE OF NATIONS, "Convention for the Creation of an International Criminal Court", *Monthly Summary of the League of Nations, XVII, 11 November 1937*, ps. 289-295.

65.-LEMKIN, R., *Axis Rule in Occupied Europe: Laws of Occupation - Analysis of Government - Proposals for Redress*, Washington, D.C.: Carnegie Endowment for International Peace, 1944.

Madrid en 1933. Fue aquí donde hizo su primera propuesta, por la que solicitaba a la Sociedad de Naciones la redacción de un documento que condenase las *matanzas en masa* sucedidas antes, durante y después de la Primera Guerra Mundial. En 1935 se separó de la Administración polaca y volvió al ejercicio privado de la abogacía, en Varsovia. Una vez invadida Polonia por Alemania y la URSS, se convirtió en partisano y más tarde emigraría a Suecia y a Estados Unidos, donde viviría hasta su muerte, en 1959 [66]. Varios aspectos de su biografía fueron determinantes para el éxito de sus planteamientos: LEMKIN era judío, su familia murió en el Holocausto y fue diezmada, antes de los años cuarenta por las purgas soviéticas; era polaco, una de las naciones más devastadas en la guerra y, finalmente, doctor en Derecho.

Las primeras propuestas de LEMKIN fueron planteadas en la *V Conferencia Internacional para la Unificación del Derecho Penal*, celebrada, como hemos dicho, en Madrid. Su ánimo era claro: creía necesario establecer una categoría nueva de delitos, común para toda la comunidad internacional, bajo la denominación genérica de *delicta iuris gentium*, mediante la cual se protegieran ciertos valores colectivos, como el derecho a la vida en el seno de una comunidad étnica o religiosa, la producción artística y las telecomunicaciones. La nueva familia de delitos se compondría básicamente de dos tipos: el *vandalismo* y la *barbarie*. El delito de barbarie consistía en tomar parte en matanzas u otras atrocidades colectivas contra la población indefensa. Concurrían cinco elementos constitutivos del tipo, a saber [67]:

1.-Empleo de violencia que pruebe las móviles antisociales y crueles de los actores.

66.-Sobre su biografía, cf. *Encyclopaedia of the Holocaust*, Nueva York: Macmillan Publishing Company, 1990; también, la página web huc.edu/aja/Lemkin.htm.

67.-GIL GIL, Alicia, *Derecho Penal Internacional*, op. cit., p. 151; y *Actes de la V Conférence International pour l'Unification du Droit Penal*, París: Ed. Pedone, 1935, p. 48 y sis.

2.-La acción sistemática y organizada.

3.-La acción no se dirige contra personas determinadas, sino contra la población o un grupo de ciudadanos, es decir, no es solamente colectiva, sino dirigida contra una cierta colectividad.

4.-La colectividad atacada está indefensa.

5.-La intención con que se realiza puede consistir en la intimidación de la población.

El delito de vandalismo consistía en la destrucción dolosa de obras de arte y bienes culturales de importancia reconocida[68]. Esta primera aproximación fue modificada a finales de 1933. De acuerdo con las *Additional explications to the Special Report presented to the 5th Conference for the Unification of Penal Law in Madrid (14 -20 October 1933)*[69], propuso un texto que debía ser el fundamento de un futuro tratado internacional en el que se castigarían ambos delitos. En 1945, LEMKIN dio un paso más en sus aportaciones al idear la denominación *genocidio* para referirse a la eliminación dolosa de colectividades integradas por elementos diferenciales propios, como judíos, gitanos, polacos, etc. Se superan así el *vandalismo* y la *barbarie* como tipos que, en suma, no dejaban de ser una mera aproximación a lo que se entendería más tarde por genocidio.

A imagen de otros términos jurídicos, se compone de dos elementos lingüísticos: *gens* (raza, familia, clan) y la terminación *cidio* (muerte), como también en el *homicidio,* el *uxorcidio,* el *magnicidio,* el *parricidio* o el *tiranicidio.* Será en este

---

68.-Ibíd.
69.-www.preventgenocide.org/lemkin/madrid1933-english.htm.

año cuando vea la luz su artículo "Genocide, A Modern Crime"[70], en el que sienta las bases jurídicas de lo que entiende como nuevo tipo, al tiempo que propone una serie de medidas para su reconocimiento unificado, vía tratado internacional, por la comunidad internacional.

LEMKIN, no obstante, no aborda un tema que adquirirá importancia años después: ¿cuáles son los elementos definitorios del grupo y que le dan carta de naturaleza, a los efectos de protección del tipo, frente a otras colectividades humanas? El autor, cuando menciona el sujeto paciente del genocidio, esto es, la colectividad sobre la que se actúa ilegalmente, menciona tres categorías: *grupos nacionales, raciales o religiosos.* Grupos raciales (el gitano o la raza judía, por ejemplo, en las zonas dominadas por las potencias del eje en Europa, o el chino en la Manchuria pro japonesa) o religiones (la judía en la Alemania nazi o la católica en la zona afecta al Frente Popular español en la guerra civil[71]) han sido, históricamente,

---

70.-LEMKIN, R., "Genocide, A Modern Crime", *Free World*, vol. 4 (April 1945), ps 39 y sis; en www.preventgenocide.org/lemkin/freeworld1945.htm.

71.-MONTERO MORENO, Antonio, *Historia de la persecución religiosa en España, 1936-1939*, Madrid: Biblioteca de Autores Cristianos, 1999. El autor señala (p. 762) que fueron asesinados, por el mero hecho ser consagrados, 4.184 miembros del clero secular, 2.365 religiosos y 283 religiosas en España, desde 1936 a 1939, por las fuerzas y milicias afectas al Frente Popular, lo cual suma un total de 6.832 víctimas de la persecución religiosa, realizada por los partidos de izquierda. En algunas localidades fueron asesinados porcentajes muy altos de la población de religiosos que poseían antes de la guerra, como por ejemplo Barbastro (87,8 % del total), Almería (32 %), Lérida (65,8 %), Málaga (48,7 %) o Toledo (47,6 %) (Ibíd., p. 763). Para mayor información sobre los asesinatos perpetrados por los miembros de los distintos partidos de izquierda durante la Guerra Civil, cf. *CAUSA GENERAL, LA DOMINACIÓN ROJA EN ESPAÑA, AVANCE DE LA INFORMACIÓN INSTRUÍDA POR EL MINISTERIO PÚBLICO*, Madrid: Ministerio de Justicia, 1943. La Causa General fue creada por Decreto de 26 de abril de 1940, ratificado por otro de 19 de junio de 1943, en virtud de los cuales se atribuía al Ministerio Fiscal la investigación de los crímenes cometidos por las fuerzas afectas al Frente Popular español, en los territorios sobre los que ejerció su autoridad desde el inicio de la Guerra Civil. También CASAS DE LA VEGA, Rafael, *El terror, Madrid 1936*, Madrid: Editorial Fénix, 1994. La represión que realizaron los partidos de izquierdas, para vencer la sublevación, fue, sin duda, un caso de genocidio. La participación en los asesinatos masivos de Carrillo o Rafael Alberti ha sido probada. Cf. VIDAL, César, *Checas de Madrid. Las cárceles republicanas al descubierto*, Madrid: Belacqva /Carroggio, 2003. Un periódico progresista español, El Mundo, cuya ejecutoria democrática no ofrece dudas, publicó la siguiente reseña al respecto: *Los interrogatorios se encaminaban desde el principio a arrancar al reo alguna confesión sobre sus creencias religiosas o simpatías políticas, circunstancias ambas que servían para incriminarlo con facilidad. Tal fue el caso de Dolores Falquina y García de Pruneda, de 25 años, a la que se detuvo el 2 de octubre de 1936. Al día siguiente, de madrugada, se procedió a juzgarla preguntándole «si era de*

Acción Católica» e instándola a que revelara dónde se hallaban ocultos unos jóvenes falangistas. Dolores Falquina reconoció que efectivamente era secretaria de la parroquia de San José, pero afirmó que desconocía a los jóvenes de Falange. La acusada pensó que al no existir ninguna relación con los muchachos se la pondría en libertad. Sin embargo, aquel mismo día fue sacada de la celda para ser asesinada. En el curso de este interrogatorio, el acusado no disfrutaba de ninguna defensa profesional e incluso era común que se le intentara engañar afirmando que se poseía una ficha en la que aparecía su filiación política. Como mal añadido, se daba la circunstancia de que los reos eran juzgados de manera apresurada y masiva, lo que facilitaba, sin duda alguna, la tarea de los ejecutores, pero eliminaba cualquier sombra de garantía procesal. Así, por citar un ejemplo significativo, durante el mes de octubre de 1936, un abogado llamado Federico Arnaldo Alcover acudió al Comité para visitar a Arturo García de la Rosa, uno de los dirigentes de la checa. Alcover iba acompañado de un familiar de García de la Rosa y se le permitió asistir a uno de los procedimientos de interrogatorio. Pudo así comprobar que en el espacio de media hora se procedió a interrogar a una docena de personas recurriendo a cuestiones que dejaban de manifiesto los prejuicios de los chequistas. Concluidos los interrogatorios, sin que se tomara acta de lo sucedido ni se procediera a la firma de la misma, se decidía la suerte de los acusados que, en su inmensa mayoría, eran condenados a muerte y asesinados de madrugada. Los tribunales de la checa seis en total, con dos de ellos funcionando de manera simultánea mantenían una actividad continua que se sucedía a lo largo de la jornada, en tres turnos de ocho horas, que iban de las 6 de la mañana a las 14 horas, de las 14 a las 22 y de las 22 a las 6 del día siguiente. (...) La actividad, no ya de los tribunales pero sí de las brigadillas, era especialmente acusada durante la noche y la madrugada, que eran los períodos del día considerados como especialmente adecuados para proceder a los asesinatos de los reos. Las sentencias dictadas por los diferentes tribunales carecían de apelación, eran firmes y además de ejecución inmediata. A fin de ocultar las pruebas documentales de los asesinatos, éstos se señalaban en una hoja sobre la que se trazaba la letra L, igual que en el caso de las puestas en libertad, pero para permitir saber la diferencia a los ejecutores, la L que indicaba la muerte iba acompañada de un punto. Una vez establecido el destino del reo, éste era entregado a una brigadilla de cuatro hombres bajo las órdenes de un «responsable».Todos los partidos y sindicatos del Frente Popular contaban con representación en las diferentes brigadillas. Sin embargo, ocasionalmente las tareas de exterminio encomendadas a estas unidades eran demasiado numerosas y entonces se recurría para llevarlas a cabo a los milicianos que prestaban servicios de guardia en el edificio de la checa. Entre los jefes de brigadilla de la checa de Fomento algunos destacarían por su actividad asesina. Tal fue, por ejemplo, el caso de Antonio Ariño Ramis, alias El Catalán. Delincuente común, antiguo recluso en la Guayana francesa, fue responsable directo de multitud de asesinatos en la capital y en poblaciones de la provincia como Vallecas o Fuentidueña del Tajo. Sus acciones en la checa de Fomento serían consideradas por las autoridades republicanas como un mérito, ya que cuando se procedió a disolverla pasó a formar parte del Consejillo de Buenavista, encargado también de tareas represoras. (...) Desde luego, resulta difícil descartar que al menos en algunas ocasiones la razón fundamental de las detenciones -detenciones que concluían en fusilamientos- fuera meramente el robo. Por ejemplo, el 26 de septiembre de 1936, se procedió al asesinato de Rafael Chico y su hijo Luis Chico Montes, de un cuñado del primero, llamado Hipólito de la Fuente Grisaleña y de Jaime Maestre Pérez, redactor jefe de El Siglo Futuro. El rendimiento económico se produjo al forzar y robar la caja fuerte número 1055 que la familia tenía arrendada en el banco Hispano Americano. En otras ocasiones, tras los fusilamientos sólo puede suponerse la existencia de antipatías personales. Tal fue el caso de Antonio García García, acomodador sexagenario del cine San Carlos, al que se detuvo y asesinó sin razón clara o el de José Fernández González, un jefe de la tahona sita en la calle Mira el Sol, número 11 al que denunció un antiguo subordinado suyo convertido en chequista. No faltaron igualmente los casos de asesinatos de grupos enteros de detenidos en claro preludio de lo que iban a ser las matanzas en masa de finales del año 1936. Así, el 28 y 31 de octubre de 1936 se llevaron a cabo dos sacas, en el curso de cada una de las cuales se procedió a asesinar a 70 personas por acusaciones como las de querer ser seminarista. Resulta obvio que la checa de Fomento sirvió en multitud de ocasiones para exterminar a aquellos que habían sido puestos en libertad por otras instancias judiciales. Así, por citar un ejemplo, el 21 de septiembre de 1936, Francisco Ariza Colmenarejo -que era consciente de esta terrible circunstancia- suplicó al director general de Seguridad que no se procediera a liberarlo mientras las autoridades republicanas no garantizaran su seguridad. Dos días después se expidió una orden de libertad en la que se hacía constar que gozaba del aval del Comité Provincial de Investigación Pública. Entregado así a la checa de Fomento, Ariza Colmenarejo fue asesinado. En el caso de personas que hubieran incomodado al socialista Largo Caballero y que fueran asesinadas pueden mencionarse al menos dos casos. El primero es el de Angel Aldecoa Jiménez, de 58 años, magistrado, que fue detenido porque había juzgado un atentado relacionado con Largo Caballero, al parecer, no de la manera que hubiera complacido al dirigente socialista. Aldecoa pagó su independencia judicial frente al PSOE con el fusilamiento. El segundo es el de Marcelino Valentín Gamazo. Fiscal general de la República, Gamazo acusó a Largo Caballero por los sucesos de octubre de 1934 en estricto cumplimiento de sus deberes dentro de la legalidad republicana. El 5 de agosto de 1936, un grupo de milicianos llegó a la casa de campo de Rubielos Altos donde residía Gamazo con su familia y tras realizar un registro y proceder a destrozar los objetos religiosos, comenzaron a golpearle delante de sus hijos pequeños a pesar de sus súplicas para que ahorraran a los niños aquel espectáculo. (...) A las doce y media de la noche, en el paraje conocido como Cerrajón, del término de Tevar, Cuenca, Marcelino Valentín Gamazo y sus hijos José Antonio, Javier y Luis de 21, 20 y 17 años respectivamente fueron fusilados. En cuanto a la participación de Santiago Carrillo en estos asesinatos, el autor señala lo siguiente al respecto, en relación con este "protagonista" de la transición democrática española de los setenta: Ese mismo día 27 llegaron a San Antón nuevas órdenes de Serrano Poncela ordenando la puesta en libertad de más reclusos. Según el método habitual, al día siguiente, a esos detenidos se les incluyó en dos sacas cuyos miembros terminaron también siendo asesinados en Paracuellos. El día 29 de noviembre tuvo lugar una nueva saca en el curso de la cual fue asesinado, entre otros muchos, Arturo Soria Hernández, hijo del urbanista creador de la Ciudad Lineal. El 30, se efectuaría la última saca de San Antón. Cuando concluyeran, finalmente, las matanzas de aquellos días, millares de madrileños habrían sido asesinados por las fuerzas de la Junta de Defensa cuya Consejería de Orden Público se hallaba dirigida por el comunista Santiago Carrillo. (...) .La responsabilidad directa y esencial de Carrillo en millares de crímenes ha sido confirmada de manera irrefutable tras la apertura de los archivos de la antigua URSS. Al respecto, existe un documento de enorme interés emanado del puño y letra de Gueorgui Dimitrov, factótum a la sazón de la Komintern o Internacional Comunista. El texto, de 30 de julio de 1937, está dirigido a Voroshílov y en él le informa de la manera en que prosigue el proyecto de conquista del poder por el PCE en el seno del Gobierno del Frente Popular. El documento reviste una enorme importancia, pero nos vamos a detener en la cuestión de las matanzas realizadas en Madrid que Dimitrov menciona en relación con el peneuvista Irujo: «Pasemos ahora a Irujo. Es un nacionalista vasco, católico...Quería detener a Carrillo, secretario general de la Juventud Socialista Unificada, porque cuando los fascistas se estaban acercando a Madrid, Carrillo, que era entonces gobernador, dio la orden de fusilar a los funcionarios fascistas detenidos. Pero no solamente se implicaron en los crímenes personajes políticos, también de la cultura: Lejos de denunciar lo que estaba sucediendo, no fueron pocos los intelectuales que legitimaron las muertes e incluso unieron sus voces a las de aquellos que indicaban a nuevas víctimas a la vez que exigían su eliminación (...). El 25, Miguel de Unamuno, que se había manifestado repetidamente contra el Frente Popular y ahora apoyaba a los alzados, fue cesado de su cargo de rector vitalicio de la universidad de Salamanca y tres días después, la universidad de Madrid era objeto de un cambio de cargos y nombramientos que llevarían, por ejemplo, a Julián Besteiro a convertirse en decano de la facultad de Filosofía y Letras y a Juan Negrín a ocupar la secretaría de la facultad de Medicina. Al igual que había sucedido en Rusia durante la revolución, los intelectuales partidarios del Frente Popular se habían arrogado el derecho de expulsar de la vida pública -e incluso de la física - a aquellos que no comulgaran con su especial cosmovisión. Así, el 23 de agosto, la Alianza de Intelectuales Antifascistas celebró una asamblea cuya finalidad era depurar la Academia Española de la Lengua, cuyos miembros eran mayoritariamente de derechas. El comité de depuración, auténtica checa de la cultura, estuvo formado por Maroto, Luengo, Abril y, por supuesto, el poeta Rafael Alberti. La depuración fue durísima pero pareció escasa a las organizaciones del Frente Popular, que la consideraron un tanto tibia. Nuevamente, los intelectuales decidieron plegarse a los intereses partidistas, unos intereses que desde hacía semanas se escribían en sangre, y el 30 de julio publicaron un manifiesto de adhesión a la República. La declaración, ciertamente escueta, estaba suscrita por una docena de intelectuales de primera fila y decía así: «Los firmantes declaramos que, ante la contienda que se está ventilando en España, estamos al lado del Gobierno de la República y del pueblo, que con heroísmo ejemplar lucha por sus libertades». Ramón Menéndez Pidal, Antonio Machado, Gregorio Marañón, Teófilo Hernando,

sujetos colectivos sometidos a genocidio. Las persecuciones romanas a los cristianos son un ejemplo prototípico, o la actividad desarrollada por la Inquisición en Europa. Además, se diseñaron y ejecutaron políticas concretas de exterminio de los individuos pertenecientes a estas colectividades con el fin de eliminar las colectividades mismas. ¿Pero en el caso del *grupo nacional*, de qué hablamos? Puede entenderse que estará formado por una comunidad que pertenece a un Estado existente, que fue Estado independiente, que tiene un cierto grado de organización autónoma, que lucha en una guerra de liberación colonial o de ocupación, si bien el elemento adhesivo interno ya que define su existencia grupal no debe ser raza ni religión, aunque sí, por ejemplo, la cultura, lo cual nos lleva al concepto del grupo étnico actual, susceptible de protección. Se pretende eliminar el grupo en tanto posee *el signo distintivo de lo*

Ramón Pérez de Ayala, Juan Ramón Jiménez, Gustavo Pittaluga, Juan de la Encina, Gonzalo Lafora, Pío del Río Ortega, Antonio Marichalar y José Ortega y Gasset». No deja de ser todo un símbolo que ese mismo día fuera detenido Ramiro de Maeztu, otro de los grandes intelectuales de la época, en un piso de la calle Velázquez, número nueve. Se trataba del domicilio de su amigo José Luis Vázquez Dodero, que había aceptado esconderlo desde la noche del 17 de julio. Fue trasladado inmediatamente a la comisaría de Buenavista, donde un inspector lo puso en libertad al no encontrar ninguna causa legal que motivara su detención. Sin embargo, Ramiro de Maeztu, dado que ya eran las 11 de la noche y que lo esperaba un coche de milicianos a la puerta, solicitó que lo detuvieran (...) Finalmente sería asesinado en una de las matanzas masivas realizadas en la época en que Carrillo era consejero de Orden Público. Las motivaciones para aquella conducta de apoyo a una revolución extraordinariamente cruenta se hallaron en ocasiones en la convicción ideológica y otras, como el caso de Bergamín, en el miedo. Un caso similar fue el del poeta Juan Ramón Jiménez. Claro que no estaba sólo el miedo. Además estaba la defensa de los asesinatos por parte de aquellos que, sinceramente, estaban convencidos de que era lo mejor que podía hacerse en aquellos momentos. En honor a la verdad, hay que decir que no fueron muchos aparte de Rafael Alberti y de su mujer. (...) La poda que pretendían los partidarios del Frente Popular era de tal magnitud que, de haberse podido llevar a cabo, hubiera significado la creación de un páramo cultural sin precedentes en la Historia de España. entre los condenados por la inquisición frentepopulista se hallaban los escritores Enrique Jardiel Poncela, Carlos Arniches, Ramón Gómez de la Serna, Eduardo Marquina, Tomás Borrás, José Juan Cadenas, A. Fernández Arias, Joaquín Calvo Sotelo, Ignacio Luca de Tena, M. Morcillo, Pilar Millán Astray, José María Pemán, Jacinto Miquelarena, Adolfo Torrado, Ramón López Montenegro, Jesús J. Gabaldón, Pedro Mata, Alejandro McKimlay, Antonio Quintero y Felipe Sassone, junto a compositores como Moreno Torroba, Jacinto Guerrero o Rosillo, cuya música debía de contener, presuntamente, corcheas antirrevolucionarias. No fueron, desde luego, los únicos músicos que tenían que temer. (...) Alberti, convertido, gracias a su condición de militante comunista, en dispensador de patentes de limpieza de sangre política, anunció que se negaba a participar como recitador en un acto organizado por la Asociación Profesional de Periodistas dado que en él iba a intervenir también el músico Joaquín Turina, porque no lo consideraba afecto al régimen. Cf. VIDAL, César, "Las checas no tenían piedad. ENTRE LAS PAGINAS MAS ATROCES DE LA GUERRA CIVIL DESTACA LA «JUSTICIA» IMPARTIDA POR LAS CHECAS. EL HISTORIADOR CÉSAR VIDAL PUBLICA UN POLÉMICO LIBRO, EN EL QUE SEÑALA A CULPABLES AUN VIVOS. RECOGEMOS ALGUNOS EXTRACTOS", en www.el-mundo.es/cronica/2003/402/1056973784.html.

nacional, en acto o en potencia. Ejemplos serían los españoles o *godos* después de

la *declaración de guerra a muerte* de BOLÍVAR[72], con las victorias de JOSÉ TOMÁS

BOVES (1782-1814)[73][74]; los armenios tras la Primera Guerra Mundial o los kurdos y

---

72.-*SIMÓN BOLÍVAR, Brigadier de la Unión, General en Jefe del Ejercito del Norte, Libertador de Venezuela, a sus conciudadanos. Venezolanos: Un ejército de hermanos, enviado por el soberano Congreso de la Nueva Granada, ha venido a libertaros, y ya lo tenéis en medio de vosotros, después de haber expulsado a los opresores de las provincias de Mérida y Trujillo. Nosotros somos enviados a destruir a los españoles, a proteger a los americanos, y a restablecer los gobiernos republicanos que formaban la Confederación de Venezuela. Los Estados que cubren nuestras armas, están regidos nuevamente por sus antiguas constituciones y magistrados, gozando plenamente de su libertad e independencia; porque nuestra misión sólo se dirige a romper las cadenas de la servidumbre, que agobian todavía a algunos de nuestros pueblos, sin pretender dar leyes, ni ejercer actos de dominio, a que el derecho de la guerra podría autorizarnos. Tocado de vuestros infortunios, no hemos podido ver con indiferencia las aflicciones que os hacían experimentar los bárbaros españoles, que os han aniquilado con la rapiña, y os han destruido con la muerte; que han violado los derechos sagrados de las gentes; que han infringido las capitulaciones y los tratados más solemnes; y, en fin, han cometido todos los crímenes, reduciendo la República de Venezuela a la más espantosa desolación. Así pues, la justicia exige la vindicta, y la necesidad nos obliga a tomarla. Que desaparezcan para siempre del suelo colombiano los monstruos que lo infestan y han cubierto de sangre; que su escarmiento sea igual a la enormidad de su perfidia, para lavar de este modo la mancha de nuestra ignominia, y mostrar a las naciones del universo, que no se ofende impunemente a los hijos de América. A pesar de nuestros justos resentimientos contra los inicuos españoles, nuestro magnánimo corazón se digna, aún, abrirles por la ultima vez una vía a la conciliación y a la amistad; todavía se les invita a vivir pacíficamente entre nosotros, si detestando sus crímenes, y convirtiéndose de buena fe, cooperan con nosotros a la destrucción del gobierno intruso de España, y al restablecimiento de la República de Venezuela. Todo español que no conspire contra la tiranía en favor de la justa causa, por los medios más activos y eficaces, será tenido por enemigo, y castigado como traidor a la patria y, por consecuencia, será irremisiblemente pasado por las armas. Por el contrario, se concede un indulto general y absoluto a los que pasen a nuestro ejército con sus armas o sin ellas; a los que presten sus auxilios a los buenos ciudadanos que se están esforzando por sacudir el yugo de la tiranía. Se conservarán en sus empleos y destinos a los oficiales de guerra, y magistrados civiles que proclamen el Gobierno de Venezuela, y se unan a nosotros; en una palabra, los españoles que hagan señalados servicios al Estado, serán reputados y tratados como americanos. Y vosotros, americanos, que el error o la perfidia os ha extraviado de las sendas de la justicia, sabed que vuestros hermanos os perdonan y lamentan sinceramente vuestros descarríos, en la íntima persuasión de que vosotros no podéis ser culpables, y que sólo la ceguedad e ignorancia en que os han tenido hasta el presente los autores de vuestros crímenes, han podido induciros a ellos. No temáis la espada que viene a vengaros y a cortar los lazos ignominiosos con que os ligan a su suerte vuestros verdugos. Contad con una inmunidad absoluta en vuestro honor, vida y propiedades; el solo título de americanos será vuestra garantía y salvaguardia. Nuestras armas han venido a protegeros, y no se emplearán jamás contra uno solo de nuestros hermanos. Esta amnistía se extiende hasta a los mismos traidores que más recientemente hayan cometido actos de felonía; y será tan religiosamente cumplida, que ninguna razón, causa, o pretexto será suficiente para obligarnos a quebrantar nuestra oferta, por grandes y extraordinarios que sean los motivos que nos deis pare excitar nuestra animadversión. Españoles y canarios, contad con la muerte, aun siendo indiferentes, si no obráis activamente en obsequio de la libertad de América. Americanos, contad con la vida, aun cuando seáis culpables. Cuartel General de Trujillo, 15 de junio de 1813. Simón Bolívar. Es copia. Pedro Briceño Méndez, Secretario.* Cf. BOLIVAR, Simón, Escritos fundamentales, Caracas: Monte Ávila, 1998.

73.-Teniente Coronel del Ejército Real. Tal título está recogido de la lápida del monumento que le erigió la colonia asturiana de Buenos Aires al abrirse en Oviedo la calle que lleva su nombre. Entre los

tibetanos en la actualidad. Pero también puede interpretarse de forma más abierta, de tal manera que el grupo nacional esté compuesto por distintos sujetos a los que se pueda identificar mediante una característica común que les diferencia del resto de la población de un Estado, es decir, de la *población nacional*, como por ejemplo, *los militantes chilenos de izquierda,* que formarían un *grupo nacional* distinto de los *militantes chilenos de derechas*, o los homosexuales alemanes o argentinos respecto a los heterosexuales de la misma nacionalidad. Según GIL[75], esta interpretación, demasiado amplia a su entender, supondría una reducción de los delitos contra la humanidad a un concepto jurídico prácticamente inaplicable, por el *efecto expansivo* del genocidio. Este delito debería quedar circunscrito al grupo nacional susceptible de ser considerado, en acto o en potencia, nación, y capaz (aunque no fuera así al momento de cometerse el delito) de constituirse en Estado o comunidad políticamente organizada (las comunidades judías asentadas en Palestina antes de la constitución del Estado de Israel, el *pueblo palestino,* el *pueblo kurdo,* etc.).

7.-Nüremberg. Yamashita, Homma y Tokio

Después de la Segunda Guerra Mundial, se inició un movimiento renovador del Derecho Internacional: era preciso realizar juicios a las autoridades, mandos militares y funcionarios de las potencias derrotadas que hubieran sido responsables

---

empleos del Ejército que ostentó Boves podemos citar los siguientes: *Oficial de Urbanos* (1812), *Comandante Militar de Calabozo* (1813), *Comandante de la Caballería Urbana de Calabozo* y Coronel, nombrado por Real Orden de 6 de octubre de 1814. Cf. VALDIVIESO MONTAÑO, A, *Tomás Boves,* Oviedo: Grupo Editorial Asturiano, 1990, ps. 35, 56 y 57.

74.-Boves ha sufrido insultos consuetudinarios a manos sudamericanas; así, por ejemplo, *demonio en figura de hombre* (según O'Leary), *demonio de carne humana* (según Bolívar), *aborto infernal* (según Juan Vicente González), *idolillo feroz, jefe de horda, sanguinario, bandolero, saqueador cruel,* etc. Los comandantes de las fuerzas separatistas han sido bautizados sin embargo como *libertadores y patriotas,* aunque desencadenaron y realizaron el mismo tipo de guerra feroz de la que se acusaba a los realistas. Bermúdez, Arismendi y Ribas, del bando separatista, han pasado a la historia junto al mismo Bolívar con su *guerra a muerte,* como ejemplos de crueldad innecesaria, aunque útil como instrumento de terror psicológico. Cf. VALDIVIESO MONTAÑO, A, *Tomás Boves,* op. cit., ps. 33 y sis, y 63 y sis.

75.-GIL GIL, Alicia, *Derecho Penal Internacional,* op. cit.

de actos de violación grave de las leyes de guerra[76]. En estos juicios se debían considerar tanto la responsabilidad tradicional de los Estados como la responsabilidad personal de los individuos[77]. Con este fin, los Aliados concertaron acuerdos entre sí y, posteriormente, instauraron los Tribunales Internacionales Militares de Nüremberg y Tokio, *encargados del juicio y castigo de criminales de guerra por delitos carentes de una ubicación geográfica particular, independientemente de que dichos individuos [estuvieran] acusados de manera individual, en calidad de miembros de organizaciones o grupos, o en ambas calidades*[78]. Estas jurisdicciones especiales tuvieron en cuenta las propuestas de LEMKIN respecto al genocidio, así como los *delitos contra la humanidad* y los *crímenes contra la paz*. No obstante, estas iniciativas estaban viciadas desde su propio planteamiento, puesto que pretendían aplicar una *justicia de vencedores* con planteamientos hipócritas. Entre los soviéticos y yugoslavos se produjeron casos de crímenes semejantes a los nazis y japoneses, que permanecieron en la más absoluta impunidad y olvido durante años; por no hablar de los bombardeos aliados masivos en Alemania o la eliminación en unos microsegundos de dos ciudades japonesas, con toda su población, mediante el uso

---

76.-El concepto *violaciones graves a las leyes y costumbres de la guerra* es más amplio que el de *infracciones graves*.

77.-*Por primera vez, en un texto convencional se prevén y definen expresamente en sus elementos constitutivos, los crímenes de guerra, los crímenes contra la paz y los crímenes de lesa humanidad*. Cf. DAILLER, P., y PELLET, A., *Droit international public*, París, 1998, p. 676.

78.-Artículo 1 del Acuerdo de Londres para el establecimiento de un Tribunal Militar Internacional encargado del juicio y castigo de los principales criminales de guerra del Eje europeo, del 8 de agosto de 1945. Sobre el Tribunal de Nüremberg, cf. JESCHEK, Hans-Heinrich, *Nüremberg Trials*, en BERNHART, Rudolf (ed.), *Encyclopaedia of Public International Law*, vol. 4, Amsterdam-Nueva York-Oxford: North-Holland Publishing Company, 1982, p. 50. Para mayor información sobre el proceso, cf. www.courttv.com/casefiles/Nüremberg/;   www.thehistorynet.com/WorldWarII/articles/; www.historyplace.com/worldwar2/timeline/nurem.htm,   www.yale.edu/lawweb/avalon/, www.kearsarge.k12.nh.us/krms/; holocaust.about.com/education/holocaust/msub68.htm?once=true&.Respecto al Tribunal de Tokio, cf. RÖLING, Bert V.A., *Tokyo Trial*, en BERNHART, Rudolf (ed.), *Encyclopaedia of Public International Law*, op. cit., p. 242. Para mayor información sobre este proceso, cf. www.yale.edu/lawweb/avalon/imtfem.htm. Para un resumen de sentencias y un listado de los condenados, cf. www.cnd.org/mirror/nanjing/NMTT.html.

del arma atómica, por los norteamericanos[79]. ROOSEVELT y TRUMAN merecen un puesto de honor por ello, entre los genocidas del siglo XX, junto A STALIN, HITLER o POL POT, e incluso el pacifista EINSTEIN, que puso al servicio del poder militar norteamericano sus conocimientos, sin los cuales las dos bombas atómicas no podrían haberse fabricado, aunque luego se arrepintiera de ello. De alguna manera, fue tan responsable de la muerte de miles de japoneses como EICHMANN de la de miles de judíos. El caso de las matanzas de 15.000 militares polacos por el *Comisariado del Pueblo para Asuntos del Interior*[80], del Partido Comunista, en Katyn, Piatichatkach y Miednoje son, sin duda, ejemplos de asesinatos masivos impunes y de ulterior deformación propagandística soviética. Las reclamaciones del gobierno polaco en el exilio contra este asesinato masivo y contra las deportaciones estalinistas a Siberia, que alcanzarían a un total de 1.500.000 polacos, provocaron que la URSS rompiera relaciones con este aliado, después de imputar los crímenes a los alemanes. En marzo de 1946, ROMAN MARTIN, fiscal de Cracovia que investigaba el asunto, fue asesinado por unos desconocidos y la documentación que había recopilado, robada. En abril de 1987, MIJAIL GORBACHOV y WOJCIECH JARUZELSKI anunciaron el esclarecimiento de los hechos y reconocieron el asesinato y la culpa de STALIN, BERIA, los comisarios rojos y el Partido Comunista. El 13 de abril de 1990, la agencia TASS declaraba oficialmente que la NKVD era la autora de los crímenes y GORBACHOV entregaba la lista de los prisioneros asesinados, en su mayoría oficiales polacos ultimados por disparos en la nuca. En

---

79.-El 6 de agosto de 1945, a las 8:15, hora de Japón, un B-29 norteamericano (llamado *Enola Gay*) que volaba a gran altitud, lanzó la primera bomba atómica sobre Hiroshima. Tras una breve caída, detonó en el aire, sin llegar a la superficie terrestre. Unos 10 km^2 fueron devastados instantánea y completamente, 66.000 personas murieron, y 69.000 fueron lesionadas. El 9 de agosto, tres días después, a las 11:02, hora de Japón, otro B-29 lanzó la segunda bomba sobre la sección industrial de la ciudad de Nagasaki, que destruyó 3 km^2 totalmente, mató a 39.000 personas, y lesionó a 25.000. El 10 de agosto, el día después del bombardeo de Nagasaki, el gobierno japonés pidió que Japón fuera autorizado a rendirse bajo las condiciones de la declaración aliada de Potsdam (26 de julio), rechazada en su día. La guerra acababa con estas dos explosiones.

80.-*Narodmy Komisariat Vnutrennikt*, NKVD.

1945, nadie se atrevió siquiera a pensar en la remotísima posibilidad de sentar en el

banquillo a los soviéticos o titoístas, como se haría con los nazis y los japoneses

vencidos. El régimen responsable del mayor número de víctimas en todo el siglo XX,

como fue el soviético, y probablemente de toda la historia de la humanidad, jamás

sufrió una condena en ninguno de sus cuadros de mando o responsables políticos,

por los delitos contenidos en el *core delicta iuris gentium*, aunque el comunismo fuera

responsable de la muerte, entre 1917 y 1987, de aproximadamente 128.168 millones

de personas [81]. Los ejemplos citados de crímenes perpetrados por los Aliados se

podrían ampliar con los casos de los cosacos o los anticomunistas yugoslavos,

fascistas o monárquicos [82] y, por supuesto, con el uso de la bomba atómica por parte

---

81.-RUMMEL, R.J., "How many did communist regimes murder?", en www.mega.nu:8080/ampp/rummel/com.art.htm. Este autor ha acuñado la expresión "democidio" en sus estudios de violencia política del siglo XX.

82.-Desde el hundimiento del frente de Stalingrado, el 2 de febrero de 1943, esto es, desde que Wehrmacht comienza a batirse en retirada, preludio de la derrota final del Tercer Reich, cerca de 5.000.000 de soviéticos llegaron a Occidente para huir del totalitarismo comunista o porque, de alguna manera, estaban relacionados con los alemanes. Se trató de unidades militares *rusas-blancas* que habían aprovechado la guerra alemano-soviética para proseguir lucha iniciada contra los soviets en la Guerra Civil y que se habían integrado en la Wehrmacht (como el ROA, *Russkaja Osvoboditel'naja Armija*, el Ejército de Liberación Ruso del general Andrej Andreevic Vlasov); prisioneros de guerra, mano de obra esclava encuadrada en los batallones de trabajo que construyeron el *Valle Atlántico* para frenar el avance de los Aliados, y de prófugos. Los primeros ciudadanos soviéticos fueron capturados por los Aliados en África Septentrional en 1943, luego, en mayor número, en Italia durante el verano de 1944, pero sobre todo, después del Día-D, el 6 de junio de 1944. La historia de estos perdedores sufrió una vuelta de tuerca cuando en 1944, el ministro de Asuntos Exteriores británico, Robert Anthony Eden (posteriormente primer ministro de 1955 a 1957), convenció a Winston Churchill de la necesidad de repatriar a los ciudadanos soviéticos instalados en Occidente, con lo cual la política de las repatriaciones se convierte en la línea oficial. En octubre, Churchill, Eden, Stalin y el ministro de Asuntos Exteriores soviético Vyaceslav Mihajlovic Skrjabin (*Molotov*) se reúnen en Moscú y llegan a un acuerdo sobre las repatriaciones, incluso forzadas, de los prisioneros, antes de la reunión de Yalta, que alcanzarían una cifra aproximada de 2.750.000 personas. La última operación de repatriación forzada de ciudadanos soviéticos llevada a cabo por los Aliados fue denominada *Eastwind* y se inició el 2 de abril de 1947, mientras que con la Operación *Highjump* fueron devueltos a Tito prisioneros eslavos meridionales anticomunistas, croatas y bosniacos. Un ejemplo de estas deportaciones que terminaron en asesinatos masivos es la historia de los cosacos que se rindieron en Austria al ejército británico el 9 de mayo de 1945, después de haber permanecido varios meses en Carnia. Estos militares fueron encuadrados principalmente en el 15° Cuerpo de Caballería del general alemán Helmut von Pannwitz y fueron empleados en Yugoslavia contra los partisanos titoistas. Mientras el 12 de mayo, en Bohemia, los soviéticos capturaron a Vlasov, en Austria, a partir del 1 de junio todos los prisioneros (combatientes, hombres, mujeres, viejos y niños) fueron entregados a los soviéticos y confinados en los campos de los alrededores de Lienz, Oberdrauburg, Feldkirchen, Althofen y Neumarkt. Se produjeron suicidios colectivos en el agua del río Drava. Los oficiales les precedieron en varios días: el 29 de mayo se les convenció de una inexistente conferencia sobre su futuro y fueron ofrecidos a los soviéticos en la ciudad

de los norteamericanos, que supuso la muerte de miles de personas no combatientes, mujeres, ancianos y niños.

La voluntad de enjuiciar a los responsables alemanes del estallido de la guerra, como si hubieran sido los únicos culpables de aquel conflicto (cuyas bases se sentaron en los tratados de Versalles y Sévres por la prepotencia aliada), ya se manifestó como una de las principales preocupaciones de los Aliados, cuando el 13 de enero de 1942 firmaron la *Declaración de Saint James Palace*, en la que figuran que entre los sus principales objetivos de guerra, *el castigo, por vía de una justicia organizada, de los culpables de los crímenes de guerra, tanto quienes los hubieran ordenado, como los ejecutores y participantes*[83].

La persecución debía distinguir entre criminales de guerra *mayores* y *menores*. Para la persecución y castigo de los grandes criminales, cuyos actos no podían ser localizados o limitados geográficamente a las fronteras de un Estado, se crearía un Tribunal Militar Internacional. Los crímenes de guerra *menores*, fueron sometidos a represión local o a *tribunales de ocupación*, dentro de la esfera del propio Derecho Penal de los Estados en que se hubieran cometido los hechos[84][85] o el de las

---

austriaca de Judenburg. Los que sobrevivieron a las ejecuciones inmediatas, fueron condenados al GULAG (*Glávnoe Upravlénie spravtel'no-trudovýkh Lageréž*, siglas que en ruso querían decir *Comisariado de los Campos de Trabajo Correctivos*, un eufemismo que se refería a los campos de concentración siberianos) el complejo represor soviético en el que fueron asesinados 12 millones de presos entre 1930 y 1953. *Pravda* anunció el proceso y la ejecución de los oficiales cosacos el 17 de enero de 1947, año que se asume como el de su muerte, sin que se sepa la fecha exacta. Los anticomunistas yugoslavos, en su mayoría *domobranci*, los guardias nacionales eslovenos y croatas, refugiados en Austria, pero también los *chetniks* monárquicos serbios del general Draza Mihajlovic (asesinados y sepultados en fosas comunes, como la del bosque de Kocevje, en Eslovenia, de donde se han recuperado huesos de cerca de 1.0000 víctimas) también fueron entregados a los aliados comunistas. Entre cosacos y yugoslavos devueltos a sus respectivos déspotas comunistas, la cifra más cauta es de cerca de 70.000 personas muertas, aunque se han avanzado cifras mayores.

83.-"American Journal of International Law", en www.asil.org.

84.-QUINTANO RIPOLLÉS, Antonio, *Tratado de Derecho Internacional Penal*, op. cit., p. 417.

85.-PIGNATELLI y MECA, Fernando, "Ponencias del XII Seminario "Duque de Ahumada", crímenes contra la humanidad y genocidio", en www.guardiacivil.org.

fuerzas ocupantes [86]. Así, se constituyeron tribunales militares norteamericanos, por la Ordenanza nº 7 del Gobierno Militar de Ocupación, de 18 de octubre de 1946; británicos, a tenor de lo establecido en las *Royal Warrants* de 14 de junio y 4 de agosto de 1945; y franceses, que ejercieron sus competencias tanto a la zona de ocupación asignada, como a la criminalidad de guerra cometida en su territorio nacional, a nazis y franceses colaboracionistas, a tenor de lo establecido en la

---

86.-Estos procesos fueron llamados de "desnazificación". De acuerdo con fuentes documentales alemanas, fueron sometidos a juicio las siguientes personas: Altstoetter, Josef; Ambros, Otto; Baier, Hans Heinrich; Barnickel, Paul; Becker-Freyseng, Hermann; Beiglboeck, Wilhelm; Berger, Gottlob; Biberstein, Ernst; Blaskowitz, Johannes; Blobel, Paul; Blome, Kurt; Blume, Walter; Bobermin, Hans Boehme, Franz; Bohle, Ernst Wilhelm; Brack, Víctor; Brandt, Rudolf; Brandt, Kart Braune, Werner; Brueckner, Heinz; Brueggemann, Max; Buergin, Ernst; Buetefisch, Heinrich; Burkart, Odilo; Creutz, Rudolf; Cuhorst, Hermann; Darré, Richard Walter Dehner, Ernst; Dietrich, Otto; Duerrfeld, Walter; Eberhardt, Karl Adolf Ferdinand; Ebner, Gregor; Eirenschmalz, Franz; Engert, Karl; Fanslau, Heinz Kart; Felmy, Helmut; Fendler, Lothar; Fischer, Fritz; Flick, Friedrich; Foertsch, Hermann; Frank, August; Gajewski, Fritz; Gattineau, Heinrich; Gebhardt, Kart; Genzken, Kart; Graf, Mathias; Greifelt, Ulrico; Haefliger, Paul; Haensch, Walter; Handloser, Siegfried; Haussmann, Emil; Hildebrandt, Richard; Hoerlein, Heinrich; Hofmann, Otto; Hohberg, Hans; Hollidt, Kart; Hoth, Hermann; Houdremont, Eduard; Hoven, Waldemar; Huebner, Herbert; Ihn, Max Otto; Ilgner, Max; Jaehne, Friedrich; Janssen, Friedrich Wilhelm Joel, Guenther; Jost, Heinz; Kaletsch, Honrad; Keppler, Wilhelm; Kiefer, Max; Klingelhöfer, Waldemar; Klein, Horst; Klemm, Herbert; Koerner, Paul; Korschan, Heinrich Leo; Krauch, Carl; Kuehne, Hans; Kugler, Hans; Kuntze, Walter; Kupke, Hans Albert Gustav; Lanz, Hubert; Lautenschlaeger, Carl; Lautz, Ernst; Lehmann, Werner Wilhelm Heinrich; Lehmann, Rudolph; List, Wilhelm; Loerner, Georg; Loerner, Hans Loeser, Ewald Oskar Ludwig; Lorenz, Werner; Mann, Wilhelm; Meissner, Otto; Meyer-Hetling, Honrad; Milch, Erhard; Mueller, Erich; Mummenthey, Kart; Murgowsky, Joachim; Naumann, Erich; Nebelung, Guenther; Nosske, Gustav; Oberheuser, Herta Oeschey, Rudolf; Ohlendorf, Otto; Oster, Heinrich; Ott, Adolf; Petersen, Hans; Pfirsch, Karl Heinrich; Plieger, Paul; Pohl, Oswald; Pokorny, Adolf ; Pook, Hermann; Poppendick, Helmut; Puhl, Emil; Rasch, Otto; Rasche, Kart; Reinecke, Hermann; Reinhardt, Hans; Rendulic, Lotear; Ritter, Kart; Romberg, Hans Wolfgang; Rose, Gerhard; Rostock, Paul; Rothaug, Oswald; Rothenberger, Curt; Ruehl, Felix; Ruff, Siegfried; Sandberger, Martin; Scheide, Rudolf; Schellenberg, Walter; Schlegelberger, Franz; Schmitz, Hermann; Schneider, Christian; Schniewind, Otto; Schroeder, Oskar; Schubert, Heinz; Schulz, Edwin; Schwalm, Fritz; Schwarzenberger, Otto; Seibert, Willy; Sievers, Wolfram; Six, Franz; Sollman, Max; Sommer, Kart; Speidel, Wilhelm; Sperrle, Hugo; Steimle, Eugen; Steinbrinck, Otto; Strauch, Eduard Stuckart, Wilhelm; Ter Meer, Fritz; Terberger, Hermann; Tesch, Guenther; Tschentscher, Edwin; Veesenmayer, Edmund; Viermetz, Inge; Vogt, Josef; Volk, Leo von Bülow, Friedrich; von Ammon, Wilhem; von Leyser, Ernst; von Leeb, Wilhelm; von Geitner, Kart; von Weizsaecker, Ernst; von Moyland, Gustav Adolf Steengracht; von Bohlen und Halbach, Alfried Felix Alwyn Krupp; von Radetzky, Waldemar; von Kuechler, Georg Karl Friedrich-Wilhelm; von Salmuth, Hans; von Erdmannsdorff, Otto; von Roques, Kart; von Weichs, Maximillian; von Knieriem, August; von Krosigk, Lutz Schwerin; von der Heyde, Erich; von Schnitzler, Georg; Warlimont, Walter; Weltz, Georg August; Westphal, Carl; Woehler, Otto; Woermann, Ernst. Cf. "Trials of War Criminals before the Nuremberg Military Tribunals under Allied Control Council (ACC) Law No. 10, October 1946-April 1949", en www.archives.gov/iwg/research_papers/trial_of_war_criminals_before_imt.html; NATHANS, Eli, "Legal Order as Motive and Mask: Franz Schlegelberger and the Nazi Administration of Justice", *Law and History Review*, vol. 18, nº 2, en www.historycooperative.org/journals/lhr/18.2/nathans.html; MÜLLER, Ingo, *Hitler's Justice: The Courts of the Third Reich*, Cambridge: Harvard University Press, 1991; STOLLEIS, Michael, *The Law under the Swastika: Studies on Legal History in Nazi Germany*, Chicago: University of Chicago Press, 1998.

Ordenanza de 28 de agosto de 1944, del *Comité de Liberación de la Francia Libre*, modificada por Ley de 15 de septiembre de 1948. Estos tribunales franceses serían muy criticados, por ser, en suma, más vindicativos que jurídicos[87]. Por último, los soviéticos fueron un caso aparte. Lo más curioso de la actuación judicial soviética es que aplicaba una legislación muy semejante a la nazi, sin garantías, principio de culpabilidad, presunción de inocencia ni tipicidad. No se sabe, hoy en día, cuántos ni bajo qué acusaciones reales se llevaron a cabo, ni tampoco el número exacto de condenados y ejecutados. Los rastros documentales son mínimos. Todo parece indicar que se regían por los *ukases* (decretos) de 2 de noviembre de 1944 y 19 de abril de 1943, ambos del Presidium Supremo[88]. También se procesaron criminales de guerra en Noruega, Bélgica, Polonia y China[89].

El Tribunal Militar de Nüremberg tuvo su origen en la Conferencia de Moscú de 1943[90]. Los Aliados, además de diseñar las líneas generales de lo que sería más

---

87.-QUINTANO RIPOLLÉS, Antonio, *Tratado de Derecho Internacional Penal*, op. cit., p. 451.

88.-Ibíd., p. 453.

89.-Ibíd., p. 456.

90.-Cf. www.yale.edu/lawweb/avalon. Su texto dice así: *STATEMENT ON ATROCITIES. Signed by President Roosevelt, Prime Minister Churchill and Premier Stalin, The United Kingdom, the United States and the Soviet Union have received from many quarters evidence of atrocities, massacres and cold-blooded mass executions which are being perpetrated by Hitlerite forces in many of the countries they have overrun and from which they are now being steadily expelled. The brutalities of Nazi domination are no new thing, and all peoples or territories in their grip have suffered from the worst form of government by terror. What is new is that many of the territories are now being redeemed by the advancing armies of the advancing armies of the liberating powers, and that in their desperation the recoiling Hitlerites and Huns are redoubling their ruthless cruelties. This is now evidenced with particular clearness by monstrous crimes on the territory of the Soviet Union which is being liberated from Hitlerites, and on French and Italian territory. Accordingly, the aforesaid three Allied powers, speaking in the interest of the thirty-two United Nations, hereby solemnly declare and give full warning of their declaration as follows:*

At the time of granting of any armistice to any government which may be set up in Germany, those German officers and men and members of the Nazi party who have been responsible for or have taken a consenting part in the above atrocities, massacres and executions will be sent back to the countries in which their abominable deeds were done in order that they may be judged and punished according to the laws of these liberated countries and of free governments which will be erected therein. Lists will be compiled in all possible detail from all these countries having regard especially to invaded parts of the Soviet Union, to Poland and Czechoslovakia, to Yugoslavia and Greece including Crete and other islands, to Norway, Denmark, Netherlands, Belgium, Luxembourg, France and Italy.

tarde el sistema de Naciones Unidas, pusieron de manifiesto ante la opinión pública mundial su voluntad de castigar a los militares y miembros del partido nazi, por los crímenes cometidos por las fuerzas bajo su mando y responsabilidad. En el documento se destacaba que los Aliados habían tenido conocimiento y evidencias de las atrocidades, matanzas y ejecuciones en masa hechas a sangre fría en los territorios ocupados:

> The United Kingdom, the United States and the Soviet Union have received from many quarters evidence of atrocities, massacres and cold-blooded mass executions which are being perpetrated by Hitlerite forces in many of the countries they have overrun and from which they are now being steadily expelled. The brutalities of Nazi domination are no new thing, and all peoples or territories in their grip have suffered from the worst form of government by terror.

En efecto: ya a principios de los años cuarenta, los gobiernos aliados comenzaron a reunir material probatorio sobre los crímenes que se estaban cometiendo en los territorios bajo control alemán. La Conferencia de Moscú, además, creó la United Nations War Crimes Commission (UNWCC, Comisión de Crímenes de Guerra de Naciones Unidas), con el fin de recoger las evidencias, testimonio y pruebas en general que permitieran investigar la comisión de los crímenes de lesa

---

Thus, Germans who take part in wholesale shooting of Polish officers or in the execution of French, Dutch, Belgian or Norwegian hostages of Cretan peasants, or who have shared in slaughters inflicted on the people of Poland or in territories of the Soviet Union which are now being swept clear of the enemy, will know they will be brought back to the scene of their crimes and judged on the spot by the peoples whom they have outraged.

Let those who have hitherto not imbued their hands with innocent blood beware lest they join the ranks of the guilty, for most assuredly the three Allied powers will pursue them to the uttermost ends of the earth and will deliver them to their accusors in order that justice may be done.

The above declaration is without prejudice to the case of German criminals whose offenses have no particular geographical localization and who will be punished by joint decision of the government of the Allies.

humanidad[91]; y en 1945 se creó, para auxiliar a la UNWCC, el *Central Registry of War Criminals and Security Suspects* (*CROWCASS, Registro Central de Criminales de Guerra*)[92]. A pesar de que esta Comisión tuvo poco apoyo político, no contó con suficiente personal investigador, ni con fondos suficientes, logró recopilar 8.178 expedientes de presuntos criminales de guerra y sirvió como centro de documentación entre los gobiernos. No obstante lo anterior, la Comisión no tuvo ningún vínculo institucional con los Tribunales Militares Internacional de Nüremberg y para el Lejano Oriente. La Comisión, continuó con su trabajo de investigación y posteriormente elaboró una lista de 750 criminales de guerra italianos. Los cargos en su contra incluían el uso ilegal de gas venenoso contra civiles y combatientes en violación del Protocolo de Ginebra de 1925; el asesinato de civiles inocentes y personal protegido, tortura y maltrato a prisioneros, bombardeo de ambulancias, destrucción de propiedad cultural y otras violaciones a las leyes del conflicto armado durante la guerra Italo-Abisinia[93].

El siguiente paso que nos llevará a la constitución del Tribunal de Nüremberg es el *Acuerdo de Londres*[94], de 8 de agosto de 1945, mediante el que los

---

91.-Cf. *War Crimes of the Second World War, Military Records Information 27,* www.pro.gov.uk/leaflets/ri2027.htm.

92.-Ibíd.

93.-BASSIOUNI, M. C., "De Versalles a Ruanda en 75 años: la necesidad de establecer una Corte Penal Internacional Permanente", *Revista de Derecho Público* n° 10, Bogotá, mayo de 1999.

94.-Ibíd. Su tenor literal es el siguiente:

Londres Agreement of August 8th 1945.

AGREEMENT by the Government of the UNITED STATES OF AMERICA, the Provisional Government of the FRENCH REPUBLIC, the Government of the UNITED KINGDOM OF GREAT BRITAIN AND NORTHERN IRELAND and the Government of the UNION OF SOVIET SOCIALIST REPUBLICS for the Prosecution and Punishment of the MAJOR WAR CRIMINALS of the EUROPEAN AXIS

WHEREAS the United Nations have from time to time made declarations of their intention that War Criminals shall be brought to justice;

AND WHEREAS the of the 30th October 1943 on German atrocities in Occupied Europe stated that those German Officers and men and members of the Nazi Party who have been responsible

Aliados decidieron crear un órgano jurisdiccional para la represión de los crímenes especialmente graves o con localización geográfica que implicara a más de un Estado, cometidos por los nazis durante la guerra, mientras los que no reunieran estas características se someterían a tribunales nacionales o de ocupación. Así, su

---

for or have taken a consenting part in atrocities and crimes will be sent back to the countries in which their abominable deeds were done in order that they may be judged and punished according to the laws of these liberated countries and of the free Governments that will be created therein;

AND WHEREAS this Declaration was stated to be without prejudice to the case of major criminals whose offences have no particular geographical location and who will be punished by the joint decision of the Governments of the Allies;

NOW THEREFORE the Government of the United States of America, the Provisional Government of the French Republic, the Government of the United Kingdom of Great Britain and Northern Ireland and the Government of the Union of Soviet Socialist Republics (hereinafter called "the Signatories") acting in the interests of all the United Nations and by their representatives duly authorized thereto have concluded this Agreement.

Article 1: There shall be established after consultation with the Control Council for Germany an International Military Tribunal for the trial of war criminals whose offences have no particular geographical location whether they be accused individually or in their capacity as members of the organizations or groups or in both capacities.

Article 2: The constitution, jurisdiction and functions of the International Military Tribunal shall be those set in the annexed to this Agreement, which shall form an integral part of this Agreement.

Article 3: Each of the Signatories shall take the necessary steps to make available for the investigation of the charges and trial the major war criminals detained by them who are to be tried by the International Military Tribunal. The Signatories shall also use their best endeavours to make available for investigation of the charges against and the trial before the International Military Tribunal such of the major war criminals as are not in the territories of any of the Signatories.

Article 4: Nothing in this Agreement shall prejudice the provisions established by the concerning the return of war criminals to the countries where they committed their crimes.

Article 5: Any Government of the United Nations may adhere to this Agreement by notice given through the diplomatic channel to the Government of the United Kingdom, who shall inform the other signatory and adhering Governments of each such adherence.

Article 6: Nothing in this Agreement shall prejudice the jurisdiction or the powers of any national or occupation court established or to be established in any allied territory or in Germany for the trial of war criminals.

Article 7: This Agreement shall come into force on the day of signature and shall remain in force for the period of one year and shall continue thereafter, subject to the right of any Signatory to give, through the diplomatic channel, one month's notice of intention to terminate it. Such termination shall not prejudice any proceedings already taken or any findings already made in pursuance of this Agreement.

IN WITNESS WHEREOF the Undersigned have signed the present Agreement.

DONE in quadruplicate in Londres this 8th day of August 1945 each in English, French and Russian, and each text to have equal authenticity.-For the Government of the United States of America: Robert H. Jackson, -For the Provisional Government of the French Republic: Robert Falco, -For the Government of the United Kingdom of Great Britain and Northern Ireland: Jowitt C., -For the Government of the Union of Soviet Socialist Republics I. Nikitchenko, A. Trainin.

art. 1 establecía que se crearía un Tribunal Internacional, competente para juzgar a los criminales, con independencia del lugar en el que hubieran delinquido durante la guerra, tanto a título particular, como en calidad de miembros de organizaciones o por ambos conceptos a un mismo tiempo:

Article 1: There shall be established after consultation with the Control Council for Germany an International Military Tribunal for the trial of war criminals whose offences have no particular geographical location whether they be accused individually or in their capacity as members of the organizations or groups or in both capacities.[95]

El Tribunal se constituyó mediante la Ley n° 10 del Consejo de Control Aliado en Alemania, dictada el 20 de diciembre de 1945[96], unos meses después de

---

95.-Ibíd.

96.-Su tenor literal es el siguiente:

CONTROL COUNCIL LAW N° 10.

PUNISHMENT OF PERSONS GUILTY OF WAR CRIMES, CRIMES AGAINST PEACE AND AGAINST HUMANITY

In order to give effect to the terms of the of 30 October 1943 and the Charter issued pursuant thereto and in order to establish a uniform legal basis in Germany for the prosecution of war criminals and other similar offenders, other than those dealt with by the International Military Tribunal, the Control Council enacts as follows:

Article I: The "Concerning Responsibility of Hitlerites for Committed Atrocities" and the "Concerning Prosecution and Punishment of Major War Criminals of European Axis" are made integral parts of this Law. Adherence to the provisions of the Londres Agreement by any of the United Nations, as provided for in of that Agreement, shall not entitle such Nation to participate or interfere in the operation of this Law within the Control Council area of authority in Germany.

Article II: Each of the following acts is recognized as a crime:

(a) Crimes against Peace. Initiation of invasions of other countries and wars of aggression in violation of international laws and treaties, including but not limited to planning, preparation, initiation or waging a war of aggression, or a war of violation of international treaties, agreements or assurances, or participation in a common plan or conspiracy for the accomplishment of any of the foregoing.

(b) War Crimes. Atrocities or offenses against persons or property constituting violations of the laws or customs of war, including but not limited to, murder, ill treatment or deportation to slave labour or for any other purpose, of civilian population from occupied territory, murder or ill treatment of prisoners of war or persons on the seas, killing of hostages, plunder of public or private property,

wanton destruction of cities, towns or villages, or devastation not justified by military necessity.

(a) Crimes against Humanity. Atrocities and offences, including but not limited to murder, extermination, enslavement, deportation, imprisonment, torture, rape, or other inhumane acts committed against any civilian population, or persecutions on political, racial or religious grounds whether or not in violation of the domestic laws of the country where perpetrated.

(d) Membership in categories of a criminal group or organization declared criminal by the International Military Tribunal.

2. Any person without regard to nationality or the capacity in which he acted, is deemed to have committed a crime as defined in paragraph 1 of this Article, if he was (a) a principal or (b) was an accessory to the commission of any such crime or ordered or abetted the same or (c) took a consenting part therein or (d) was connected with plans or enterprises involving its commission or (e) was a member of any organization or group connected with the commission of any such crime or (f) with reference to paragraph 1 (a) if he held a high political, civil or military (including General Staff) position in Germany or in one of its Allies, co-belligerents or satellites or held high position in the financial, industrial or economic life of any such country.

3. Any persons found guilty of any of the crimes above mentioned may upon conviction be punished as shall be determined by the tribunal to be just. Such punishment may consist of one or more of the following:

(a) Death.

(b) Imprisonment for life or a term of years, with or without hard labour.

(c) Fine, and imprisonment with or without hard labour, in lieu thereof.

(d) Forfeiture of property.

(e) Restitution of property wrongfully acquired.

(f) Deprivation of some or all civil rights.

Any property declared to be forfeited or the restitution of which is ordered by the Tribunal shall be delivered to the Control Council for Germany, which shall decide on its disposal.

4. (a) The official position of any person, whether as Head of State or as a responsible official in a Government Department, does not free him from responsibility for a crime or entitle him to mitigation of punishment.

(b) The fact that any person acted pursuant to the order of his Government or of a superior does not free him from responsibility for a crime, but may be considered in mitigation.

5. In any trial or prosecution for a crime herein referred to, the accused shall not be entitled to the benefits of any statute of limitation in respect to the period from 30 January 1933 to 1 July 1945, nor shall any immunity, pardon or amnesty granted under the Nazi regime be admitted as a bar to trial or punishment.

Article III: 1. Each occupying authority, within its Zone of Occupation,

(a) shall have the right to cause persons within such Zone suspected of having committed a crime, including those charged with crime by one of the United Nations, to be arrested and shall take under control the property, real and personal, owned or controlled by the said persons, pending decisions as to its eventual disposition.

(b) shall report to the Legal Directorate the name of all suspected criminals, the reasons for and the places of their detention, if they are detained, and the names and location of witnesses.

(c) shall take appropriate measures to see that witnesses and evidence will be

available when required.

(d) shall have the right to cause all persons so arrested and charged, and not delivered to another authority as herein provided, or released, to be brought to trial before an appropriate tribunal. Such tribunal may, in the case of crimes committed by persons of German citizenship or nationality against other persons of German citizenship or nationality, or stateless persons, be a German Court, if authorized by the occupying authorities.

2. The tribunal by which persons charged with offences hereunder shall be tried and the rules and procedure thereof shall be determined or designated by each Zone Commander for his respective Zone. Nothing herein is intended to, or shall impair or limit the Jurisdiction or power of any court or tribunal now or hereafter established in any Zone by the Commander thereof.

3. Persons wanted for trial by an International Military Tribunal will not be tried without the consent of the Committee of Chief Prosecutors. Each Zone Commander will deliver such persons who are within his Zone to that committee upon request and will make witnesses and evidence available to it.

4. Persons known to be wanted for trial in another Zone or outside Germany will not be tried prior to decision under unless the fact of their apprehension has been reported in accordance with Section 1 (b) of this Article, three months have elapsed thereafter, and no request for delivery of the type contemplated by has been received by the Zone Commander concerned.

5. The execution of death sentences may be deferred by not to exceed one month after the sentence has become final when the Zone Commander concerned has reason to believe that the testimony of those under sentence would be of value in the investigation and trial of crimes within or without his zone.

6. Each Zone Commander will cause such effect to be given to the judgments of courts of competent jurisdiction, with respect to the property taken under his control pursuant thereto, as he may deem proper in the interest of Justice.

Article IV: 1. When any person in a Zone in Germany is alleged to have committed a crime, as defined, in a country other than Germany or in another Zone, the government of that nation or the Commander of the latter Zone, as the case may be, may request the Commander of the Zone which the person is located for his arrest and delivery for trial to the country or Zone in which the crime was committed. Such request for delivery shall be granted by the Commander receiving it unless he believes such person is wanted for trial or as a witness by an International Military Tribunal, or in Germany, or in a nation other than the one making the request, or the Commander is not satisfied that delivery should be made, in any of which cases he shall have the right to forward the said request to the Legal Directorate of the Allied Control Authority. A similar procedure shall apply to witnesses, material exhibits and other forms of evidence.

2. The Legal Directorate shall consider all requests referred to it, and shall determine the same in accordance with the following principles, its determination to be communicated to the Zone Commander.

(a) A person wanted for trial or as a witness by an International Military Tribunal shall not be delivered for trial or required to give evidence outside Germany, as the case may be, except upon approval by the Committee of Chief Prosecutors acting under the .

(b) A person wanted for trial by several authorities (other than an International Military Tribunal) shall be disposed of in accordance with the following priorities:

(1) If wanted for trial in the Zone in which he is, he should not be delivered unless arrangements are made for his return after trial elsewhere;

(2) If wanted for trial in a Zone other than that in which he is, he should be delivered to that Zone in preference to delivery outside Germany unless arrangements are made for his return to that Zone after trial elsewhere;

terminada la guerra. Aunque sería oficialmente llamado Tribunal Militar Internacional y, coloquialmente, Tribunal de Nüremberg, su sede no era esta ciudad. La idea de localizar sus actuaciones en ella se debió al juez federal americano, ROBERT H. JACKSON, *Fiscal Principal* por parte de los Estados Unidos durante el proceso. Fue él quien sugirió la ciudad como localidad del Tribunal, ya que era la única que disponía de un palacio de justicia con suficiente espacio, en pie tras los bombardeos masivos de Alemania (22.000 metros cuadrados de superficie con aproximadamente 5.330 oficinas y aproximadamente 80 salas, en cuya proximidad se encontraba una prisión, tampoco destruida). Ya que la Unión Soviética había exigido que fuera Berlín la sede del tribunal, así se acordó, y que el primer proceso (de los varios que habían sido previstos originalmente) se llevaría a cabo en Nüremberg. El tribunal determinaría el lugar en donde se deberían llevar a cabo los siguientes, que no llegaron a realizarse nunca. Nüremberg ofrecía, además, un aliciente añadido: había sido la sede de las grandes manifestaciones nazis y allí se habían aprobado las leyes

---

(3) If wanted for trial outside Germany by two or more of the United Nations, of one of which he is a citizen, that one should have priority;

(4) If wanted for trial outside Germany by several countries, not all of which are United Nations, United Nations should have priority;

(5) If wanted for trial outside Germany by two or more of the United Nations, then, subject to Article IV 2 (b) (3) above, that which has the most serious charges against him, which are moreover supported by evidence, should have priority.

Article V: The delivery, under of this law, of persons for trial shall be made on demands of the Governments or Zone Commanders in such a manner that the delivery of criminals to one jurisdiction will not become the means of defeating or unnecessarily delaying the carrying out of justice in another place. If within six months the delivered person has not been convicted by the Court of the Zone or country to which he has been delivered, then such person shall be returned upon demand of the Commander of the Zone where the person was located prior to delivery

Done at Berlin, 20 December 1945. (Signed) Joseph T. McNarney JOSEPH T. MCNARNEY; General, U. S. Armyt (Signed) Bernard B. Montgomery BERNARD B. MONTGOMERY; Field Marshall (Signed) Louis Koeltz, General d'Corps de Armee for PIEIRR KOENIG General d'Armee; (Signed) Georgi Zhukov GEORGI ZHUKOV Marshall of the Soviet Union.

Cf. "Control Council Law No. 10, Punishment of Persons Guilty of War Crimes, Crimes Against Peace and Against Humanity, December 20, 1945, 3 Official Gazette Control Council for Germany 50-55 (1946)", en www1.umn.edu/humanrts/instree/ccno10.htm.

racistas del III Reich. El ingrediente simbólico era importante[97].

Estados Unidos designó al Fiscal General, FRANCIS BIDDLE (suplente, PARKER); Francia, a DONNEDIEU DE VABRES (suplente, FALCO); Gran Bretaña, a GEOFFREY LAWRENCE (suplente, BIRKETT); la URSS al vicepresidente de su Tribunal Supremo, Mayor General NIKITCHENKO (suplente VOLCHKOV). Presidió el juez inglés[98]. Como hemos visto, el Estatuto del Tribunal Militar Internacional de Nüremberg establecía las bases jurídicas para el enjuiciamiento de individuos acusados de los siguientes actos:

1. *Delitos contra la paz*: planear, preparar, iniciar o sostener una *guerra de agresión*, o una guerra que viole tratados, acuerdos o garantías internacionales, o participar en un plan común o conspiración para la perpetración de cualquiera de los actos mencionados.

2. *Delitos contra el Derecho de la guerra*: violaciones de las leyes y costumbres de la guerra, como el asesinato, el maltrato o la deportación para trabajar en condiciones de esclavitud, o con cualquier otro propósito, de la población civil de territorios ocupados o que se encuentre en ellos; el asesinato o el maltrato de prisioneros de guerra o de personas que se hallen el mar; la ejecución de rehenes, el saqueo de la propiedad pública o privada, la destrucción injustificable de ciudades, villas o aldeas, o la devastación no justificada, por las necesidades militares.

3. *Delitos contra la humanidad*: el asesinato, el exterminio, la esclavización, la deportación y otros actos inhumanos cometidos contra cualquier población civil, antes de la guerra o durante ella, o las persecuciones por motivos

---

97.-BIDDISS, Michael, "Victor's Justice? The Nüremberg Trial" *History Today* (May 1995).

políticos, raciales o religiosos, cuando sean cometidos al perpetrar un delito sujeto a la jurisdicción del Tribunal o en relación con tal delito, e independientemente de que el acto implique o no una violación del Derecho interno del país donde se haya cometido. La expresión *crímenes contra la humanidad* ya se había utilizado a principios de siglo en la *Declaración de los Gobiernos de Francia, Gran Bretaña y Rusia para denunciar la matanza de armenios perpetrada en Turquía (los crímenes contra la humanidad y la civilización de los cuales son responsables los miembros del Gobierno turco, así como los agentes implicados en las masacres* [99] *) y en el Informe de 1919 de la Comisión sobre las responsabilidades de los autores de la guerra y sobre la aplicación de sanciones por violaciones de los derechos y costumbres de la guerra* [100] (la mayoría de cuyos miembros concluyó que el Imperio Alemán y sus aliados hicieron la guerra recurriendo *a métodos bárbaros e ilegítimos contraviniendo así las leyes y costumbres establecidas y las más elementales leyes de humanidad* y *todos los súbditos de los países enemigos... que han sido acusados de delitos contra la leyes y costumbres de la guerra o las leyes de humanidad serán objeto de un procedimiento penal* [101]) pero no había tenido una consagración internacional positiva hasta este momento. Este apartado comprendía también las aportaciones de LEMKIN, de tal manera que el genocidio era contemplado, en un primer momento, como un subtipo de los delitos contra la humanidad, sin que se le

98.-QUINTANO RIPOLLÉS, Antonio, op cit., p. 417 y sis.

99.-SCHWELB, E., "Crimes against humanity", *British Yearbook of International Law*, vol. 23, n° 8, 1949, p. 181.

100.-La Comisión se estableció para investigar sobre las responsabilidades del Imperio alemán y sus aliados, de conformidad con el Derecho Internacional, por actos cometidos durante la Primera Guerra Mundial.

101.-Sin embargo, a causa de algunas objeciones, no se hizo referencia alguna de las leyes de humanidad en los Tratados de Paz de Versalles, Saint-Germain-en-Laye, Trianon y Neuilly-sur-Seine; se mencionaron solamente los actos cometidos contra *las leyes y costumbres de la guerra.*

reconociera, por tanto, una sustantividad propia.

Por lo que atañe a la jurisdicción *ratione personae*, cubría a los *dirigentes, los organizadores, los inductores y los cómplices* que hubieran participado en la preparación o ejecución de un plan común o conspiración para cometer cualquiera de esos delitos; todos ellos quedaban incluidos en la frase: *serán responsables de todos los actos realizados por cualesquiera personas en ejecución de tal plan.*

El tribunal enjuició a 24 jerarcas nazis, acusados por los siguientes cargos: 1) conspiración en contra de la paz mundial; 2) planeamiento, provocación y realización de una guerra ofensiva; 3) crímenes y atentados en contra del Derecho de Guerra; y 4) crímenes inhumanos. Las actas de acusación se hicieron públicas en Berlín el 18 de octubre de 1945 y el Tribunal abrió sus sesiones el 20 de noviembre. Se juzgaría y condenaría, de acuerdo con los anteriores cargos, a las siguientes personas:

1.   BORMAN, Martin; nacido en 1900; agrónomo; a partir de 1933 jefe de departamento bajo Rudolf Hess; asistente principal de Hitler. Se ignora qué fue de él al finalizar la guerra. Se le acusó de los cargos 1, 3 y 4; fue condenado por los 3 y 4.

2.   DÖNITZ, Karl, gran almirante, constituyó un *Gobierno Administrativo del Imperio* al morir Hitler, el 2 de mayo de 1945. Fue acusado de los cargos 1, 2 y 3; por los 2 y 3 fue condenado a 10 años de prisión. Salió de ella en 1956. Falleció en 1980.

3.   FRANK, Hans; nacido en 1900, abogado. Fue gobernador de Polonia a partir de 1939. Se le acusó de los cargos 1, 3 y 4. Fue condenado a muerte por los 3 y 4.

4.   FRICK, Wilhelm; nacido en 1877; *Ministro de Asuntos Interiores del Imperio*. Acusado por los cargos 1, 2,3 y 4. Fue condenado a muerte por los 2, 3 y 4.

5.   FRITZSCHE, Hans, nacido en 1900; periodista; director de las *Fuerzas de Inteligencia* dentro *del Departamento de Prensa del Ministerio de Propaganda*. En cierta forma, fue acusado en sustitución de Goebbels, que se había suicidado. Fue acusado por los cargos 1, 3 y 4. Se le declaró inocente. A continuación fue sometido a 9 años de campo de trabajo como parte del proceso de *desnazificación*. Adquirió la libertad en 1950. Murió en 1953.

6.   FUNK, Walter; nacido en 1890; periodista y economista. Ministro de Economía y a partir de 1939, *Presidente del Banco del Imperio*. Se le acusó por los cargos 1, 2, 3 y 4 a cadena perpetua. Fue puesto en libertad por enfermedad en 1957. Murió en 1960.

7.   GOERING, Hermann; mariscal del aire, nació en 1893. Creó, en su función de *Ministro de Asuntos Interiores de Prusia*, la *Policía Secreta Estatal*, que más tarde sería la *Gestapo* [102]. A partir de 1936, movilizó el sector económico para el rearme de la nación. Se le acusó por los cargos 1, 2, 3 y 4; fue condenado a muerte por los cuatro. En vísperas de su ejecución se suicidó ingiriendo cianuro potásico. No fue posible aclarar con seguridad el origen de la cápsula que contenía la sustancia tóxica.

8.   HESS, Rudolf; nacido en 1894. Fue sustituto de Hitler en el *Partido Nacional Socialista Alemán de los Trabajadores* a partir de 1933. En 1941 voló a Escocia en una misión que nunca pudo aclararse y fue internado en

ese país. Se le acusó por los cargos 1, 2, 3 y 4; fue condenado a cadena perpetua por los 1 y 2. Se suicidó en 1987 en la *Prisión de Presos de Guerra de las Fuerzas Aliadas* en Berlín-Spandau.

9.   JODL, Alfred; nacido en 1890. *Mariscal de Campo Jefe del Estado Mayor de la Wehrmacht.* Ideó y ejecutó la anexión de Austria y Checoslovaquia, la ocupación de Polonia y la conquista de Grecia. Firmaría la rendición de las tropas alemanas en Reims, en nombre del *Gobierno Administrativo del Imperio* de Dönitz. Fue acusado por los cargos 1, 2 3 y 4. Se le condenó a muerte por todos ellos.

10.   KALTENBRUNNER, Ernst; nacido en 1903; Abogado. *Jefe de la Policía Secreta* y de la *Oficina Central Imperial de Seguridad.* Acusado por los cargos 1, 3 y 4, condenado a muerte por los 3 y 4.

11.   KEITEL, Wilhelm, nacido en 1882. *Mariscal de Campo Jefe del Oberkomando der Wehrmacht.* Rindió las fuerzas alemanas al mariscal soviético Zhukov. Se le acusó por los cargos 1, 2, 3 y 4. Fue condenado a muerte por todos ellos.

12.   KRUPP VON BOHLEN UND HALBACH, Gustav; nacido en 1870. Acusado como representante de la industria bélica y pesada alemana por los cargos 1, 2 ,3 y 4. Debido a su incapacitación para tomar parte en las sesiones causada por un accidente de tráfico en 1944, el proceso en su contra fue suspendido en noviembre de 1945. Murió en 1950. El así denominado *Proceso Krupp* se llevó a cabo en 1948 ante un Tribunal Militar de los Estados Unidos en Nüremberg. Su hijo, Alfred Krupp, fue condenado en este proceso a 12 años de prisión y se confiscó la fortuna familiar.

102.-*Geheime Staatspolizei*, Policía Secreta del Estado.

13. LEY, Robert, nacido en 1890. Ingeniero Químico. Anuló, en 1933, los sindicatos libres y a partir de entonces dirigió el *Frente de Trabajadores Alemanes* (*Deutsche Arbeitsfront*). Fue acusado por los cargos 1, 2, 3 y 4. Se suicidó en la prisión de Nüremberg, el día 26 de octubre de 1945.

14. NEURATH, Konstantin; nacido en 1873. Miembro del Cuerpo Diplomático a partir de 1908 y, de 1939 a 1943, *Gobernador Imperial de Bohemia y Moravia*. Fue acusado por los cargos 1, 2, 3 y 4; condenado a 15 años de prisión por los cuatro. Puesto en libertad, por enfermedad en 1954, murió en 1956.

15. PAPEN, Franz von; nacido en 1879. *Vicecanciller* en el primer consejo de ministros de Hitler en 1933. Más tarde fue embajador en Viena y Ankara. Fue acusado por los cargos 1 y 2. Se le declaró inocente. A continuación fue condenado como proceso de *desnazificación* a 8 años de campo de trabajo. Puesto en libertad en 1949. Murió en 1969.

16. RAEDER, Erich; almirante, nacido en 1876. Fue *Comandante en Jefe de la Marina de Guerra* desde 1943. Se le acusó por los cargos 1, 2 y 3; condenado a cadena perpetua por los tres. Fue puesto en libertad en 1955 por enfermedad y murió en 1960.

17. RIBBENTROP, Joachim von; nacido en 1893. Comerciante. *Ministro de Asuntos Exteriores del Imperio* de 1938 a 1945. Fue acusado por los cargos 1, 2, 3 y 4; y condenado a muerte por todos ellos.

18. ROSENBERG, Alfred; nacido en 1893. *Ministro Imperial de los Territorios Ocupados del Este* a partir de 1941. Se le acusó por los cargos 1, 2, 3 y 4; fue condenado a muerte por todos ellos.

19. SAUCKEL, Fritz, nacido en 1894. A partir de 1942 fue *Apoderado General de Hitler para los Servicios de Trabajo*, y como tal, responsable de haber sometido a trabajos forzados en Alemania a más de 5 millones de hombres y mujeres de los territorios ocupados. Acusado por los cargos 1, 2, 3 y 4; condenado por los 3 y 4 a muerte.

20. SCHACHT, Horace Greely Hjalmar; nacido en 1877. Banquero. *Presidente del Banco Imperial Alemán* y *Ministro de Economía*. A partir de 1944 estuvo preso en el campo de concentración de Flossenbürg. Acusado por los cargos 1 y 2, se le declaró inocente. Estuvo sometido a prisión por parte de las autoridades alemanas hasta 1948. Murió en 1970.

21. SCHIRACH, Baldur von; nacido en 1907. *Jefe de la Juventud del Imperio* y (a partir de 1940) *Jefe del Distrito de Viena*. Acusado por los cargos 1 y 4; condenado a 20 años de prisión por 4. Puesto en libertad en 1966, murió en 1974.

22. SEYß-INQUART, Arthur; nacido en 1892. Abogado. De 1940 a 1945 fue *Comisario Imperial para los Territorios Holandeses Ocupados*. Acusado por los cargos 1, 2, 3 y 4 y condenado a muerte por los 2, 3 y 4.

23. SPEER, Albert; nacido en 1905. Arquitecto. *Inspector General de Construcciones de Berlín* a partir de 1937. Entre 1942 a 1945, fue *Ministro Imperial de Armamento y Munición*. Acusado por los cargos 1, 2, 3 y 4. Condenado a 20 años de prisión por 3 y 4. Puesto en libertad en 1966. Murió en 1981.

24. STREICHER, Julius; nacido en 1885. Maestro de educación escolar básica. Fue el fundador, en 1923, de la revista juvenil *"Der Stürmer"* (*"El Asaltador"*) la cual tenía como fin la agitación antisemita. Propietario y editor

de tal publicación hasta 1945, aún después de haber sido destituido como *Jefe de Distrito de Franconia* en 1940. Fue acusado por los cargos 1 y 4; condenado a muerte por el 4.

El proceso se llevó a cabo desde el 20 de noviembre de 1945 al 31 de agosto de 1946. El Presidente del Tribunal fue el Lord Juez GEOFFREY LAWRENCE. Fueron presentadas, en 218 días de sesión, las declaraciones de 360 testigos, interrogados en parte oralmente, en parte por escrito, en parte en presencia ante el tribunal mismo y en parte a través de jueces designados. Además, se utilizaron más de 2.000.000 *affidavits* (documento escrito con una declaración firmada y jurada ante un fedatario público) como evidencia. Se precisó de la colaboración, en el Palacio de Justicia de Nüremberg, de más de 1.000 empleados (personal para las interrogaciones, intérpretes, traductores, escribientes, etc.).

Las sentencias fueron dictadas los días 30 de septiembre y 1 de octubre de 1946: 3 absolutorias, 12 de pena de muerte, y 7 en parte a cadena perpetua, en parte a prisión. Se declararon criminales tanto el mando político del Partido Nacionalsocialista Alemán de los Trabajadores (NSDAP[103]) como a la SS[104], la Gestapo y el Servicio Secreto de Seguridad.

103.-*Nationalsozialistiche Deutsche Arbeiter Partei.*

104.-La *SS* (*Schutzstaffel, Escuadras de Asalto*) fue un organismo creado en 1925 integrando a la *Stabswache* (*Cuerpo de la Guardia*) y la *Stoßtruppe Hitler* (*Tropas de choque de Hitler*). Eran la unidad de élite del partido nazi y, por lo tanto, numéricamente limitada. Su misión consistía en proporcionar protección a la dirección del partido. Himmler, nombrado en 1929, Reichsführer SS, elevó el número de sus miembros a 50.000, al tiempo que les dio sus distintivos específicos, uniforme negro en lugar de marrón, insignias en forma de calavera con la doble S rúnica, y reglamentó su ideología conforme a criterios racistas y exclusivos, tales como el origen racial ario y la más dura disciplina. Poco a poco se convirtió en el órgano de seguridad interna y externa del partido, dotado de muy amplios poderes. El 13 de abril de 1931 tuvo una participación decisiva en el aplastamiento de la sublevación del jefe de la *Sturmabteitung* (*Sección de Asalto SA*) Stennes. Además, el 30 de junio de 1934, tras la noche de los cuchillos largos, participó en la depuración de Rohm, jefe de *los camisas pardas* de la SA, por su oposición violenta a los elementos capitalistas que habían apoyado la ascensión de Hitler. Tras la toma del poder por el partido nazi, y eliminada toda competencia con respecto a otros organismos, las SS se convirtieron el máximo instrumento de dominación del partido y del III Reich. En 1934, Himmler fue promovido a Comandante de todas las fuerzas policiales políticas de los Lander, y dos años más tarde

Los condenados a muerte fueron ejecutados por la mañana del 16 de octubre de 1946, en el gimnasio de la cárcel de Nüremberg. Los cadáveres fueron incinerados en un crematorio de Munich y sus cenizas esparcidas en un afluente del río Isar. Aquellos que habían sido condenados a prisión, fueron transferidos a la cárcel de criminales de guerra en Berlín- Spandau. El último de ellos, Rudolf Hess, se suicidó en agosto de 1987, detrás de sus rejas.

En contra de la intención original, no hubo ningún otro proceso por parte de este tribunal. De 1947 a 1949, se llevaron a cabo doce, ante un tribunal militar norteamericano, contra políticos, militares, altas personalidades de la economía, médicos, jueces, diplomáticos, abogados, etc., bajo mandato de la Ley 10 del

---

fue nombrado Jefe de la Policía alemana. A partir de entonces, organizó un estado policial. En septiembre de 1939 fue creado el *RSHA (Reichssicherheitshauptamt, Administración central de la seguridad del Reich)*, a cuyo cargo se puso a Himmler, que integraba las funciones de jefe de las SS y de la policía del Estado. El territorio del Reich fue dividido en secciones SS, teniendo al frente de cada una de ellas un *Höherere SS-und Polizeiführer* (Alto comandante SS, jefe de la policía). Pronto las SS buscarían introducirse en otros ámbitos e incrementar su poder: con el *Círculo de amigos del Reichsführer SS*, Himmler, estableció lazos de unión con familias y grupos poderosos de la economía y las finanzas; en política exterior, logró gran capacidad de influencia a través del *SD Ausland* y la *Volksdeutsche Mittelstelle*. El resultado fue que, por ejemplo, las empresas controladas por las SS en el sector armamentístico fueron numerosas. Sus directrices racistas, luego ser llevadas a la práctica en Alemania, fueron cruelmente impuestas en los países ocupados mediante una política minuciosa de represión y exterminio, especialmente en Polonia y la URSS. La mayor campaña de asesinatos en masa, no obstante, se llevó a cabo contra los judíos a partir de 1941, cuyas más eficaces herramientas fueron los grupos móviles de la SS y los campos de exterminio. La política de colonización y poblamiento basada en una ideología racista, de la que Himmler fue máximo responsable a partir de 1939 en tanto que Comisario del Reich para la preservación de la raza alemana, no se limitó a la organización de una campaña de retorno a Alemania de los grupos considerados étnicamente alemanes, sino que se realizó la deportación masiva de la mano de obra extranjera y de las poblaciones de las regiones anexionadas. Los prisioneros de los campos de concentración de la SS y los trabajadores obligatorios fueron puestos al servicio de la industria de guerra y en muchas de las empresas controladas por las SS. Antes de la guerra, las SS había roto el monopolio del Estado sobre el ejercicio de la violencia, al poner tropas a disposición personal de Hitler y custodiar los campos de concentración. A partir de estas unidades, se formaron en 1939 dos divisiones SS sujetas a una jurisdicción propia y, por tanto, separadas de la Wehrmacht. Es así como comenzaron a operar las unidades *Waffen-SS*, fuerzas militares, de las que al final de la contienda se contaban 38 divisiones, un general en jefe de la SS y varios comandantes de cuerpo SS. De los 900.000 hombres que la integraban, cerca de 200.000 eran extranjeros, reclutados por la necesidad de incrementar el número de combatientes y atraídos por su ideología antibolchevique y racista. Muy bien equipadas, las unidades Waffen-SS se caracterizaban por sus métodos brutales, como se demostró en las masacres de Oradour-sur-Glane o Lidice. Hacia el final de la contienda, Himmler además tenía bajo su control a una parte de la Wehrmacht (reserva, formación de los candidatos a oficiales, armamento, *Abwehr* o prisioneros de guerra).Cf. PADFIELD, Peter, *Himmler. El líder de las SS y la Gestapo*, Madrid: La Esfera de los Libros, 2003.

Consejo, y en ellos se enjuiciaron los crímenes cometidos en cada una de las cuatro zonas (bajo control británico, norteamericano, soviético y francés) de la Alemania ocupada. Hubo 185 acusados. Entre ellos, médicos que habían llevado a cabo experimentos con enfermos y prisioneros de los campos de concentración; jueces que habían cometido asesinatos y otros delitos encubiertos, bajo la apariencia de procesos legales; industriales que habían participado en el saqueo de los países ocupados y en el programa de mano de obra forzada. Otros acusados fueron los miembros de las SS que habían dirigido los campos de concentración, administrado las leyes racistas nazis u organizado el exterminio de judíos y otros grupos en los territorios del este de Europa; también altos mandos civiles y militares, así como autoridades policiales del Tercer Reich. Algunos médicos y mandos de las SS fueron condenados a muerte, y unos 120, a prisión. Sólo 35 fueron absueltos.

Los expedientes del tribunal fueron publicadas en 1947/49 (llamadas también la "*Línea Azul*"). Son 22 tomos con 14.638 páginas.

Este no fue el único tribunal internacional creado como consecuencia de la Segunda Guerra Mundial. Al otro extremo del mundo, se creó el *Tribunal Militar Internacional para el Lejano Oriente*, por Orden del general MACARTHUR, Comandante de las Fuerzas Aliadas del Pacífico, de 19 de enero de 1946[105]. Su Estatuto fue firmado el de 25 de abril siguiente (*Charter of the International Military Tribunal for the Far East*[106]). Ambos documentos se basaban en la *Declaración de Postdam* de 26 de julio de 1945, aceptada por Japón en las *Actas de Capitulación* de 14 de agosto y 2 de septiembre de 1945, por las que se rindió incondicionalmente. Ya antes de su creación, las fuerzas de ocupación norteamericanas sometieron a

---

105.-Cf. *A decade of american foreign policy: basic documents, 1941-49*, Washington, DC: Staff of the Committe and the Department of State, Government Printing Office, 1950; cf. www.yale.edu/lawweb/avalon/imtfem.htm.

106.-www.yale.edu/lawweb/avalon/imtfem.htm.

enjuiciamiento, ante sus propios consejos de guerra, a militares japoneses, como fueron los casos de TOMOYUKI YAMASHITA, conocido con los motes de *tigre de Malasia* y *león de Manchuria,* y MASAHARU HOMMA.

TOMOYUKI YAMASHITA, general japonés, fue juzgado por un consejo de guerra norteamericano en Manila (*US Military Commission of Manilla,* bajo mando del general Styer), el 7 de diciembre de 1945. Este consejo, formado por cinco generales (RUSSELL B. REYNOLDS, CLARENCE STURDEVANT, JAMES LESTER, WILLIAM WALKER Y EGBERT BULLENE) estimó que, como comandante de las fuerzas japonesas en Filipinas, era responsable de los actos de extrema crueldad cometidos durante la ocupación nipona, en especial durante el cerco norteamericano previo a la liberación de Manila (donde fueron asesinadas 8.000 personas), Leyte y Batangas (donde el coronel japonés FUJISHIGE asesinó a 25.000), aunque el general japonés se encontraba a más de 150 Km. del lugar de los hechos y no tuviera conocimiento de los mismos hasta una semana después[107]. A mayor abundamiento, había

---

107.-Como ha señalado Landrum, no deja de darse un ironía trágica en el caso: *the victors in the battle had done everything possible to disrupt Yamashita's command, control, and communications, and now they were charging him with having committed a war crime for not having effectively controlled his troops.* Más adelante, dice lo siguiente: *On the other hand, in a well-researched and persuasively written article, William H. Parks points out evidence in the record that General Yamashita personally ordered or authorized at least 2000 summary executions. Other evidence, although perhaps more questionable in reliability, indicated that Yamashita had ordered an extermination campaign against all Filipinos. This seems unlikely considering that most of the atrocities occurred in sectors physically distant from Yamashita. As Richard Lael observes in his book, The Yamashita Precedent: War Crimes and Command Responsibility, if Yamashita had ordered the atrocities, there probably would have been more offenses in his sector. Of course, the Manila sector was the most densely populated area, so inevitably more atrocities occurred there. In any case, Parks takes the view that Yamashita was not held to a standard of commander's strict liability, as many have claimed, but had participated personally in the war crimes. Lael, on the other hand, believes that Yamashita was held to "strict accountability," but agrees that the case has been misinterpreted. That the Supreme Court upheld the verdict of the military commission has been misinterpreted by many to mean that the Court approved the strict standard that the commission applied to Yamashita. To the contrary, the Supreme Court merely held that a commander has a duty to protect prisoners and civilians, but did not hold that Yamashita had violated the duty under the facts of that case. The actual impact of Yamashita seems to be somewhere in the middle. Because the military commission made no specific finding that Yamashita actually knew of any of the atrocities, the case is cited for the proposition that a commander is responsible for doing everything possible to prevent war crimes. In a case like this, where the atrocities were so widespread, the commission was willing to find that the commander "must have known" what was going on, and to hold him criminally responsible for failing to act to prevent further violations and to punish violators.* Cf. LANDRUM, Bruce D., "The

ordenado la evacuación de Manila a su gobernador, el almirante SANJI IWABUCHI, que desobedeció sus órdenes y participó activamente en las matanzas, violaciones y saqueos. La acusación fue la siguiente:

> *Between October 9 1944 and September 2 1945, in the Philippine Islands, while commander of armed forces of Japan at war with the United States of America and its allies, he unlawfully disregarded and failed to discharge his duty as commander to control the operations of the members of his command, permitting them to commit brutal atrocities and other high crimes against the people of the United States and of its allies and dependencies, particularly the Philippines; and thereby violated the law of war.*[108]

Para mayor efecto propagandístico, el consejo de guerra hizo pública su sentencia de muerte en el aniversario del ataque de Pearl Harbor: el 7 de diciembre de 1945. YAMASHITA recurrió el fallo ante el Tribunal Supremo de los Estados Unidos, aunque sin éxito[109]. El Tribunal Supremo estimó que las leyes de la guerra imponen indubitablemente a todo comandante la obligación de tomar todas las medidas oportunas que impidan a las tropas bajo su mando cometer violaciones de las leyes de la guerra, a tenor de los artículos 1 de la Convención nº IV, de La Haya de 1907, el articulo 19 de la Convención nº X de La Haya, el artículo 26 de la Convención de Ginebra de 1929 y el artículo 43 de las Reglas Anexas a la

Yamashita War Crimes Trial: Command Responsibility Then and Now", en 63.206.217.42/geneva_project/archive/DoD/docs/Landrum_Yamashita.doc.

108.-327 US.1; 66S.Ct.340; 1946 US Lexis 3090; 90L Ed.499 US66, en BARBER, Laurie, "The Yamashita War Crimes Trial Revisited", en www.waikato.ac.nz/wfass/subjects/history/waimilhist/1998/yamashita.html.

109.-Por medio de su defensor, Yamashita declaró lo siguiente: *I believe that I did the best possible job I could have done. However, due to the above circumstances, my plans and my strength were not sufficient to the situation, and if these things happened, they were absolutely unavoidable. I absolutely did not order nor did I receive the order to do this [commit atrocities] from any superior authority, nor did I ever permit such a thing and I will swear to heaven and earth concerning these points. That is all I have to say.* Cf. BARBER, Laurie, "The Yamashita War Crimes Trial Revisited", op. cit.

Convención nº IV de La Haya. El 26 de febrero de 1946, Yamashita fue ejecutado[110].

A los pocos días, se dictaban las normas funcionales del tribunal de Tokio.

En cuanto a MASAHARU HOMMA, conquistador de Filipinas, llamado el *general poeta* por su cultura y su excelente formación occidental (fue alumno en Oxford) y, también, *la bestia de Batán*, fue el comandante japonés al que se hizo responsable de las atrocidades cometidas por militares nipones a los 22.000 prisioneros de guerra norteamericanos y filipinos capturados tras la caída de Batán y Corregidor, en especial por los sucesos ocurridos durante la *Marcha de la Muerte,* y en su estancia en los campos de concentración *O'Donnell* y *Cabanatuan*. Las víctimas sumaron un total de 4.100. El mismo silogismo que sirvió para condenar a YAMASHITA (quien manda es responsable de sus subordinados, *ergo* es responsable de sus actos) le fue aplicado implacablemente: la *US Military Commission of Manilla,* de nuevo bajo mando del general STYER, le condenó a muerte. Fue ejecutado el 3 de abril de 1946.

Así pues, antes de constituirse el tribunal de Tokio, los norteamericanos procedieron a ejecutar a los mandos que consideraron responsables de atrocidades contra sus fuerzas o contra los aliados filipinos. Estas primeras causas exigieron pronto la perfecta definición de tipos y competencias, respecto a los cual se estableció lo siguiente, en el texto de la *Charter of the International Military Tribunal for the Far East*[111], que sigue una línea doctrinal paralela al tribunal militar

110.-FAIRMAN, CH., "The Supreme Court on Military Jurisdiction: Martial Rule in Hawaii and the Yamashita Case", *Harvard Law Review*, vol. 59, 1946; PRÉVOST, A.M. "Race and War Crimes: The 1945 War Crimes Trial of General Tomoyuki Yamashita", *Human Rights Quarterly*, vol. 14, 1992; *Law Reports of Trials of War Criminals. Selected and Prepared by the United Nations War Crimes Commission. Volume IV.* Londres: HMSO, 1948, CASE NO. 21, TRIAL OF GENERAL TOMOYUKI YAMASHITA .UNITED STATES MILITARY COMMISSION, MANILA, (8TH OCTOBER-7TH DECEMBER, 1945), AND THE SUPREME COURT OF THE UNITED STATES (JUDGMENTS DELIVERED ON 4TH FEBRUARY, 1946), en www.ess.uwe.ac.uk/WCC/Yamashita1.htm.

111.-www.yale.edu/lawweb/avalon/imtfem.htm.

internacional europeo:

II.-Jurisdiction and general provisions

Article 5. Jurisdiction over Persons and Offences. The Tribunal shall have the power to try and punish Far Eastern war criminals who as individuals or as members of organizations are charged with offences that include Crimes against Peace.

The following acts, or any of them, are crimes coming within the jurisdiction of the Tribunal for which there shall be individual responsibility:

a.-Crimes against Peace: Namely, the planning, preparation, initiation or waging of a declared or undeclared war of aggression, or a war in violation of international law, treaties, agreements or assurances, or participation in a common plan or conspiracy for the accomplishment of any of the foregoing;

b.-Conventional War Crimes: Namely, violations of the laws or customs of war;

c.-Crimes against Humanity: Namely, murder, extermination, enslavement, deportation, and other inhumane acts committed against any civilian population, before or during the war, or persecutions on political or racial grounds in execution of or in connection with any crime within the jurisdiction of the Tribunal, whether or not in violation of the domestic law of the country where perpetrated. Leaders, organizers, instigators and accomplices participating in the formulation or execution of a common plan or conspiracy to commit any of the foregoing crimes are responsible for all acts performed by any person in execution of such plan.

Article 6. Responsibility of Accused. Neither the official position, at any time, of an accused, nor the fact that an accused acted pursuant to order of his government or of a superior shall, of itself, be sufficient to free such accused from responsibility for any crime with which he is charged, but such circumstances may be considered in mitigation of punishment if the Tribunal determines that justice so requires.

Article 7. Rules of Procedure. The Tribunal may draft and amend rules of procedure consistent with the fundamental provisions of this Charter.

Los casos vistos por este tribunal son menos conocidos que los de Nüremberg. No obstante, las matanzas de Nanking, en las que unos 300.000 chinos fueron asesinados por los japoneses, entre diciembre de 1937 y octubre de 1938[112], es una de sus acusaciones más famosas[113]. Las atrocidades alcanzaron en esta ciudad niveles de barbarie difícilmente superables, entre las que destacó el establecimiento de los primeros burdeles con esclavas sexuales, motivo por el cual este episodio es conocido, por la literatura anglosajona, como *The Rape of Nanking*. Fueron ejecutados TOJO, MUTO, ITAGAKI, MATSUMI, KIMURA, DOIHARA e HIROTA.

El sistema de este tribunal fue el de Nüremberg, mejorado en ciertos

---

112.-www.centurychina.com/wiihist/njmassac/japaccou.htm.

113.-Según FRANKLIN, *a few war crimes committed by Japanese forces, such as the Rape of Nanking and the Bataan Death March, were well known. Also, only around 72% of British and United States POWs survived Japanese custody compared with 96% in the German case.* No obstante esta afirmación, más tarde señala que *the Japanese had been at war since 1937 and invariably committed the worst atrocities, but both sides participated on a much larger scale than in Western Europe. Allied soldiers regularly shot defenseless Japanese pilots or seamen, ignored the few attempts to surrender, and collected grisly souvenirs. These practices were well-known, but it would have been ``inconceivable, however, that teeth, ears, and skulls could have been collected from German or Italian war dead and publicized in the Anglo-American countries without provoking an uproar.* Cf. FRANKLIN, Joshua Daniel, *The International Military Tribunals. An Overview and Assessment*, Honors Thesis, Carl Goodson Honors Program, Ouachita Baptist University Arkadelphia (15 April 2001), en www.iocc.com/~joshua/history/trials/trials.html.

aspectos, aunque su independencia estuviera viciada de raíz [114] : desde *el punto de vista orgánico y funcional*, se amplió a once el número de los miembros del Tribunal incluyendo, a más de las *Cuatro Grandes Potencias*, a Australia, Canadá, China, Filipinas, Holanda y Nueva Zelanda y la India, como neutral. En lo meramente penal, se simplificaron los delitos por que podía condenar, ya que se eliminó *plan común (o conjunto) o conspiración* del Estatuto de Nüremberg, quedando reducida la acusación a crímenes contra la paz, de guerra y contra la Humanidad. Sus sentencias podían recurrirse al Tribunal Supremo norteamericano.

Una vez constituido, el 3 de mayo de 1946, veintiocho militares de alta graduación y civiles japoneses, que habían desempeñado importantes funciones diplomáticas y de gobierno, tanto en Japón como en los países ocupados, se sentaron en el banquillo. El principal imputado fue el mariscal HIDEKI TOJO, que en la sesión inaugural del juicio fue agredido por OKAWA, otro de los acusados. OKAWA había enloquecido, lo que le salvaría de la horca, aunque moriría en un manicomio. También lo harían el vicealmirante CHUICHI NAGUMO, uno de los comandantes de la flota que atacó la base naval estadounidense de Pearl Harbor, y MATSUHOKA,

---

114.-*MacArthur, who theoretically controlled the whole process, took little interest in the IMTFE. He appointed the judges suggested by the Allies without reviewing their merits, with disheartening results. Only one, Radhabinod Pal of India, had any prior experience in international law, though few Nüremberg judges had such experience either. Five other judges had various shortcomings. Mei Ju-Ao of China had no judicial experience, and, as Chair of the Foreign Affairs Committee of the Chinese legislature, was a politician by occupation. General I. M. Zaryanov of the USSR, besides being a major figure in Stalin's show-trial purges, spoke no English or Japanese, the Tribunal's official languages. Delfin Jaranilla, though a member of the Supreme Court of the Philippines, was a survivor of the Bataan Death March, which would disqualify him from trying a similar case in most Anglo-American courts. Likewise, during the war William Webb of Australia had coordinated investigations of war crimes committed by lower-ranking Japanese. John Higgins, the United States' first appointee, returned to his seat on the Superior Court of Massachusetts before the trial began, possibly because Keenan expressed disappointment that the US had not appointed a Supreme Court Justice. Myron Cramer, Judge Advocate General of the Army, who had previously been influential in War Department planning for war crimes trials, replaced him. On the other hand, Canada (E. Stuart McDougall), the United Kingdom (Lord William Patrick), the Netherlands (B. V. A. Röling), New Zealand (Harvey Northcroft), and France (Henri Bernard) sent well-selected representatives. Cf. FRANKLIN, Joshua Daniel, The International Military Tribunals..., op. cit.*

que murió durante el juicio [115].

En noviembre de 1948, el tribunal dictó sus sentencias. TOJO e HIROSHI, *Primer Ministro*; ITAGAKI y KIMURA, *Jefes de Estado Mayor*; DOIHARA, *Jefe del Servicio Secreto*; MATSUMI, *Comandante en Jefe del Ejército japonés en China*; y MUTO, *Comandante en Jefe del Ejército*, fueron condenados a muerte en la horca. Otros 16 acusados recibieron penas de prisión perpetua; el *Canciller* TOGO, 20 años de prisión, y el *Primer Ministro* SHIGEMITSU, siete años de prisión [116].

Las ejecuciones comenzaron a cumplirse en los primeros días de diciembre de 1948. HIDEKI TOJO, militar hasta el fin, quiso escapar a la horca: solicitó que se le permitiera el *hara kiri*, y, después, el fusilamiento, pero se le negó. Días antes de ser conducido al patíbulo, intentó suicidarse, pero los guardias americanos lo impidieron. Internado en un hospital militar, fue sometido a tratamiento hasta que pudo andar lo suficiente como para que pudiese marchar hacia el patíbulo. Lo colgaron el 23 de diciembre de 1948.

Fuera de Japón, en aquellos países que habían padecido la ocupación nipona, también se celebraron juicios contra responsables de crímenes de guerra. En total, se juzgaron a 1.228 personas; de ellas, 428 fueron absueltas y 800 condenadas; de éstas, 174 a muerte, 176 a penas de 20 años a reclusión perpetua, y el resto a prisión de entre uno y 20 años. En total, unas 220.000 personas fueron sometidas a

---

115.-BRACKMAN, Arnold C., *The Other Nüremberg: the Untold Story of the Tokyo War Crimes Trial*, Nueva York: William Morrow and Company, 1987.

116.-DEPARTMENT OF STATE, *Trial of the Japanese War Criminals*. Washington: United States Government Printing Office, 1945; RÖLING, B. V. A., y RUTER, C. F., *The Tokyo Judgement: The International Military Tribunal for the Far East (I.M.T.F.E.), 29 April 1946-12 November 1948*, (2 vols.), Amsterdam: APA University Press, 1977; y PRITCHARD, R. John, y MAGBANUA ZAIDE, Sonia, *The Tokyo War Crimes Trial* (22 vols.), Nueva York and Londres: Garland, 1981.

estos procesos depurativos; pero en 1952 sólo unas 9.000 quedaban en la cárcel[117].

¿Qué conclusiones podemos deducir de este período? Nüremberg y Tokio, en relación con todos los tratados internacionales que se suscribieron y a los que hemos hecho alusión, suponen el inicio de una nueva época. La sentencia condenatoria contra 24 de los más altos representantes del régimen nazi, puso un término simbólico a ese régimen y, en el caso de las 12 sentencias a muerte, también uno real a la vida de aquellos representantes. En la percepción pública, el significado histórico del proceso está relacionado con el cierre definitivo de una etapa histórica: el juicio era, para los nazis, la continuación de la derrota militar en el escenario de la justicia. Hoy en día este aspecto es el menos interesante, como factor histórico, el nazismo ya estaba eliminado antes del juicio, el significado del proceso de Nüremberg no queda tanto en su función de cierre de una época, sino en la apertura de los nuevos Derecho Internacional y Penal, que implica una nueva vigencia de los principios universales de los derechos humanos[118].

Si Nüremberg realmente abrió camino para una nueva etapa del Derecho Internacional, basado en los derechos humanos, es una pregunta con muchas interrogantes y difícil de contestar. El hecho de que durante casi cincuenta años el Tribunal no ha tenido una continuación institucional, debería llamar la atención y ser motivo de dudas. En qué medida realmente pudo crear precedentes para el desarrollo del Derecho, dependería no sólo de la historia política del mundo después de la guerra, sino también de sus propias bases jurídicas, de las normas sobre las que se constituyó el Tribunal, y de la definición de los crímenes que declaraba objeto de su jurisdicción. Ambos elementos quedaron fuertemente impregnados por la situación

---

117.-TANAKA, Yuki, *Hidden Horrors: Japanese War Crimes in World War II*. Boulder: Westview Press, 1996.

118.-MERKEL, Reinhard, *Das Recht des Nüremberger Prozesses*, *Nüremberger Menschenrechtszentrum (Hg.): Von Nüremberg nach Den Haag*, Hamburg 1996.

específica que existía en el momento de la victoria sobre el sistema nazi. Es evidente este condicionamiento histórico en su constitución, restringido a los representantes de los cuatro poderes principales de la alianza político-militar que había ganado la guerra. Esta deficiencia fue criticada ya en la época, pero las propuestas de crear el Tribunal Militar Internacional como un órgano jurisdiccional de la naciente ONU, que datan hasta de 1943, resultaron fallidas. En el *proceso de Nüremberg* se puede precisar en tres elementos:

1. La definición de los *crímenes contra la humanidad* con independencia de situaciones de guerra;

2. La extensión del principio de la responsabilidad individual, fundamental para el Derecho Penal, al ámbito de los *crímenes de lesa humanidad*, incluyendo el principio de la *obligación de la persecución penal*;

3. La creación de las instancias adecuadas para sancionar a nivel internacional, de manera independiente y legalmente válida, estos crímenes, en caso que los sistemas nacionales fallaran con esta obligación. Lógicamente, una jurisdicción penal internacional sería parte de estas previsiones, por lo menos como última *ratio*.

En el campo de la definición jurídica, o *tipicidad*, los avances se dieron con rapidez. Ya en los procesos contra grupos de responsables nazis que las autoridades americanas llevaron a cabo en Nüremberg, una vez terminado el proceso principal, se precisó que había *Principios Generales de Derecho* que *pertenecían a los códigos de todas las naciones civilizadas*, aplicables también para los responsables nazis.

Posteriormente, la *Declaración Universal de los Derechos Humanos* del 10 de diciembre de 1948, y la *Convención contra el Genocidio*, del día anterior, los dos grandes pactos de 1966 y un gran número de instrumentos legales del Derecho

Internacional, codificaron ese Derecho de derechos humanos.

8.-Naciones Unidas y la Convención del genocidio

La Sociedad de Naciones, después de demostrar su inoperancia durante toda su existencia, y especialmente con el estallido de la Segunda Guerra Mundial, votó su propia disolución en 1946, tras lo cual sus bienes y organizaciones fueron transferidos a Naciones Unidas. Su historia se remonta al 12 de julio de 1941, con la *Declaración de Londres*, firmada por los representantes del Reino Unido, Canadá, Australia, Nueva Zelanda, y Sudáfrica, además de los gobiernos en exilio de Bélgica, Checoslovaquia, Grecia, Luxemburgo, Noruega, los Países Bajos, Polonia, Yugoslavia y Francia, representada por el gobierno de De Gaulle. Este documento se pronunciaba a favor de una paz conjunta, basada en la cooperación voluntaria de *todos los pueblos libres para evitar la amenaza de una agresión*.

El 14 de agosto de 1941, el Presidente de los Estados Unidos, FRANKLIN D. ROOSEVELT, y el Primer Ministro Británico, WINSTON CHURCHILL, firmaron la *Carta del Atlántico*, mediante la que declaraban su voluntad de establecer una paz que ofreciera a las naciones seguridad. El nombre de *Naciones Unidas*, acuñado por el Presidente de los Estados Unidos FRANKLIN D. ROOSEVELT, se utilizó por primera vez el 1 de enero de 1942, en plena guerra, cuando representantes de 26 naciones aprobaron la *Declaración de las Naciones Unidas*, en virtud de la cual sus respectivos gobiernos se comprometían a seguir luchando juntos contra las Potencias del Eje. En Moscú (noviembre de 1943) y en Teherán, dos meses después, declararon su intención de crear una organización general internacional, basada en la igualdad soberana de los Estados, con el fin de evitar futuras confrontaciones.

En 1944 se empieza a proyectar la creación de la Organización en la *Conferencia de Dumbarton Oaks,* que terminó el 7 de octubre de ese año. En 1945, representantes de 50 países se reunieron en San Francisco en la *Conferencia de las Naciones Unidas sobre Organización Internacional*, para redactar la *Carta de las Naciones Unidas*. Los delegados deliberaron sobre la base de propuestas preparadas por los representantes de China, Unión Soviética, Reino Unido, y Estados Unidos, entre agosto y octubre de 1944. La Carta fue firmada el 26 de junio de 1945 por los representantes de los 50 países. Polonia, que no estuvo representada, la firmó mas tarde y se convirtió en uno de los 51 Estados Miembros fundadores. Naciones Unidas empezaron a existir oficialmente el 24 de octubre de 1945, después de que la Carta fuera ratificada por China, Francia, Unión Soviética, Reino Unido, Estados Unidos y la mayoría de los demás signatarios[119].

Las nuevas relaciones internacionales se debían basar en dos pilares:

1. La prohibición de recurrir a la fuerza armada en las relaciones internacionales[120].

2. La salvaguarda de la paz por parte de un Consejo de Seguridad, que intervendría en nombre de los Estados miembros.

El nuevo orden internacional que se articula hace de la protección de los derechos humanos una de sus piedras angulares, con lo cual, tras la experiencia de los tribunales penales militares internacionales, la posibilidad de hacer efectiva la responsabilidad individual fue asumida como cuestión prioritaria en la agenda de Naciones Unidas[121]. Para lograr este objetivo, se nombró un *Comité sobre el Desarrollo Progresivo del Derecho Internacional y su Codificación*, que recomendó el desarrollo de un código criminal a cargo de una *Comisión de Derecho Internacional* y

---

119.-*Historia de la ONU, ABC de las Naciones Unidas*, en www.un.org/spanish/aboutun/origin.htm.

120.-Artículos 2.4 y 2.3 de la Carta de la Naciones Unidas, respectivamente.

121.-*Historia de la ONU, ABC de las Naciones Unidas*, op. cit.

destacó que la protección contra los crímenes internacionales requería no sólo la adopción de un código de crímenes sino, fundamentalmente, la creación de un tribunal internacional permanente. A partir de ese momento, se concretaron varias decisiones a favor de la protección de los seres humanos. Los procesos de Nüremberg y, con un menor impacto, los de Tokio, terminaron en un gran número de fallos que contribuyeron ampliamente a la formación de la jurisprudencia con sobre responsabilidad penal individual. Esta experiencia marcó el inicio de un proceso gradual de formulación precisa y de consolidación de principios y normas, durante el cual algunos Estados y organizaciones internacionales (en particular, Naciones Unidas y el Comité Internacional de la Cruz Roja) lanzaron iniciativas para conseguir la codificación, mediante la aprobación de tratados. Ya el 11 de diciembre de 1946 la Asamblea General de las Naciones Unidas aprobó por voto unánime la Resolución 95 (I), titulada *Confirmación de los Principios del Derecho Internacional reconocidos por el Estatuto del Tribunal de Nüremberg*[122].

Después de haber tomado nota del *Acuerdo de Londres* del 8 de agosto de 1945 y del Estatuto anexo al mismo (y de los documentos paralelos relativos al Tribunal de Tokio), la Asamblea General acordó dos cruciales medidas. La primera tenía una importancia jurídica considerable: *confirmaba* los principios de Derecho Internacional reconocidos por el Estatuto del Tribunal de Nüremberg y por sus sentencias. Esto significaba que el Tribunal había tenido en cuenta los principios vigentes de Derecho Internacional que él mismo simplemente debía *reconocer*.

La segunda era el compromiso de codificar dichos principios, tarea encomendada a la *Comisión de Derecho Internacional* (CDI), órgano auxiliar de la *Asamblea General de las Naciones Unidas*. Mediante esta Resolución, confirmaban

---

122.-Desde entonces, el artículo 6 del Estatuto de Nüremberg representa el Derecho Internacional general. Cf. BROWNLIE, I. *Principles of Public International Law*, Oxford, Clarendon Press, 1990, p. 562.

que había una serie de principios generales, contenidos en diversas costumbres internacionales, que había *reconocido* el Estatuto del Tribunal de Nüremberg y sus sentencias, y que era importante incorporarlos a un instrumento de codificación más amplio (bien fuera mediante una *codificación general de los delitos contra la paz y la seguridad de la humanidad*, bien, incluso, mediante un *código penal internacional*). Se reconocía, asimismo, el carácter consuetudinario de las disposiciones contenidas en el *Acuerdo de Londres* [123]. Todo ello terminaría por plasmarse en 1950, cuando la CDI aprobó un *Informe sobre los Principios de Derecho Internacional reconocidos por el Estatuto y por las sentencias del Tribunal de Nüremberg* [124]. El informe no discute si

---

123.-htpp://www.un.org.

124.-*Text adopted by the Commission at its second session, in 1950, and submitted to the General Assembly as a part of the Commission's report covering the work of that session*, en *Yearbook of the International Law Commission*, 1950, vol. II., en Internet, www.un.org/law/ilc/guide/gfra.htm. El tenor literal es el siguiente:

PRINCIPLES OF INTERNATIONAL LAW RECOGNIZED IN THE CHARTER OF THE NÜREMBERG TRIBUNAL AND IN THE JUDGMENT OF THE TRIBUNAL

Principle I: Any person who commits an act which constitutes a crime under international law is responsible therefore and liable to punishment.

Principle II: The fact that internal law does not impose a penalty for an act which constitutes a crime under international law does not relieve the person who committed the act from responsibility under international law.

Principle III: The fact that a person who committed an act which constitutes a crime under international law acted as Head of State or responsible Government official does not relieve him from responsibility under international law.

Principle IV: The fact that a person acted pursuant to order of his Government or of a superior does not relieve him from responsibility under international law, provided a moral choice was in fact possible to him.

Principle V: Any person charged with a crime under international law has the right to a fair trial on the facts and law.

Principle VI: The crimes hereinafter set out are punishable as crimes under international law:

(a) Crimes against peace:

(i) Planning, preparation, initiation or waging of a war of aggression or a war in violation of international treaties, agreements or assurances;

(ii) Participation in a common plan or conspiracy for the accomplishment of any of the acts mentioned under (i).

(b) War crimes: Violations of the laws or customs of war which include, but are not limited to, murder, ill-treatment or deportation to slave-labour or for any other purpose of civilian population of or in occupied territory; murder or ill-treatment of prisoners of war, of persons on the Seas, killing of hostages,

esos principios forman, o no parte del Derecho positivo, o hasta qué punto lo hacen. Para la CDI, la Asamblea General ya había *confirmado* que formaban parte del Derecho Internacional, así pues, se limitó a redactar su contenido. El Principio I establece que *toda persona que cometa un acto que constituya un delito de Derecho Internacional, es responsable del mismo y está sujeta a sanción.* El principio representa el reconocimiento de que el individuo, en el sentido más amplio (*toda persona*), puede ser considerado responsable de haber cometido un delito. Y éste puede ser el caso incluso si el Derecho Interno no considera que dicho acto constituya un delito (Principio II). Los Principios III y IV estipulan que una persona que actúe en calidad de Jefe de Estado o de autoridad del Estado, o que actúe en cumplimiento de una orden de su Gobierno o de un superior jerárquico, no serán por ello irresponsables. Estos dos principios confirman lo que se había dispuesto en los artículos 7 y 8 del Estatuto de Nüremberg. El artículo 8, relativo a las órdenes superiores, aceptaba la posibilidad de atenuar la pena *si el Tribunal determina que la justicia así lo requiere.*

El Principio IV del texto de la CDI modifica el enfoque: no se exime de responsabilidad al individuo *si efectivamente ha tenido la posibilidad moral de opción.* Se deja así un gran poder discrecional a los tribunales, que deben decidir si el individuo tenía o no realmente la *posibilidad moral* de negarse a cumplir una orden impartida por un superior.

El Principio VI codifica las tres categorías de crímenes establecidas en el

---

plunder of public or private property, wanton destruction of cities, towns, or villages, or devastation not justified by military necessity.

(c) Crimes against humanity: Murder, extermination, enslavement, deportation and other inhuman acts done against any civilian population, or persecutions on political, racial or religious grounds, when such acts are done or such persecutions are carried on in execution of or in connection with any crime against peace or any war crime.

Principle VII: Complicity in the commission of a crime against peace, a war crime, or a crime against humanity as set forth in Principle VI is a crime under international law.

artículo 6 del Estatuto de Nüremberg. Lo que en el Acuerdo de Londres se definía como *delitos que caen dentro de la jurisdicción del Tribunal*, se formula ahora como *delitos, en Derecho Internacional*, usando los mismos términos del artículo 6. El Principio VI constituye, en esencia, un esbozo de código penal internacional.

El 9 de diciembre de 1948, en vísperas de la aprobación de la Declaración Universal de Derechos Humanos, gracias al desarrollo del concepto de *crímenes internacionales*, se aprobó la *Convención para la Prevención y Sanción del Delito de Genocidio* [125]. Esta norma, que entró en vigor el 12 de enero de 1951 [126], clasifica

---

125.-Cf. www.un.org; y www.preventgenocide.org/es/. Su tenor literal es el siguiente:

CONVENCIÓN PARA LA PREVENCIÓN Y LA SANCIÓN DEL DELITO DE GENOCIDIO, ADOPTADA POR RESOLUCIÓN 260 (III) A DE LA ASAMBLEA GENERAL EL 9 DE DICIEMBRE DE 1948

Las Partes Contratantes, considerando que la Asamblea General de las Naciones Unidas, por su Resolución 96 (I) del 11 de diciembre de 1946, ha declarado que el genocidio es un delito de Derecho Internacional contrario al espíritu y a los fines de las Naciones Unidas y que el mundo civilizado condena; Reconociendo que en todos los períodos de la historia el genocidio ha infligido grandes pérdidas a la humanidad; Convencidas de que para liberar a la humanidad de un flagelo tan odioso se necesita la cooperación internacional; Convienen en lo siguiente:

Artículo I: Las Partes contratantes confirman que el genocidio, ya sea cometido en tiempo de paz o en tiempo de guerra, es un delito de Derecho Internacional que ellas se comprometen a prevenir y a sancionar.

Artículo II: En la presente Convención, se entiende por genocidio cualquiera de los actos mencionados a continuación, perpetrados con la intención de destruir, total o parcialmente, a un grupo nacional, étnico, racial, o religioso, como tal:

(a) Matanza de miembros del grupo;

(b) Lesión grave a la integridad física o mental de los miembros del grupo;

(c) Sometimiento intencional del grupo a condiciones de existencia que hayan de acarrear su destrucción física, total o parcial;

(d) Medidas destinadas a impedir los nacimientos en el seno del grupo;

(e) Traslado por fuerza de niños del grupo a otro grupo.

Artículo III: Serán castigados los actos siguientes:

(a) El genocidio;

(b) La asociación para cometer genocidio;

(c) La instigación directa u pública a cometer genocidio;

(d) La tentativa de genocidio;

(e) La complicidad en el genocidio.

Artículo IV: Las personas que hayan cometido genocidio o cualquiera de los otros actos enumerados en el artículo III, serán castigadas, ya se trate de gobernantes, funcionarios o particulares.

Artículo V: Las Partes contratantes se comprometen a adoptar, con arreglo a sus Constituciones respectivas, las medidas legislativas necesarias para asegurar la aplicación le las disposiciones de la presente Convención, y especialmente a establecer sanciones penales eficaces para castigar a las personas culpables de genocidio o de cualquier otro e los actos enumerados en el artículo III.

Artículo VI: Las personas acusadas de genocidio o de uno cualquiera de los actos enumerados en el artículo III, serán juzgadas por un tribunal competente del Estado en cuyo territorio el acto fue cometido, o ante la corte penal internacional que sea competente respecto a aquellas de las Partes contratantes que hayan reconocido su jurisdicción.

Artículo VII: A los efectos de extradición, el genocidio y los otros actos enumerados en el artículo III no serán considerados como delitos políticos. Las Partes contratantes se comprometen, en tal caso, a conceder la extradición conforme a su legislación y a los tratados vigentes.

Artículo VIII: Toda Parte contratante puede recurrir a los órganos competentes de las Naciones Unidas a fin de que éstos tomen, conforme a la Carta de las Naciones Unidas, las medidas que juzguen apropiadas para la prevención y la represión de actos de genocidio o de cualquiera de los otros actos enumerados en el artículo III.

Artículo IX: Las controversias entre las Partes contratantes, relativas a la interpretación, aplicación o ejecución de la presente Convención, incluso las relativas a la responsabilidad de un Estado en materia de genocidio o en materia de cualquiera de los otros actos enumerados en el artículo III, serán sometidas a la Corte Internacional de Justicia a petición de una de las Partes en la controversia.

Artículo X: La presente Convención, cuyos textos inglés, chino, español, francés y ruso serán igualmente auténticos, llevará la fecha de 9 de diciembre de 1948.

Artículo XI: La presente Convención estará abierta hasta el 31 de diciembre de 1949 a la firma de todos los Miembros de las Naciones Unidas y de todos los Estados no miembros a quienes la Asamblea General haya dirigido una invitación a este efecto. La presente Convención será ratificada y los instrumentos de ratificación serán depositados en la Secretaría General de las Naciones Unidas. A partir del 1 de enero de 1950, será posible adherir a la presente Convención en nombre de todo Miembro de las Naciones Unidas y de todo Estado no miembro que haya recibido la invitación arriba mencionada. Los instrumentos de adhesión serán depositados en la Secretaría General de las Naciones Unidas.

Artículo XII: Toda Parte contratante podrá, en todo momento, por notificación dirigida al Secretario General de las Naciones Unidas, extender la aplicación de la presente Convención a todos los territorios o a uno cualquiera de los territorios de cuyas relaciones exteriores sea responsable.

Artículo XIII: En la fecha en que hayan sido depositados los veinte primeros instrumentos de ratificación o de adhesión, el Secretario General levantará un acta y transmitirá copia de dicha acta a todos los Estados Miembros de las Naciones Unidas y a los Estados no miembros a que se hace referencia en el artículo XI. La presente Convención entrará en vigor el nonagésimo día después de la fecha en que se haga el depósito del vigésimo instrumento de ratificación o de adhesión. Toda ratificación o adhesión efectuada posteriormente a la última fecha tendrá efecto el nonagésimo día después de la fecha en que se haga el depósito del instrumento de ratificación o de adhesión.

Artículo XIV: La presente Convención tendrá una duración de diez años a partir de su entrada en vigor. Permanecerá después en vigor por un período de cinco años; y así sucesivamente, respecto de las Partes contratantes que no la hayan denunciado por lo menos seis meses antes de la expiración del plazo. La denuncia se hará por notificación escrita dirigida al Secretario General de las Naciones Unidas.

Artículo XV: Si, como resultado de denuncias, el número de las Partes en la Presente Convención se reduce a menos de dieciséis, la Convención cesará de estar en vigor a partir de la fecha

claramente este hecho, cometido en tiempo de paz o de guerra, como un delito de Derecho Internacional. Ya hemos visto cómo su artículo 2 lo define como aquellos *actos [...] perpetrados con la intención de destruir, total o parcialmente, a un grupo nacional, étnico, racial o religioso,* tales como la matanza de miembros del grupo; la lesión grave a la integridad física o mental de los miembros del grupo; el sometimiento intencional del grupo a condiciones de existencia que hayan de acarrear su destrucción física, total o parcial; las medidas destinadas a impedir los nacimientos en el seno del grupo; o el traslado por fuerza de niños del grupo a otro grupo. El artículo 3 de la Convención dispone que se consideran punibles dichos actos así como los diversos grados de participación en ellos: la asociación para cometer los actos, la instigación directa y pública, las tentativas y la complicidad. Pero es el artículo 4 el que establece la obligación de castigar no solamente a los *gobernantes* o a los *funcionarios,* sino también a los *particulares.* El artículo 6, por su parte, determina que tanto los tribunales nacionales como los internacionales son

---

en que la última de esas denuncias tenga efecto.

Artículo XV: Una demanda de revisión de la presente Convención podrá ser formulada en cualquier tiempo por cualquiera de las Partes contratantes, por medio de notificación escrita dirigida al Secretario General. La Asamblea General decidirá respecto a las medidas que deban tomarse, si hubiere lugar, respecto a tal demanda.

Artículo XV: El Secretario General de las Naciones Unidas notificará a todos los Estados Miembros de las Naciones Unidas y a los Estados no miembros a que se hace referencia en el artículo XI:

(a) Las firmas, ratificaciones y adhesiones recibidas en aplicación del artículo XI;

(b) Las notificaciones recibidas en aplicación del artículo XII;

(c) La fecha en que la presente Convención entrará en vigor en aplicación del artículo XIII;

(d) Las denuncias recibidas en aplicación del artículo XIV;

(e) La abrogación de la Convención, en aplicación del artículo XV;

(f) Las notificaciones recibidas en aplicación del artículo XVI;

Artículo XVIII: El original de la presente Convención será depositado en los archivos de las Naciones Unidas. Una copia certificada será dirigida a todos los Estados Miembros de las Naciones Unidas y a los Estados no miembros a que se hace referencia en el artículo XI.

Artículo XIX: La presente Convención será registrada por el Secretario General de las Naciones Unidas en las fecha de su entrada en vigor.

126.-Para España entró en vigor el 13 de diciembre de 1968.

competentes para enjuiciar a los infractores.

Se deduce que esta importante Convención introduce un nuevo delito, directamente ligado con la categoría penal ya establecida en el artículo 6 del Estatuto de Nüremberg, es decir, los *delitos de lesa humanidad*. Nuevamente, el Derecho Internacional convencional va mucho más allá de los límites tradicionales del Estado, ya que los individuos están *en la primera línea* de la responsabilidad[127]. Manteniendo la tendencia de los documentos anteriores, la Convención presenta una amplia definición del delito del genocidio y de los diferentes niveles de participación en él (*actos directos, asociación, inducción tentativa, complicidad*). La Corte Internacional de Justicia[128] reconoció, al igual que se había hecho con el Tribunal de Nüremberg, el carácter consuetudinario de los principios que constituyen los fundamentos de esta Convención[129].

Poco después, los cuatro Convenios de Ginebra del 12 de agosto de 1949, redactados por iniciativa del Comité Internacional de la Cruz Roja, tras las experiencias de la Segunda Guerra Mundial, reformaron todo el sistema de protección de las víctimas de la guerra. Las Partes contraen la obligación de *respetar y hacer respetar* sus disposiciones *en todas las circunstancias* (artículo 1 común a los cuatro tratados). Un capítulo completo de cada uno de los Convenios de Ginebra versa sobre los actos cometidos contra personas protegidas. Estos actos se denominan *infracciones graves*[130], y no *crímenes de guerra*, pero, sin duda alguna, a la luz del Derecho Internacional, son crímenes. Dichos actos se definen de manera detallada

---

127.-*Reservations to the Convention on the Prevention and Punishment of the Crime of Genocide, Advisory Opinion of 18 May 1951*, I.C.J. Reports, 1951, p. 23.

128.-www.un.org.

129.-Sentencia de 5 de febrero de 1970, en el Caso *Barcelona Traction*, *Recuil CIJ*, 1970.

130.-Cf. DOUCET, G., *La qualification des infractions graves au droit international humanitaire*, en SANDOZ, Y, y KALSHOVENF, F, *Implementation of International Humanitarian Law*,

en los artículos 50, 51, 130 y 147 del I, II, III y IV Convenios, respectivamente, e incluyen delitos como el homicidio intencional, la tortura o los tratos inhumanos (incluidos los experimentos biológicos), el hecho de causar deliberadamente grandes sufrimientos o de atentar gravemente contra la integridad física o la salud; la destrucción a gran escala o la apropiación de bienes, el hecho de forzar a un prisionero de guerra a servir en las fuerzas armadas de la Potencia enemiga o el hecho de privarlo deliberadamente del derecho a ser juzgado legítima e imparcialmente; la deportación ilegal, la transferencia o confinamiento de una persona protegida y la toma de rehenes *no justificadas por necesidades militares y efectuadas a gran escala ilícita y arbitrariamente*. Por lo que atañe al ámbito de aplicación *ratione personae*, los Convenios establecen la responsabilidad de los autores directos de estas infracciones graves y la de sus superiores. El alcance de las normas es, de hecho, muy amplio, ya que la palabra *persona* comprende tanto a los civiles como a los combatientes, independientemente de que estos últimos sean miembros de fuerzas oficiales o no oficiales.

La *Convención de La Haya de 1954 para la protección de los bienes culturales en caso de conflicto armado*, encomienda a las Altas Partes Contratantes la protección de lo que se ha denominado el *patrimonio cultural de la humanidad*. Ellas deben *tomar, dentro del marco de su sistema de derecho penal, todas las medidas necesarias para descubrir y castigar con sanciones penales o disciplinarias* a las personas *que hubieren cometido u ordenado que se cometiera una infracción* de la Convención.

En los dos Protocolos de 1977 Adicionales a los Convenios de Ginebra de 1949 se agregaron reglas más precisas a un sistema jurídico que se ha vuelto amplio. En particular, el artículo 11 fortalece la protección de los individuos por lo que atañe a

---

Dordrecht/Boston/Londres, 1987, p. 79.

su salud e integridad física y mental, disponiendo que las violaciones graves constituyan una infracción del Derecho Internacional Humanitario. Además, en el artículo 85 se agrega un gran número de violaciones a la ya existente lista de infracciones graves. Una vez más, en el artículo 1 del Protocolo I, las Partes se comprometen a *respetar y a hacer respetar* el Protocolo *en todas las circunstancias.*

A pesar de estas iniciativas, una cosa parecía clara: no era posible una codificación seria del Derecho Penal Internacional, ni la aplicación efectiva de sanciones, si no existía un órgano jurisdiccional internacional. Por ello, la ONU afirmó en todo momento que el establecimiento de una Corte Penal Internacional no sólo era deseable sino que era una necesidad. De este modo, la ONU creó un *Comité Especial encargado de presentar propuestas concretas para la creación de un Tribunal Penal Internacional.* Sin embargo, los avances en la protección internacional de los derechos humanos, tras el inicio de la Guerra Fría y su dinámica de bloques, hicieron que los esfuerzos para crear una Corte Penal Internacional no pudieran concretarse. No obstante, factores tales como la creación y el desarrollo de sistemas regionales de derechos humanos, con Cortes Internacionales propias, y el proceso de descolonización, llevaron Naciones Unidas a romper con el estancamiento en materia de derechos humanos e impulsaron el avance de su protección internacional. De este modo, durante 1965 y 1966 se adoptaron *la Convención sobre Todas las Formas de Discriminación Racial* y los dos *Pactos Internacionales sobre derechos civiles, políticos, económicos, sociales y culturale*s así como el *Primer Protocolo Opcional al Pacto sobre Derechos Civiles y Políticos.* En 1968, la Asamblea General aprobó la *Convención sobre la Imprescriptibilidad de los Crímenes de Guerra y de Lesa Humanidad,* que entró en vigor el 11 de noviembre de 1970. Su art. 1 establecía que:

Los crímenes siguientes son imprescriptibles, cualquiera que sea la fecha en que se hayan cometido:

a) Los crímenes de guerra según la definición dada en el Estatuto del Tribunal Militar Internacional de Nüremberg, de 8 de agosto de 1945, y confirmada por las resoluciones de la Asamblea General de las Naciones Unidas 3 (I) de 13 de febrero de 1946 y 95 (I) de 11 de diciembre de 1946, sobre todo las "infracciones graves" enumeradas en los Convenios de Ginebra de 12 de agosto de 1949 para la protección de las víctimas de la guerra;

b) Los crímenes de lesa humanidad cometidos tanto en tiempo de guerra como en tiempo de paz, según la definición dada en el Estatuto del Tribunal Militar Internacional de Nüremberg, de 8 de agosto de 1945, y confirmada por las resoluciones de la Asamblea General de las Naciones Unidas 3 (I) de 13 de febrero de 1946 y 95 (I) de 11 de diciembre de 1946, así como la expulsión por ataque armado u ocupación y los actos inhumanos debidos a la política de apartheid y el delito de genocidio definido en la Convención de 1948 para la Prevención y la Sanción del Delito de Genocidio aun si esos actos no constituyen una violación del derecho interno del país donde fueron cometidos.

En 1973, se adoptó la *Convención para la Represión y Castigo del Crimen de Apartheid*, que califica al *apartheid* como un crimen de lesa humanidad y que establece en su artículo V que *las personas acusadas de los actos enumerados en el artículo II de la presente Convención podrán ser juzgadas por un tribunal competente de cualquier Estado Parte en la Convención que tenga jurisdicción sobre esas personas, o por cualquier tribunal penal internacional que sea competente respecto a los Estados Partes que hayan reconocido su jurisdicción.* En 1974, la Asamblea General adoptó la Resolución 3314, que aprobó por consenso una *definición de*

Agresión y estableció que este crimen debería ser considerado por una jurisdicción criminal internacional de carácter permanente[131].

9.-Eichmann y My Lai

Durante este período histórico, dos casos mantuvieron viva la llama del debate y pusieron de manifiesto la necesidad de dar un desarrollo real al Derecho Penal Internacional: los juicios de EICHMANN y WILLIAM CALLEY. Sus resultados no fueron buenos, ni siquiera aceptables: mediante el primero, se justificó el secuestro y la vía de hecho en contra del Derecho Internacional; y el segundo demostró en qué puede quedar la justicia cuando es indultado el culpable, a pesar de sus terribles actos. En cualquier caso, ambos hicieron que la opinión pública abriera de nuevo el debate sobre necesidad de un tribunal internacional competente para crímenes de guerra.

El proceso de EICHMANN supone el primer caso en que un Estado no beligerante en la Segunda Guerra Mundial, Israel, ejercía su jurisdicción nacional para sancionar al autor de crímenes de guerra y de lesa humanidad[132]. En virtud de la ley israelí de 1951, relativa al castigo de los nazis y de sus colaboradores, EICHMAN fue acusado de los siguientes delitos:

1.-*Crímenes contra el pueblo judío.*

2.-*Crímenes de lesa humanidad.*

131.-Naciones Unidas Resolución 3314 (XXIX), "Definición de Agresión", 14 de diciembre de 1974.

132.-Tribunal de Distrito de Jerusalén, fiscal del Estado de Israel contra Eichmann, en *Israel Law Review*, vol. 36, n° 5, 1961. Para un análisis más completo del *caso Eichmann*, cf. BAADE, "The Eichmann trial: Some legal aspects", *Duke Law Journal*, 1961, p. 400; FAWCETT, "The Eichmann Case", *British Year Book of Internacional Law*, vol. 38, 1962, p. 181; y SCHWARZENBERGER, G., "The Eichmann judgement", *Current Legal Problems*, vol. 15, 1962, p. 248.

3.-Crímenes de guerra.

4.-Pertenencia a organizaciones hostiles.

De acuerdo con la ley israelí, los crímenes de lesa humanidad se pueden reprimir si se han perpetrado durante el período del régimen nazi, incluso en territorio enemigo, y se definen como cualesquiera de los siguientes actos: *asesinato, malos tratos, deportación para trabajos forzosos o con cualquier otra finalidad, de personas civiles de o en los territorios ocupados; asesinato o malos tratos infligidos a prisioneros de guerra o a personas en el mar; ejecución de rehenes; pillaje de bienes públicos o privados; destrucciones arbitrarias de ciudades, villas o aldeas y devastación no justificada por las necesidades militares.* La definición de crimen contra la humanidad difiere de la consignada en el Estatuto de Nüremberg. De hecho, no es necesario establecer un nexo entre la comisión de un crimen de lesa humanidad y cualquier otro (crímenes de guerra o crímenes contra la paz); lo que se exige es que el delito haya sido perpetrado *durante* el régimen nazi.

ADOLF EICHMANN (*Sturmbannführer* de las SS) nació en Solingen (1906) y poco después se trasladó con su familia a Linz (Austria). De origen burgués, su padre fue gerente de la compañía de tranvías de la ciudad y más tarde montó una tienda de aparatos eléctricos. En 1913, su familia se componía del padre, de la madre y de Adolf. De los cinco hijos del matrimonio (uno de ellos nacido de las segundas nupcias del padre), el mayor era alemán y los otros cuatro austriacos. Por ello, el mayor, Adolf, considerado como extranjero en Austria, no pudo encontrar trabajo. Tras empezar estudios de ingeniería (que no terminó), fue obrero, vendedor y representante para una empresa petrolera. En 1932 se afilió al Partido Nazi (NSDAP) y en 1934 fue trasladado a Berlín, a la llamada *Sección de judíos II 112* del Servicio de Seguridad (SD). En 1938, siendo ya un *experto* del *problema judío*[133], volvió a Austria y construyó en Viena la *Central para la emigración judía*, el único departamento autorizado a conceder permisos de salida a los judíos de Austria, Checoslovaquia y finalmente de todo el Reich. En diciembre de 1939, fue trasladado al RSHA[134], haciéndose cargo de la sección IV D 4 (a partir de 1942, sección IV B 4) para *asuntos judíos y de desalojo*. Pronto se plantearía, en la primavera 1941, la *solución final*, que significaba exactamente la aniquilación sistemática del pueblo judío. RUDOLF HESS cuenta en sus memorias que en el verano de 1941 fue recibido personalmente por HIMMLER y que éste le dijo: *el Führer ha dado la orden de proceder a la solución final del problema judío. Nosotros, los SS, somos los*

133.-Durante los años en que los teóricos del nazismo prepararon la ascensión de Adolf Hitler, se fue perfilando una idea que pronto tendría amplia acogida: los judíos pertenecían a una raza inferior que debía ser extirpada de la faz de la tierra y, coaligados entre ellos, eran los principales responsables de la derrota de la Primera Guerra Mundial. El 30 de enero de 1939, fecha en que se celebraba el sexto aniversario de la ascensión del Führer al poder, éste proclamó ante el Parlamento la siguiente profecía: *Si el judaísmo internacional (...) consigue comprometer a las naciones en otra guerra, el resultado no será un mundo bolchevique ni tampoco significará una victoria para el judaísmo; será el fin de los judíos en Europa.* Desde que las leyes de Nüremberg habían decretado discriminaciones de todo tipo contra los judíos de Alemania, el 15 de septiembre de 1935, éstos se vieron poco a poco despojados de todos sus derechos como ciudadanos. *Así como la seta no puede penetrar en la madera hasta que ésta no se ha podrido, así el judío pudo introducirse a escondidas entre el pueblo alemán y traer el desastre sólo cuando la nación alemana, debilitada por la pérdida de sangre en la Guerra de los Treinta Años, empezó a pudrirse por dentro*, había dicho el *Juez Supremo* del Partido, Walter Buch, facultado para ocuparse de los casos de corrupción y de calumnia dentro del NSDAP. Buch había escrito que *las manos eran libres* cuando se desencadenó el paroxismo de la persecución antisemita, en la noche del 9 al 10 de noviembre de 1938, conocida como la *noche de cristal*. A partir de esta fecha, el gobierno nazi se entregó a un inmenso *pogromo* en toda Alemania y empezaron las deportaciones en masa a Sachsenhausen, Buchewald y Dachau. Adolf Hitler y sus colaboradores planearon una solución más radical y definitiva sobre el *problema judío*, y ya en junio de 1941 Reinhard Heydrich expresó a los comandantes de los grupos especiales que operaban en los países ocupados (*Einsatzgruppen*) que *el judaísmo en el este era la fuente del bolchevismo y en adelante tenía que ser destruido de acuerdo con los deseos del Führer*. Cf. BAR-ZOHAR, Michel, *Les Vengeurs*, París: Edit. Librairie Arthéme Fayard, 1968.

134.-RSHA, *Reichssicherheitshauptamt, Administración central de la seguridad del Reich*. El RSHA era la Oficina Central, bajo las órdenes de las SS, desde la cual se dirigían todos los órganos oficiales y secretos de la policía y de la seguridad del Reich. Debido a la diversidad de oficinas, departamentos, grupos, secciones y subsecciones, se trataba de un servicio impenetrable para los no iniciados. Formaban parte de las competencias del RSHA la de imponer la prisión preventiva, lo que significaba para las víctimas la deportación a un campo de concentración, sin juicio ni derecho a recurso. La dirección de las SS en el RSHA disponía prácticamente de plena autoridad. Estaba compuesta por siete secciones: *Personal; Organización, Administración, Derecho; Servicio de Información Nacional; Gestapo; Oficina de la Policía de Investigación Criminal del Reich; Servicio de Información en el Extranjero; e Investigación ideológica*. Cf. sgm.metropoliglobal.com/holocausto/rsha.htm.

encargados de llevar a cabo esta orden. A usted le incumbe esta tarea dura y penosa.

Le exhortó, asimismo, a guardar silencio incluso ante sus superiores. Con el fin de facilitar la muerte de millares de seres humanos, la RSHA organizó al principio los llamados *camiones-fantasma*, usados ya en 1940 para exterminar a los enfermos mentales en hospitales psiquiátricos. Se trataba de furgonetas totalmente cerradas que, al ponerse en marcha, desprendían monóxido de carbono en su interior. Estos *Special-Wagen* sirvieron para asesinar judíos deportados del campo de Chelmno, cerca de Lodz; pero también fueron utilizados para exterminar a detenidos de otros campos que ya no eran considerados útiles para el trabajo. Pronto se consideró que esta medida era demasiado cara y que no rendía lo suficiente. Después de una inspección en Treblinka, EICHMANN consideró que había que encontrar un nuevo método de destrucción, más barato. Así se pensó en el gas *Zyklon-B*, un *ácido prúsico* insecticida que prepararía industrialmente el laboratorio IG-Farben. El primer campo donde se utilizó este gas fue Belzec, en el distinto de Lublin. Le seguirían Birkenau, Treblinka, Sobibor y Maïdanek. La conferencia de Wansee, celebrada el 20 de enero de 1942, planificó la aceleración de la solución final del *problema judío* en Europa. En el proceso de Jerusalén, en 1961, confesó que durante esta conferencia se estudiaron con rigor los mejores métodos para exterminar *a todo el pueblo judío que vivía en Europa*. De este modo, entre 1941 y 1944, perecieron seis millones de judíos. La *solución final* se llevó a cabo con cálculo y premeditación, con todo tipo de medios técnicos y científicos y con la complicidad de la gran industria alemana.

A partir de 1941, EICHMANN organizó los transportes en masa a los campos de exterminio. Cuando se llevaban a cabo las deportaciones, destacaba por su frialdad, aunque nunca fue un antisemita fanático, y siempre afirmaba que él no tenía nada personal en contra de los judíos. Cuando hacia el final de la guerra incluso HIMMLER se mostró más moderado, EICHMANN ignoró su orden de suspender los asesinatos por gas, sabiendo que sus superiores más inmediatos le seguían cubriendo las espaldas.

Una vez caída la Alemania nazi, emprendió su huida, hasta que fue detenido por una patrulla norteamericana. Permaneció oculto varios meses, en el campo de concentración de Welten (Austria), hasta que pudo desaparecer sin dejar rastro. Atravesó de nuevo Alemania y el 5 de mayo llegó a Hamburgo y unos días más tarde a Cella, a unos 80 Km., donde nuevos documentos falsos le aguardaban. En ese lugar se estableció como leñador y trabajo tres años. Después de pasar por Génova, llegó a Buenos Aires el 15 de julio de 1950, donde trabajó de albañil. Más tarde se trasladó a Tucumán, donde lo hizo en diversos servicios públicos. Así las cosas, escribió a su mujer, que se encontraba en Alemania, y le dio instrucciones para que se preparase y obtuviese un documento de defunción de su marido. Entendió la alusión, publicó una esquela de defunción en los periódicos e intentó obtener documentación oficial de los registros civiles, pero no lo consiguió, sin bien obtuvo el pasaporte sin dificultad, con su nombre de soltera, VERÓNICA LIEPL, con lo cual era libre de viajar y salir del país. Su mujer llegó a Buenos Aires en julio de 1952 y se dirigió a Tucumán, para encontrarse con su marido y sus tres hijos. Esta huida, y otras semejantes, demuestran que operaba una organización nazi clandestina en la oscuridad, formada con el objeto de facilitar la huida de los miembros del partido a Sudamérica. Unos años después, EICHMANN consiguió trabajo en la Mercedes Benz, con lo cual se trasladaron nuevamente a Buenos Aires. Al nacer su cuarto hijo, ocuparon (principios de 1960) una vivienda en el barrio de San Fernando, una casa modesta, sin agua corriente, luz ni calefacción[135].

En 1960 fue descubierto y se inició el seguimiento. Volvía de su trabajo a la misma hora, tomaba el autobús 203, se bajaba en la ruta 202 y caminaba dos manzanas. El 11 de mayo, cuando paseaba hasta su casa de Garibaldi y la ruta 202, en San Fernando, fue secuestrado por hombres del Mossad y trasladado a Jerusalén, donde fue enjuiciado. En diciembre de 1961 fue condenado a muerte y ahorcado el 30 de mayo de 1962[136].

La presencia de EICHMANN en Argentina (bajo el falso nombre de RICARDO KLEMENT) databa de 1948 o 1950, según distintas fuentes[137]. La historia de su secuestro corre paralela a la del *cazador de nazis* SIMON WIESENTHAL[138],

---

135.-"LA CAPTURA ILEGAL DE ADOLFO EICHMANN", en *Biblioteca de Textos Doctrinarios*, en lans-wp.freewebspace.com/T-i-gen.htm.

136.-"ADOLF EICHMANN", Institut für Sozial und Wirtschaftsgeschichte, en www.wsg-hist.uni-linz.ac.at/Auschwitz/HTMLesp/Eichmann.html. Sobre el particular, cf. RASSINIER, Paul, *La verdad sobre el proceso Eichmann*, www.abbc.com/aaargh/espa/rassin/verd3.html, 1962. Rassinier nació en 1906 y murió en 1967. Es el primer *revisionista*, es decir, el primer autor que, con un éxito nulo, ha intentado negar el Holocausto con pruebas más o menos rigurosas, fantasiosas o estrambóticas; ingresó en el Partido Comunista Francés en 1922, pero tenía posiciones muy izquierdistas, y fue excluido en 1932. Su izquierdismo militante lo llevó a ingresar en la Sección Francesa de la Internacional Obrera (SFIO), para participar del movimiento animado por Marceau Pivert. Era pacifista y, sin embargo, fue de los primeros en integrar la Resistencia. Fue detenido por la Gestapo en octubre de 1943, torturado, deportado a Buchenwald y Dora, durante diecinueve meses. De ahí salió inválido. Su *libro La mentira de Ulises*, al aparecer, en 1951 fue celebrado por la SFIO, pero luego le valió ser excluido de la misma, al año siguiente. Cf. www.abbc.com/aaargh/espa/solavaya.html.

137.-El primer documento argentino de Eichmann está fechado en julio de 1950, bajo el nombre de Ricardo Klement. Se sospechó que había entrado en Argentina un par de años antes. Cf. "Un nazi en San Fernando", *Clarín digital* (domingo 14 de mayo de 2000), en www.raoul-wallenberg.org.ar/espanol/clarin/clarin2.html.

138.-Simón Wiesenthal nació el 31 de diciembre de 1908, en Buczacz, Polonia. Al morir su padre en la Primera Guerra Mundial, la viuda trasladó su familia a Viena por un breve período, pero luego retornó a Buczacz al contraer segundas nupcias. El joven Wiesenthal se graduó en el *Gymnasium* en 1928 y se presentó para ser admitido en el instituto politécnico de Lvov, Polonia, pero no lo admitieron por su condición de judío, por lo que fue a la Universidad Tecnológica de Praga, en Checoslovaquia, de la que salió arquitecto en 1932. En 1936, Simón se casó con Cyla Mueller y comenzó a trabajar en un estudio arquitectónico en Lvov. Su vida transcurrió con normalidad hasta que en 1939, Alemania y la Unión Soviética firmaron un pacto de no agresión por medio del cual se repartieron Polonia. Los soviéticos ocuparon Lvov y en comenzaron una purga de comerciantes y profesionales judíos. El padrastro de Wiesenthal fue arrestado por la NKVD y murió en prisión. Su hermanastro fue asesinado y Wiesenthal fue obligado a cerrar su estudio y a trabajar como empleado en una fábrica de colchones. Luego salvó a su mujer, a su madre y a sí mismo de ser deportados a Siberia, sobornando a un comisario de la NKVD. Cuando los nazis desplazaron a los rusos en 1941, un ex empleado de Wiesenthal que servía con los colaboracionistas ucranianos, consiguió que no lo ejecutaran, pero no logró evitar que lo detuvieran: primero fue enviado al campo de concentración de Janowska y luego pasó por 13 campos más, incluyendo Plaszow, el campo de la muerte polaco famoso por la conocida película cinematográfica *La lista de Schindler*. A principios de 1942 se puso en marcha la *solución final* y en agosto de ese año, la madre de Wiesenthal fue enviada al campo de la muerte de Belzec. Simón jamás la volvió a ver. En septiembre, la mayoría de sus familiares y los de su esposa estaban muertos; un total de 89 miembros de su familia fueron asesinados. Debido a que el pelo rubio de su mujer le daba la posibilidad de pasar por aria, Wiesenthal hizo un trato con los guerrilleros polacos antinazis: como trabajaba en la

director del *Centro Judío de Documentación Histórica*. Esta auténtica *agencia de*

investigación para la captura de nazis se cerró en 1954 y sus documentos fueron

entregados a los *Archivos del Holocausto* en Israel, salvo un expediente: el dossier

sobre el tecnócrata, EICHMANN, que ideó y supervisó la aplicación del gas *Zyklon-*

B[139] para asesinar judíos.

En 1954, WIESENTHAL recibió una información de sus confidentes que

situaba a EICHMANN en Argentina. Pasó el dato a la embajada israelí en Viena, pero

el FBI lo negó y afirmó que estaba en Damasco. En 1959, Alemania le confirmó que

Eichmann estaba en Buenos Aires, viviendo con el nombre de RICARDO KLEMENT.

Había sido descubierto por un anciano testigo durante el juicio de Nüremberg[140], que

alertó a un fiscal judío de Essen, FRITZ BAUER, quien a su vez, comunicó el dato al

---

construcción del ferrocarril, les dio un plano con distintos puntos de las vías de los trenes que podían ser saboteados. Los guerrilleros le dieron a cambio papeles falsos para su mujer a nombre de *Irene Kowalska* y la ayudaron a huir del campo. Ella vivió en Varsovia dos años y luego trabajó en Rhineland, sin que se le descubriera su verdadera identidad. Con la ayuda del director, Wiesenthal mismo se escapó del campo de Ostbahn en octubre de 1943, muy poco tiempo antes de que los nazis asesinaran a todos los prisioneros. En junio de 1944 fue capturado y enviado nuevamente a Janowska, en donde seguramente hubiera sido asesinado si el frente este de los alemanes no colapsaba ante el avance del Ejército Rojo: sabiendo que iban a ser enviados al frente si no tenían prisioneros que justificara su ubicación de retaguardia, los 200 SS que lo guardaban decidieron quedarse con unos pocos reclusos vivos: de los 149.000 originales sobrevivieron 34, entre los que estaba Wiesenthal. De todos los campos del este fueron trasladando a los prisioneros hasta llegar a Mauthausen, en Austria. Con menos de 45 kilos de peso y acostado desvalido en una barraca, en la que el hedor era tan fuerte que ni los guardias de las SS se animaban a entrar, Wiesenthal fue encontrado al borde de la muerte cuando Mauthausen fue liberado por las tropas norteamericanas el 5 de mayo de 1945. Apenas recuperó su salud, comenzó a reunir evidencias de las atrocidades nazis. En su libro *Justicia, no venganza* escribió: *sobrevivir es un privilegio que acarrea obligaciones. Yo me pregunto a mí mismo que puedo hacer por aquellos que no sobrevivieron. La respuesta que encontré es (...): Yo quiero ser su voz. Quiero mantener su memoria viva, para asegurarme que los muertos viven en esa memoria.* Al finalizar el año una enorme sorpresa: él y su esposa (cada uno creía que el otro había sido asesinado) se reencontraron y al año siguiente nació su hija Paulina. La evidencia aportada por Wiesenthal fue utilizada por los norteamericanos en los juicios por crímenes de guerra en Nüremberg. Cuando los juicios terminaron en 1947, Wiesenthal y 30 voluntarios más, abrieron el *Centro Judío de Documentación Histórica* en Linz, Austria, con el propósito de reunir evidencias para futuros juicios. Pero como la Guerra Fría entre los Estados Unidos y la Unión Soviética se intensificó, las dos partes perdieron el interés en perseguir nazis y los voluntarios de Wiesenthal abandonaron la tarea. Cf. "Wiesenthal", www.geocities.com/Eureka/3353/simon.htm.

139.-Gas usado en fumigación agrícola para la eliminación de insectos.

140.-Las referencias a Eichmann en Nüremberg fueron constantes: *During the Nüremberg Trial, Eichmann's name surfaced again and again as a principal in the conspiracy to kill all of the Jews of Europe.* Cf. "Eichmann: From Capture to Trial", en www.pbs.org/eichmann/study3.htm.

gobierno de BEN GURION. Israel envió un agente a la Argentina para ratificar la información, pero volvió a Tel Aviv creyendo que RICARDO KLEMENT no era el hombre buscado. Una segunda misión, sin embargo, logró identificar al criminal nazi, en 1960. Con tales datos en la mano, el gobierno israelí decidió secuestrarlo para conducirlo a la fuerza a Israel y someterlo a juicio por criminal de guerra[141]. El comando que debía secuestrar a EICHMANN estaba compuesto *enteramente por miembros del servicio secreto israelí*, según declaró su jefe, el agente PETER MALKIN. Aún hoy no se puede precisar si hubo o no argentinos involucrados en otros aspectos de la operación, que incluyó, por ejemplo, el alquiler de ocho casas en Buenos Aires y la adquisición de gran número de automóviles[142]. Dentro del comando no había acuerdo en cómo ejecutar el secuestro, lo que despertó agitadas discusiones internas. Finalmente, se acordó que MALKIN redujera a EICHMANN a escasos metros de su casa, en la calle, mientras dos coches esperaban cerca. Cuando el día de los hechos se encontraron cara a cara, el nazi no pudo resistirse a la fuerza de su captor. El agente israelí tenía tanta aprensión a su presa que se había comprado unos guantes de cuero para evitar tocarlo. "Yo no iba a taparle la boca con mis manos a quien dio la orden para asesinar a mi hermana, a sus hijos, a tanta gente", declaró Malkin. Su hermana había muerto en el Holocausto[143]. "Lo traté correctamente. La verdad es que no sentía por él odio. Lo único que sentía era que tenía que hacer el trabajo hasta el final"[144].

141.-GELLER, Doron, "The Capture of Adolf Eichmann", *Jewish Virtual Library*, en www.us-israel.org/jsource/Holocaust/eichcap.html.

142.-"Malkin, el cazador de Eichmann", *Clarín digital* (domingo 14 de mayo de 2000), en www.raoul-wallenberg.org.ar/espanol/clarin/clarin3.html. El caso Eichmann abrió un campo de investigación al que la sociedad argentina había cerrado los ojos, ya que suponía atribuir responsabilidades sobre el encubrimiento de criminales de guerra alemanes, croatas e italianos, siguiendo lo que se conocería como *la ruta de las ratas* hacia un exilio protegido. Después de 1960 fue imposible ocultar el papel jugado por el general Perón al respecto, que se había disputado con los Estados Unidos el asilo de ingenieros de la industria pesada alemana tras la derrota. Cf. "Un nazi en San Fernando", *Clarín digital* (domingo 14 de mayo de 2000), op. cit.

143.-Ibíd.

144.-Ibíd.

Finalmente, llegó la hora de sacarlo de Argentina. En esos días se celebraba el 150 aniversario de la Revolución de Mayo y a los fastos habían sido invitadas delegaciones de todo el mundo. Entre ellas, había una israelí, que había llegado en un avión de la línea El-Al, que por primera vez aterrizaba en Ezeiza. La inteligencia israelí decidió entonces sacar al secuestrado en ese vuelo. MALKIN disfrazó al nazi con el uniforme de la compañía aérea, se le inyectó un tranquilizante, para simular que estaba borracho y en este estado, le hicieron firmar un documento por el que declaraba que el traslado se hacía con su conocimiento y aprobación. Un falsificador preparó un pasaporte y el traslado se hizo sin problemas[145].

Una vez en Israel, fue sometido a un tribunal penal de un Estado no beligerante en la Segunda Guerra Mundial, Israel, cuya legitimidad era muy cuestionable[146], pues pretendía ejercer, y así lo hizo, su jurisdicción, partiendo de un hecho en sí mismo delictivo (calificado como *terrorismo de Estado* por Argentina): el secuestro del propio encausado, a manos del servicio secreto, y en clara y directa violación de la soberanía argentina y del Derecho Internacional. Es preciso recordar que no se abrió un proceso de extradición y que se plantearían quejas diplomáticas argentinas que terminarían en nada[147]. El juicio comenzó en Jerusalén, el 2 de abril

---

145.-Ibíd.

146.-*Israel Law Review*, vol. 36, n° 5, 1961. Para un análisis más completo del *caso Eichmann*, cf. BAADE, "The Eichmann trial: Some legal aspects", *Duke Law Journal*, op. cit.; FAWCETT, "The Eichmann Case", op. cit., p. 248. Uno de los relatos más profundos nos los ofrece Arendt. Cf. ARENDT, Hannah, *Eichmann en Jerusalén: un estudio sobre la banalidad del mal*, Barcelona: Lumen, 1999.

147.-Al producirse el secuestro de Eichmann, el Ministerio de Relaciones Exteriores argentino pidió, por medio de la embajada de Israel de Buenos Aires, que se le informara sobre el hecho. Como consecuencia de ello, la embajada remitió una nota el 3 de junio de 1960. El texto de la embajada israelí contenía varias afirmaciones, entre ellas, las siguientes: 1.-El gobierno de Israel ignoraba que Eichmann proviniera de Argentina, enterándose de ello el 2 de junio; 2.-En la Argentina vivían muchos nazis; 3.-Un grupo de voluntario judíos, entre ellos algunos israelíes, sacó a Eichmann con su pleno consentimiento, como consta en una carta escrita por este en mayo de 1960, al ser descubierta su verdadera identidad; 4.-Se expresaba el pesar del gobierno israelí por la situación planteada, en cuanto a la soberanía nacional argentina. Como contestación, el 8 de junio, el Ministerio de Relaciones Exteriores envió a la embajada un documento donde se reclamaban los puntos de vista israelíes y se exigía la punición de los individuos culpables de la violación del territorio nacional. Efectuada la restitución de Eichmann, el gobierno israelí tendría abierta la vía para solicitar su entrega por los medios previstos en el Derecho

de 1961. De acuerdo con el modelo procesal anglosajón, la acusación ante la *District Court of Jerusalem*[148] se articuló en los siguientes 12 *cargos*[149]:

Charge 1: He was ultimately responsible for the murder of millions of Jews.

Charge 2: He placed these Jews, before they were murdered, in living conditions designed to kill them.

Charge 3: He caused them grave physical and mental harm.

Charge 4: He took actions which resulted in the sterilization of Jews and otherwise prevented childbirth.

Internacional. De lo contrario, la Argentina referiría el caso a Naciones Unidas, de acuerdo a la obligación que pesa sobre todos sus miembros, según el artículo segundo, párrafo tercero de la Carta, y que podía cumplimentarse por cualquiera de los procedimientos indicados en los artículos 33 al 38 de la misma. Al haber obtenerse contestación, el 15 de junio, el representante permanente de la Argentina ante las Naciones Unidas, Mario Amadeo, elevó una carta al Presidente del Consejo de Seguridad. Esta carta fue acompañada por un memorando explicativo mediante el que Argentina expuso toda la situación, y solicitó que el caso fuera tratado por el Consejo de Seguridad, por entender que el mismo estaba implícitamente recogido en las disposiciones de los artículos 34 y 35, párrafo 1, de la Carta. El Consejo de Seguridad, en su 868ª sesión, celebrada el 23 de junio de 1960, aprobó una resolución donde tras haber considerado la denuncia de la violación de la soberanía argentina, dictaminó lo siguiente:

➢ -Declaraba que hechos como el considerado que apartan la soberanía de un estado miembro y por consiguiente provocan una fricción internacional, podían poner el peligro la paz y la seguridad internacionales.

➢ -Requería al gobierno de Israel que procediera a una adecuada reparación de conformidad a la Carta de las Naciones Unidas y las normas del Derecho Internacional.

➢ -Expresaba la esperanza de que mejoraran las relaciones tradicionalmente amistosas entre Argentina e Israel.

148.-En primera instancia se realizaron, ante la *District Court of Jerusalem*, un juicio que duró 107 sesiones. Se han publicado las actas correspondientes: *Volume I April 11, 1961 - May 8, 196,1 Sessions 1 - 30, and Written Submissions of the Defence*, en www.nizkor.org/hweb/people/e/eichmann-adolf/transcripts/Sessions/index-01.html; *Volume II May 8, 1961-May 24, 1961, Sessions 31-51*, en www.nizkor.org/hweb/people/e/eichmann-adolf/transcripts/Sessions/index-02.html; *Volume III May 24, 1961-June 29, 1961, Sessions 51-75*, en www.nizkor.org/hweb/people/e/eichmann-adolf/transcripts/Sessions/index-03.html; *Volume IV June 29, 1961-July 24, 1961, Sessions 75-107*, en www.nizkor.org/hweb/people/e/eichmann-adolf/transcripts/Sessions/index-04.html; *Volume V July 24, 1961-May 29, 1962*, en www.nizkor.org/hweb/people/e/eichmann-adolf/transcripts/Sessions/index-05.html.

149.-GROBMAN, Gary, "Charges against Eichmann", en www.pbs.org/eichmann/study4.htm.

Charge 5: He caused the enslavement, starvation, and deportation of millions of Jews.

Charge 6: He caused general persecution of Jews based on national, racial, religious and political grounds.

Charge 7: He spoiled Jewish property by inhuman measures involving compulsion, robbery, terrorism and violence.

Charge 8: That all of the above were punishable war crimes.

Charge 9: He deported a half-million Poles.

Charge 10: He deported 14,000 Slovenes.

Charge 11: He deported tens of thousands of gypsies.

Charge 12: He deported and murdered 100 Czech children from the village of Lidice.

Los crímenes de lesa humanidad se definían como cualesquiera de los siguientes actos: *asesinato, malos tratos, deportación para trabajos forzosos o con cualquier otra finalidad, de personas civiles de o en los territorios ocupados; asesinato o malos tratos infligidos a prisioneros de guerra o a personas en el mar; ejecución de rehenes; pillaje de bienes públicos o privados; destrucciones arbitrarias de ciudades, villas o aldeas y devastación no justificada por las necesidades militares.* De conformidad con la ley israelí, la definición de crimen contra la humanidad difería de la consignada en el Estatuto del Tribunal de Nüremberg. De hecho, no era necesario establecer un nexo entre la comisión de un crimen de lesa humanidad y cualquier otro (crímenes de guerra o crímenes contra la paz); lo que se exigía era que el delito hubiera sido perpetrado *durante* el régimen nazi.

ARENDT[150], escritora judía y testigo del juicio, demostró las insuficiencias jurídicas y la parcialidad que caracterizó este polémico proceso, así como las interferencias de la opinión pública israelí y judía en general. El hecho de haberse llevado a cabo en Israel, frente a un tribunal israelí y bajo la presión de las miles de familias judías víctimas del Holocausto, era suficiente para saber que la sentencia estaba escrita de antemano. Pero además, hubo otros elementos que contribuyeron a que la defensa resultara inútil, empezando porque sólo podía haber un abogado encargado de ella. SERVATIUS, su defensor, se enfrentó a la imposible tarea de tener el tiempo y la capacidad para recabar toda la información y apelar a los recursos necesarios. Tampoco se le dio la oportunidad de presentar testigos y su acceso a los archivos fue muy limitado. Esto lo ponía en plena desventaja frente a la Fiscalía, que aprovechó su capacidad testimonial para conmover a la opinión pública y al jurado. La parte acusadora presentó testigos que no aportaban ningún elemento al juicio, como los sobrevivientes de los campos del Este, en donde EICHMANN no realizó trabajo alguno:

150.-ARENDT, Hannah *Eichmann en Jerusalén: un estudio sobre la banalidad del mal*, op. cit. Se destaca que esta escritora es judía, con lo cual no se le puede acusar de parcialidad o de revisionismo filonazi. Arendt nació en Hannover en 1906, hija única de una acomodada familia judía. Hacia los 16 años había leído, según propia confesión, "prácticamente todo". Su interés por Kant y Soren Kierkegaard la llevó a matricularse en la Universidad de Marburgo, en 1924, para estudiar teología, pero una vez allí cayó bajo la influencia de Martin Heidegger, cuyas conferencias de esa época darían lugar a "Ser y Tiempo", tal vez la obra más relevante de la filosofía alemana de este siglo. Maestro y alumna, que se llevaban 17 años, mantuvieron una relación amorosa clandestina, breve y apasionada, que se inició en 1925 y terminó en 1927. En 1933, Heidegger se afilió al partido nazi, mientras Arendt, que había encontrado un nuevo mentor en el psiquiatra y filósofo Karl Jaspers, se involucraba en actividades contra el régimen de Hitler. Detenida por la policía, escapó tras ganarse la simpatía de unos carceleros, y se refugió en París. Allí conoció a Walter Benjamín (de cuyo pensamiento habría de ser una de las principales difusoras) y a quien sería su segundo marido, un obrero comunista llamado Heinrich Blücher. En Estados Unidos, Arendt se transformó rápidamente en una personalidad notable e influyente. El mayor esfuerzo de Arendt estuvo consagrado a repensar una comunidad humana en los términos en que la habían imaginado los griegos. El genocidio y los regímenes totalitarios eran uno de los resultados posibles de la modernidad política, y se hacía preciso confrontar ese legado de una manera que no fuera la simple nostalgia por el pasado liberal irrecuperable. Su libro sobre la revolución francesa y la americana y, casi al final de su vida, su obra filosófica más importante, "La Condición Humana", pretendían ajustar cuentas con Aristóteles y la tradición democrática y republicana. Desde su muerte en 1975, la obra de Hannah Arendt ha sido objeto de sucesivas relecturas. Cf. "Hannah Arendt, mujer en tiempos oscuros", *La Tercera Internet*, (22/Agosto/1999). Existe numerosa documentación sobre su

El proceso parecía más un espectáculo o un mitin donde los testigos eran oradores que hablaban sin interrupción, rara vez contestando preguntas de los abogados[151].

Otra de las desventajas fue la mala memoria del acusado. Hubo hechos que de haberlos mencionado podrían haberlo salvado de la pena de muerte, pero su abogado no tuvo la capacidad de hurgar en sus recuerdos. Sin embargo, la detallada investigación de ARENDT cambia la perspectiva sobre el destino que desempeñó el acusado como encargado de la deportación de judíos en el Tercer Reich. Trabajaba en el *Departamento de Emigración Judía*, desde donde planeaba el transporte hacia los ghettos y campos de concentración. En palabras de TERTSCH...

Eichmann cumplía órdenes y de eso se trataba, de fiabilidad, efectividad, bajo coste y perfecta distribución de recursos. Lo demás daba igual. Judíos, tornillos, cerdos o gases letales tenían que llegar a su hora a su sitio al menor coste[152].

ARENDT relata varios casos en los que EICHMANN mostró que el destino final de los judíos no le fue indiferente. A pesar de su inquebrantable lealtad y su incuestionable obediencia, parece ser que *se mostró débil* frente a los horrores que presenció en Auschwitz y en su conciencia inició la búsqueda de una *solución política* frente a la *solución física o final* del problema judío, es decir, prefería la expulsión al exterminio. Por ello, en algunas ocasiones modificó órdenes y negoció el transporte de judíos a campos donde sabía que aún no se asesinaba (como era el caso Lodz, contrario al de Riga o Minsk); a otros los envió a Palestina y por mucho tiempo jugó

---

asistencia al proceso, en calidad de corresponsal. Cf. "The Hannah Arendt Papers at the Library of Congress", en memory.loc.gov/ammem/arendthtml/arendthome.html.

151.-Ibíd.

152.-"El relojero del Holocausto", *El País*, 5 de marzo de 2000.

con la idea de crear un protectorado judío en Madagascar[153]. Su defensor llegó incluso a alegar (además de la previsible invocación del principio de la obediencia debida) que no se podía juzgar ni condenar a su representado por aplicación retroactiva de una norma penal, propia de un Estado, que ni siquiera existía al momento de cometerse los hechos. Caso de hacerse así, se violarían los principios básicos del Derecho Penal:

> Se va a juzgar a un hombre por los mismos actos que, de haber sido otros los vencedores, le hubieran otorgado honores y distinciones. (…). La ley por la que se juzga a Eichmann se refiere a acciones cometidas antes de la creación del Estado de Israel, fuera de las fronteras de este Estado y contra personas que no eran ciudadanos del mismo. El principio de jurisdicción territorial y el de protección personal se oponen a la comparecencia de un extranjero a un tribunal nacional.[154]

Como es de suponer, ninguna de estas alegaciones prosperó; tampoco se atendieron las razones de EICHMANN[155], ni en la primera instancia (*District Court of Jerusalem*), ni en la segunda, por apelación ante la *Supreme Court* de Israel[156], que confirmó la pena de muerte y ordenó la ejecución, que se realizó el 31 de mayo de 1962. No obstante, según YABLONKA[157], no hubo unanimidad en la naturaleza de la

---

153.-Ibíd.

154.-BAUMAN, Zygmunt, *Modernidad y holocausto*, Madrid: Ediciones Sequitur, 1997.

155.-Cf. GROBMAN Gary, "Eichmann's Final Plea", en www.pbs.org/eichmann/ownwords.htm.

156.-Cf. "In the Supreme Court Sitting as a Court of Criminal Appeal. Criminal Appeal No. 336/61. Adolf Eichmann - Appellant – Versus The Attorney General - Respondent. Appeal against conviction in the Criminal Case No. 40/61 of the District Court of Jerusalem, dated 12 December 1961, and against the sentence dated 15 December 1961 - pronounced by Their Honours, Judges Moshe Landau, Benjamin Halevi and Yitzchak Raveh", en www.nizkor.org/hweb/people/e/eichmann-adolf/transcripts/Appeal/.

157.-*Una investigación de Hanna Yablonka, historiadora israelí de la Universidad Ben Gurión, en Bersheba, permitió dilucidar que la ejecución del criminal de guerra no había sido aceptada por unanimidad por el entonces equipo de gobierno, como se sostuvo por años. Dos destacados miembros del gabinete israelí, incluido un futuro primer ministro, votaron contra la ejecución de Eichmann en una*

condena: no todos los miembros del tribunal votaron en un principio la muerte, quizás por los defectos de procedimiento que ha destacado ARENDT, quizás por considerar el juicio más político que jurídico, lo cual no limpiaba, en cualquier caso, la responsabilidad del acusado por su pasado, ni justificaba sus actos.

Lo irónico de estos casos es que demostraban que los ejércitos vencedores en la Segunda Guerra Mundial, o el propio Estado de Israel, podían actuar mal, en un plano de maldad y perversión del Derecho, semejante al de los hombres que perseguían y denostaban. Si en este caso, Israel actuó desde la ilegalidad internacional, cometió un secuestro y arbitró un juicio del que se sabía el resultado de antemano, en Vietnam, los mismos norteamericanos que lucharon contra las fuerzas del Eje, cometerían abusos dignos de los peores sucesos llevados a cabo por las fuerzas de ocupación japonesas. En la mañana del 16 de marzo de 1968 más de 100 soldados estadounidenses llegaron por helicóptero al poblado de My Lai y, sin encontrar resistencia ni enemigo, durante horas mataron a 350 civiles, la mayoría mujeres, niños y ancianos[158], en un ataque sistemático a la aldea. La Inteligencia Militar eligió una aldea, decidió *limpiarla* como ejemplo, sin indicios reales de presencia enemiga y se ordenó tal limpieza, sin remordimientos ni juicios morales, porque una guerra de contrainsurgencia no podía ser desarrollada con *tonterías de abogados en la cabeza*[159]. Es decir, algunos militares norteamericanos crearon una especie de *dictadura de los especialistas*, bajo el mando del general WESTMORELAND, y se pusieron voluntariamente al margen de lo querido por sus mandos y por el pueblo al que servían, cuyos representantes habían suscrito los

---

primera vuelta y sólo se unieron a la mayoría en una segunda ronda. Cf. "La prensa vuelve a exhumar el recuerdo de Adolf Eichmann", en www.mesianicos.com/noticias/eichman.htm.

158.-ADDICOTT, Jeffrey F.,"The 25th Anniversary of My Lai: A Time to Inculcate the Lessons", *Military Law Review* nº 153 (Winter 1993); PARKS, Hays W., "A Few Tools in the Prosecution of War Crimes", *Military Law Review* nº 149 (Summer 1995).

159.-SMITH, Bruce T., "His Professional Duty: A Profile of Judge Wayne E. Alley", *APR Fed. Law* nº 38 (March/April 1996).

instrumentos internacionales del Derecho Humanitario. La matanza de My Lai, en medio de una de las guerras más sangrientas de la historia estadounidense, fue una tragedia cuya herida aún no ha curado. Se ha demostrado que los comportamientos de los soldados, mandos y estado mayor norteamericanos fueron desastrosos, inmorales e ilegales[160] durante la planificación de la acción, la ocupación de la aldea y después, durante las investigaciones de los hechos[161]; e incluso en el consejo de guerra del teniente CALLEY[162] (supuesto único responsable), un oficial de complemento mediocre, con mala formación y que era incapaz de leer un mapa con exactitud, ni situar a sus subordinados en el mismo, respecto al terreno[163]. También es cierto que la presión a la que estaban sometidas las unidades norteamericanas era muy fuerte, y que el enemigo al que se enfrentaban era brutal y violaba, a su vez, las leyes de la guerra[164].

160.-GERSHEN, Martin, *Destroy or Die: The True Story of My Lai*, Nueva York: Arlington House, 1971; BILTON, Michael; y SIM, Kevin, *Four Hours in My Lai*, Nueva York: Viking, 1992; y WALZER, Michael, *Guerras justas e injustas. Un razonamiento moral con ejemplos históricos*, Barcelona: Paidós, 2001.

161.-Las primeras investigaciones oficiales ocultaron la verdad, con plena conciencia. En el informe correspondiente, se lee lo siguiente: *Entrevistas con el Teniente Coronel Frank A. Barker, comandante de la Task Force; el Mayor Charles C. Calhoun, S3 de la Fuerza de Tarea; el Capitán Ernest L. Medina, Oficial al Mando de la Cía C, 1-20; y el Capitán Earl Michles, Oficial al Mando de la Compañía B, 4-3, revelaron que en ningún momento los soldados norteamericanos reunieron ni mataron civiles. Los habitantes civiles en el área empezaron a replegarse al sudoeste tan pronto como empezó la operación y al transcurrir la primera hora y media todos los civiles visibles habían despejado el área de operaciones.* Cf. "COMUNICADO OFICIAL DE LA SECRETARÍA DEL EJÉRCITO, Cuartel General, 11ª Brigada de Infantería, División Americal, APO San Francisco 96217, XICO 24, Abril de 1968, ASUNTO: Informe de Investigación, Comandante General, División Americal APO SF 96374", en www.temakel.com/histmatanzademilay.htm#COMUNICADO%20OFICIAL%20SECRETARÍA%20DEL%2 0EJÉRCITO. Su punto 4 c) es, probablemente, el más curioso: 4. (C) *Se concluye afirmando que 20 individuos no combatientes resultaron accidentalmente muertos cuando quedaron atrapados entre los fuegos preparatorios y los fuegos cruzados de las fuerzas norteamericanas y del Vietcong, el 16 de marzo de 1968. Además se concluye afirmando que los soldados norteamericanos no reunieron a los civiles ni dispararon contra ellos. La acusación de que las fuerzas norteamericanas dispararon y mataron de 400 a 500 civiles obviamente es una campaña publicitaria del Vietcong para desacreditar a Estados Unidos ante los ojos del pueblo vietnamita en general y en particular, ante lo ojos de los soldados del Ejército de la República de Vietnam.*

162.-HAMMER, Richard, *The Court-Martial of Lt. Calley*, Nueva York: Coward, 1971.

163.-BILTON, Michael; y SIM, Kevin, *Four Hours in My Lai*, op. cit.

164.-*En 32 días, la Compañía C, integrada por unos 100 hombres, sufrió 42 bajas. Calley también había visto atrocidades cometidas por los Vietcong. Una noche, los Vietcong capturaron a uno de sus hombres y estuvo oyendo sus gritos durante horas a menos de 30 m. de distancia. Calley pensó que los Vietcong*

El 1º Batallón, de la 20 Brigada de Infantería estaba constituido por varias Compañías, entre ellas, la C (*Charlie*). El batallón había sido formado en 1966 en Hawai y adiestrado durante nueve meses, antes de ser desplegado en zona de operaciones. Todo parece indicar que era una unidad común, que no destacaba por nada negativo. Los soldados llevaban en Vietnam tres meses cuando ocurrió la matanza[165]. La investigación del Ejército reveló que el 87 % de los suboficiales en la Compañía *Charlie* tenían títulos de licenciado, casi 20 % más de lo que era común para el Ejército. El porcentaje para otros empleos era de 70 %, un poco más elevado que el promedio. La Compañía *Charlie* se diferenciaba muy poco de las demás[166], e incluso, bajo mando del capitán ERNEST MEDINA, obtuvo varias felicitaciones y citaciones y fue reconocida como la mejor de su Batallón. Durante enero de 1967, fue seleccionada para formar un batallón *ad hoc,* denominado *Task Force Baker,* destinado a acciones de contrainsurgencia en la selva. La mañana del 16 de marzo de 1968, tres compañías de la 11ª Brigada de Infantería iniciaron una operación de búsqueda y destrucción en el área de My Son. El objetivo de la Compañía C era el 48º Batallón del Vietcong, que según los servicios de inteligencia, tenía su base en un caserío conocido como My Lai-4 (en realidad, la aldea, My Son, al este del Distrito de Son Tinh, era la suma de varios caseríos, a los que se numeró con My Lay-1, My Lai-2, etc.). Los norteamericanos comenzaron lanzando un ataque helitransportado y no encontraron resistencia en la zona de aterrizaje. Desde ella, el capitán ERNEST MEDINA envió a las secciones 1ª y 2ª explorar el poblado, al mando del teniente CALLEY. Todo parece indicar que el capitán ordenó de forma confusa la eliminación de quien se encontrara en la aldea, o al menos así lo entendieron sus subordinados.

---

debían de tener altavoces, pero no. Le habían despellejado vivo, dejándole sólo la piel de la cara; luego le sumergieron en agua con sal y le arrancaron el pene. Calley también había visto a un jefe de una aldea destrozado moralmente después de encontrar en la puerta de su casa una tinaja de barro dejada por los Vietcong, llena de un líquido que parecía salsa de tomate. Dentro había fragmentos de huesos, pelos y trozos de carne humana flotando. Era su hijo. Ibíd.

165.-Ibíd., p. 51 y sis.

166.-Ibíd.

En cuanto entraron en el caserío, comenzó el asesinato de toda persona que se encontrase en él[167]: las declaraciones documentadas son escalofriantes. El suboficial

---

167.-Basten estas notas tomadas de la documentación oficial norteamericana, para saber cómo se desarrolló la acción. *Las tropas gritaban dentro de las pequeñas chozas para que sus habitantes salieran, y les indicaban con señales de mano que debían salir. Si nadie respondía, tiraban granadas dentro de los refugios y casamatas. Muchos soldados no se molestaron en usar este procedimiento y lanzaron granadas de mano dentro de las chozas, estuvieran o no ocupadas. Algunos grupos pequeños de personas se empezaron a reunir, en una parte del caserío, creando un grupo más nutrido de entre 50 y 60 ancianos, mujeres y niños. Algunas eran madres que llevaban a sus bebés en brazos, y otras estaban tan heridas que difícilmente podían caminar. Minutos después de entrar a My Lai, un soldado se topó con una choza que había sido ametrallada, en ella descubrió a tres niños, una mujer con una espantosa herida abierta en el costado, y a un anciano en cuclillas, casi incapaz de moverse por las graves heridas que tenía en ambas piernas. El soldado apuntó su pistola calibre 45 a la cabeza del anciano y tiró del gatillo, volándole la tapa de los sesos... Dos soldados se sorprendieron cuando una mujer, que cargaba un bebé en sus brazos y arrastraba a otro niño que apenas sabía caminar, salió corriendo de una choza de bambú. Uno de ellos disparó y la hirió. Una anciana, con una granada M-79 sin explotar dentro de su estómago abierto, se divisó tambaleante por la senda. Un anciano que llevaba puesto un sombrero de paja y estaba sin camisa (era obvio que iba desarmado) se encontraba junto a un búfalo, en un arrozal, a unos 50 metros de distancia. Miembros del 1er. Pelotón dispararon inmediatamente contra el anciano después de que éste alzó las manos, mientras el teniente Calley observaba. Un soldado apuñaló con su bayoneta a un granjero vietnamita de mediana edad, sin ninguna razón aparente. Luego, mientras la víctima estaba en el suelo jadeando para respirar, el soldado lo remató. Este mismo soldado entonces agarró a otro hombre que estaba siendo detenido, le disparó en la nuca, tiró su cuerpo en un pozo, y lanzó una granada M-26 dentro del mismo. Un soldado que caminaba descarriado, encontró a una joven mujer con un niño de unos cuatro años de edad. La obligó a satisfacer oralmente sus deseos sexuales mientras apuntaba con su arma a la cabeza del niño, amenazando con matarlo. Cuando apareció el teniente Calley, le ordenó disgustado al soldado que se subiera los pantalones y que fuera a donde se suponía que debía estar En un punto, a pesar de todo el pandemonium, el 1er. y 2° pelotones se solaparon cuando el flanco derecho del 2° pelotón cruzó el sendero que cruzaba el flanco izquierdo del 1er. pelotón. Tropas del 1er. pelotón que llevaban caminando a un pequeño grupo de aldeanos para que fueran investigados, fueron abordados por un soldado del 2° pelotón quien airado insistió en que mataran a los aldeanos en ese momento. Solicitó un M-16 a cambio de su M-79, para iniciar él mismo la ejecución. Cuando rehusaron dárselo, tomó el M-16 de un soldado y disparó a la cabeza de un granjero vietnamita. Después se calmó. Tres escuadras de soldados del 2° pelotón se acercaron en línea, lado a lado, vaciando las viviendas y luego lanzando granadas de fragmentación adentro de ellas. También dispararon fuego automático en ellas. Un grupo de niños de entre 6 y 7 años de edad que venía hacia ellos rápidamente fue abatido. Otro grupo de vietnamitas murió (bajo el fuego automático de ametralladoras y de fusiles M-16) frente a una choza, después de haberse apiñado en ella, tratando de protegerse. Un jefe de escuadra dijo a sus soldados que no le gustaba lo que estaban haciendo, pero que había que cumplir las órdenes. Un soldado disparó contra una mujer que tenía un bebé, a una distancia de aproximadamente 25 metros. Casi cercenó su brazo derecho. Un frágil trozo de carne era lo único que lo sostenía unido al resto del cuerpo. Ella corrió hacia una choza, llevando aún así cargado a su bebé; alguien gritó que los mataran a los dos. Una mujer de mediana edad que trataba de salir de un túnel valiéndose para ello de ambas manos (y revelando así, claramente, que estaba desarmada) murió por los disparos de un equipo de ametralladora. Este mismo equipo abrió fuego contra cualquier vietnamita que encontrara en su camino. El escenario continuó siendo de caos y confusión, con gente que corría y gritaba. Algunas de las tropas temían ser víctimas de los disparos de sus propios compañeros. En un área despejada cerca de una pequeña choza, un grupo de quince vietnamitas se había reunido, cuatro mujeres de unos treinta años de edad, tres de unos cincuenta, tres jóvenes adolescentes y cinco niños de entre 3 y 14 años. Un soldado gritó una alerta para que cualquier soldado que estuviera detrás del grupo de vietnamitas se protegiera porque iban a abrir fuego. El primer disparo contra este grupo penetró la cabeza de un niño que su madre llevaba*

HUGH C. THOMPSON, piloto de un helicóptero de observación y testigo de los hechos, comenzó a lanzar granadas fumígenas para que pudiera localizarse a los heridos civiles y evacuarlos. Cuando vio que sus compañeros en tierra se guiaban por el humo para llegar hasta los heridos y rematarlos, se quedó atónito. Finalmente, aterrizaría e intentaría parar la matanza, por lo cual sería condecorado tiempo después. Media hora más tarde, MEDINA envió a la 2ª sección al poblado de Bihn Tay, donde violaron a más jóvenes, antes de capturar entre 10 y 20 mujeres y niños

---

cargado, haciéndole volar la tapa posterior de los sesos al menor. Otros empezaron a disparar también; ninguno se detuvo hasta haber matado a todo el grupo. Un soldado lanzó dos proyectiles desde su lanzagranadas M-79 contra un grupo de vietnamitas que estaban sentados en el suelo. La primera granada erró, la secunda cayó entre ellos con un impacto devastador. Sin embargo, algunos de ellos pudieron sobrevivir la explosión. Otro soldado acabó con ellos. Un tercer soldado se detuvo junto a un túnel y gritó para que salieran sus ocupantes. Los vietnamitas que lo ocupaban estaban empezando a salir, pero el soldado tiró adentro una granada de todas formas. Detrás de los pelotones 1 y 2, el grupo de mando del Capitán Medina formó una línea de seguridad afuera de un arrozal detrás del perímetro occidental de My Lai 4. Habían transcurrido cerca de 45 minutos desde que las primeras tropas entraron a la aldea y el Capitán Medina esperaba para dar la orden de partir al 3er. pelotón. El 1er. pelotón reunió a un grupo numeroso de entre 50 y 60 vietnamitas. Ellos estaban en cuclillas y había entre ellos de 10 a 15 varones con barba y diez mujeres, así como unas cuantas ancianas de cabello blanco que difícilmente podían caminar. El resto del grupo lo integraban niños de todas las edades - desde bebés hasta jóvenes adolescentes. Para ese entonces el teniente Calley había recibido dos llamadas de radio de un ansioso Capitán Medina, que exigía saber qué estaba sucediendo con su pelotón y a qué se debía el lento progreso a través del caserío. Calley respondió que un grupo numeroso de vietnamitas que habían reunido estaba retardando el avance del pelotón. El capitán Medina le ordenó que "los eliminara". Calley se acercó a dos soldados que cuidaban al grupo de civiles y les dijo "encárguense de ellos". Los dos soldados respondieron "está bien". El otro soldado participó en el asesinato con el teniente Calley, pero no pudo continuar y dejó de disparar casi al final, con lágrimas que rodaban por sus mejillas. En este momento, el soldado que no había participado vio que solamente unos pocos niños continuaban vivos. Sus madres se habían abalanzado sobre ellos como último recurso para proteger con sus cuerpos a los pequeños de la constante lluvia de balas. Los niños trataban de pararse. El Teniente Calley abrió fuego matándolos uno por uno. Luego el Teniente Calley dijo "Ya está bien, vámonos." Diez miembros del primer pelotón vigilaban a un grupo de cuarenta a cincuenta vietnamitas en una zanja de irrigación. Mientras el Teniente Calley interrogaba a un monje budista a través de un intérprete, un niño de aproximadamente dos años de edad de alguna manera salió gateando de la zanja sin que los soldados lo notaran. Calley caminó hacia el niño, lo alzó, lo tiró en la zanja y luego disparó contra él, antes de regresar para continuar con el interrogatorio del monje. Cansado de interrogarlo, Calley tiró de él, lo echó a empujones en el arrozal, y abrió fuego con su M-16. Mientras tanto, los soldados continuaban escoltando y forzando a los aldeanos vietnamitas a permanecer en la zanja de irrigación. Algunos fueron empujados, otros, lanzados; algunos saltaron ellos mismos; y otros continuaron sentados en el borde, esperando porque sabían que al estar en la zanja el final era inminente. Después que el teniente Calley lanzó a una mujer herida en la zanja, se volteó hacia un soldado y le ordenó: "Cargue su ametralladora y dispare contra esta gente". Al responder el soldado: "Yo no voy a hacer eso", el teniente Calley le apuntó su M-16 amenazando con dispararle en ese momento. El enfrentamiento terminó cuando el teniente Calley retrocedió luego de intervenir otros soldados. El relato continúa con otros asesinatos a sangre fría. Cf. RAIMONDO, Tony, "La Masacre de My Lai: Estudio de un Caso, Programa de Derechos Humanos, Escuela de las Américas, Fuerte Benning, Georgia", www.fsa.ulaval.ca/personnel/vernag/EH/F/cons/lectures/mylaisp.htm

para asesinarlos. En total, murieron entre 172 y 347 personas, todos ellos ancianos, mujeres y niños. El capitán MEDINA informó que habían contado 90 cuerpos del Vietcong *no civiles*. El oficial de prensa de la división anunció que se había dado muerte a 128 enemigos, detenido a 13 sospechosos, y capturado 3 armas. Pronto circularían rumores sobre el asesinato, sobre todo cuando el Vietcong distribuyó panfletos denunciando la atrocidad y el Ejército los intervino, aunque se decidió que no había *fundamentos suficientes* para una investigación. Pero el asunto dio un giro importante cuando un periodista, que prestaba su servicio militar en Vietnam, RONALD RIDENHOUR, conocedor de tales rumores, se interesó por el caso. Cuando fue licenciado, remitió los testimonios que había reunido a 30 políticos, y solamente el congresista MORRIS UDALL, de Arizona, presionó al Ejército para que enviara un equipo de investigación a entrevistarse con RIDENHOUR. Seis meses más tarde y unos dieciocho después de la matanza, el teniente CALLEY fue acusado de asesinato, junto con MEDINA y once oficiales y soldados más. CALLEY fue imputado de acuerdo con los siguientes cargos[168]:

Calley was charged with four specifications alleging premeditated murder in violation of Article 118 of Uniform Code of Military Justice:

Art. 118. Murder

Any person subject to this chapter who without justification or excuse, unlawfully kills a human being when he-- 1) has a premeditated design to kill; 2) intends to kill or inflict great bodily harm; 3) is engaged in an act which is inherently dangerous to others and evinces a wanton disregard of human life; or 4) is engaged in perpetration or attempted perpetration of burglary,

168.-Ibíd. Cf. "Documents relating to the Court Martial of William L. Calley", en www.law.umkc.edu/faculty/projects/ftrials/mylai/MYL_ctchar.htm.

sodomy, rape, robbery, or aggravated arson; is guilty of murder, and shall suffer such punishment as a court-martial trial may direct.

The specifications:

Specification 1: In that First Lieutenant William L. Calley, Jr. ...did, at My Lai 4, Quang Ngai Province, Republic of South Viet-Nam, on or about 16 March 1968, with premeditation, murder an unknown number, not less than thirty, Oriental human beings, males and females of various ages, whose names are unknown, occupants of the village of My Lai 4, by means of shooting them with a rifle.

Specification 2: In that First Lieutenant William L. Calley, Jr...did, at My Lai 4, Quang Ngai Province, Republic of South Viet-Nam, on or about 16 March 1968, with premeditation, murder an unknown number, not less than seventy, Oriental human beings, males and females of various ages, whose names are unknown, occupants of the village of My Lai 4, by means of shooting them with a rifle.

Specification 3: In that First Lieutenant William L. Calley, Jr...did, at My Lai 4, Quang Ngai Province, Republic of South Viet-Nam, on or about 16 March 1968, with premeditation, murder one Oriental male human being, whose name and age is unknown, by shooting him with a rifle.

Specification 4: In that First Lieutenant William L. Calley, Jr...did, at My Lai 4, Quang Ngai Province, Republic of South Viet-Nam, on or about 16 March 1968, with premeditation, murder one Oriental human being, an occupant of the village of My Lai 4, approximately two years old, by shooting him with a rifle.

El tercer aniversario de la matanza, 16 de marzo de 1971, el consejo de guerra se reunió para deliberación, por dos semanas, y declaró culpable al teniente CALLEY del asesinato *de un mínimo* de 22 civiles. Fue sentenciado a cadena perpetua y trabajos forzados, aunque la pena se reduciría a 20 y, luego, a 10 años. Finalmente, fue puesto en libertad el 19 de noviembre de 1974, por indulto presidencial de NIXON, después de tres años y medio de arresto domiciliario: menos de dos meses por cada uno de los asesinatos por los que fue declarado culpable y menos de cuatro días por cada uno de los civiles muertos en My Lai. El resto de los acusados fueron declarados inocentes. Ni MEDINA, jefe directo de CALLEY, ni ningún soldado, ejecutor material de la matanza, fueron condenados. Todo parece indicar que hubo muchos casos semejantes: en otras aldeas perdidas en la selva vietnamita, se asesinó impunemente, bajo la excusa de acciones contrainsurgentes o de control de la población civil[169]. El proceso no fue justo, pero los gritos de los muertos retumbarían en la conciencia del ejército norteamericano de tal forma que, después de los hechos, no ha habido marcha atrás para una opinión pública mundial, que controlado a sus fuerzas en ulteriores campos de batalla.

10.-Nuevos conceptos. La limpieza étnica

En la época, que un tanto arbitrariamente se inicia con la caída del muro de Berlín, aparecen nuevos conceptos, porque se siente que la definición de genocidio establecida después de la Segunda Guerra Mundial no contempla la realidad en toda su profundidad. Aparecen el *etnodicio*, el *genocidio cultural*, el *ecocidio,* el *generocidio*, el *democidio*, la violencia *por orientación sexual,* etc. El que ha tenido más desarrollo teórico ha sido el *generocidio*. Como primera aproximación, partiremos del concepto acuñado al respecto por WARREN, que es al término lo que LEMKIN al genocidio: su creadora. Para esta autora, el generocidio es un asesinato masivo

_____

169.-Ibíd. Cf. Mundo-rodelu.net.

género-selectivo, de tal manera que los asesinados tendrían como elemento en común, y causa del propio crimen, su pertenencia o bien al género femenino o al masculino. WARREN[170] (que planteaba su estudio desde una perspectiva feministas previa, que partía de la consideración exclusiva de víctimas femeninas) dibujó una analogía entre el concepto de genocidio y lo que ella llamó *generocidio*. Esta primera definición es más de tono coloquial o periodístico de jurídico, ya que el *genocidio de género* debería haberse definido teniéndose presentes otras conductas además del asesinato.

El generocidio se ha cometido desde tiempos remotos. WARREN ha estudiado, como ejemplos concretos, el infanticidio femenino en la antigüedad, la mortalidad maternal, la cacería de brujas en los primeros años de la Europa moderna, y otras atrocidades y abusos contra mujeres; así como las violaciones masivas de mujeres seguidas de asesinatos, como ocurrió en Nanjing en 1937 y Bangladesh en 1971; la *matanza de Montreal* (1989), la eugenesia comunista china, la limpieza étnica de Bosnia y Kosovo, la violencia sexual en tiempo de guerra, etc. La dificultad mayor que ofrece la construcción teórica de WARREN sobre el generocidio es que, como definición no va seguida de un análisis inclusivo de asesinatos masivos de hombres no-combatientes, quizás por influjo de las corrientes feministas de finales del siglo XX, en las que, a la postre, hunde sus raíces. Sin embargo, y pese al *pensamiento único feminista*, los asesinatos masivos género-selectivos dirigidos por el Estado han tenido abrumadoramente como objetivo a los varones a través de la historia y este fenómeno está penetrando en el mundo moderno también. A pesar haber prevalecido el generocidio contra varones, especialmente jóvenes en edad de movilización (en inglés, *battleage men*), este tema ha recibido poca atención por parte de instituciones políticas, iniciativas humanitarias y disciplinas académicas. Nos encontramos, probablemente, ante unos de los grandes tabúes de la actualidad,

---

170.-"¿Qué es el generocidio?", en www.gendercide.org/que_es_generocidio.html.

eclipsados por la atención dada al generocidio femenino, en sus múltiples manifestaciones, debido en parte a la conexión ideológica que existe entre el movimiento feminista y los partidos de izquierda, ya que dos de los mayores generocidios de esta naturaleza (las purgas soviéticas y el caso de las fosas de Katyn) fueron cometidos por la URSS. El estudio de la realidad[171] demuestra que los casos de generocidio masculino superan al femenino, de lo cual se deduce que los varones son, realmente las víctimas de las más severas atrocidades género selectivas en tales situaciones: Alemania, URSS, Polonia, Paraguay, Indonesia, Bosnia-Herzegovina, Kashmir/Punjab/, Sri Lanka, Burundi, Colombia, Kurdistán, Kosovo, Timor...Posiblemente el asesinato masivo realizado en menos tiempo fue el 2,8 millones de prisioneros de guerra soviéticos, por las fuerzas alemanas, en sólo ocho meses, entre 1941y 1942, todos ellos varones. A pesar que las pensadoras feministas han buscado moverse más allá de los parámetros tradicionales político-militares del conflicto y la violencia (*viciados* en tanto han sido construidos intelectualmente por varones y eran, a la postre, *superestructuras mentales machistas*), es preciso comprender que las instituciones enraizadas profundamente en la historia de la humanidad han sido constantemente *generocidas* en su actuar respecto a los varones.

Para mayor confusión, en la Posguerra Fría surge un nuevo término en el que se engloban los delitos contra la humanidad y el genocidio, de forma un tanto espontánea, y muy extendida gracias a los medios de comunicación: la *limpieza étnica*. Quizás sea más exacto aludir a este concepto como método que como delito en sí mismo. De acuerdo con el *Comité para la Eliminación de la Discriminación Racial*, de Naciones Unidas, es un *eufemismo utilizado para designar la*

171.-RUMMEL, R. J., "How many did communist regimes murder?", op. cit.

exterminación de un grupo étnico[172]. La CSCE (hoy OSCE) la definió mediante una enumeración de sus contenidos en multitud de documentos: *violación de las normas humanas básicas, violaciones de los derechos humanos y del derecho internacional humanitario, la deportación en masa...*[173] Por su parte, la Conferencia Mundial de Derechos Humanos, en su *Declaración y Programa de Acción de Viena* (de 25 de Junio de 1993)[174] establecía en sus puntos 28, 23 y 24, su visión sobre este concepto:

23.-La Conferencia Mundial de Derechos Humanos subraya que todas las personas que cometan o autoricen actos delictivos relacionados con la "limpieza étnica" son responsables a título personal de esas violaciones de los derechos humanos, y que la comunidad internacional debe hacer todo lo posible para entregar a la justicia a los que sean jurídicamente responsables de las mismas.

24.-La Conferencia Mundial de Derechos Humanos pide a todos los Estados que, individual y colectivamente, adopten medidas inmediatas para luchar contra la "limpieza étnica" y acabar con ella sin demora. Las víctimas de la abominable práctica de la "limpieza étnica" tienen derecho a entablar los recursos efectivos que correspondan.

28.-La Conferencia Mundial de Derechos Humanos expresa su consternación ante las violaciones masivas de los derechos humanos, especialmente el

---

172.-Comité para la Eliminación de la Discriminación Racial, de Naciones Unidas, acta resumida de la 1195ª sesión, *Bosnia and Herzegovina, Jordan, Nepal. 20/03/97.* CERD/C/SR.1195, en www.unhchr.ch/tbs/doc.nsf.

173.-Conferencia sobre la Seguridad y la Cooperación en Europa (CSCE), *Tercera Reunión del Consejo, 14-15 de diciembre de 1992, Resumen de las Conclusiones, Decisiones para el arreglo de controversias por medios pacíficos*; también CSCE, Cuarta Reunión del Consejo, 30 de noviembre - 1 de diciembre de 1993. *La CSCE y la Nueva Europa - Nuestra Seguridad es Indivisible.* Decisiones de la Reunión del Consejo en Roma; ambos en Internet, www.osce.org/docs/spanish.

174.-www.lander.es/~lepddhh/art5.html.

genocidio, la "limpieza étnica" y la violación sistemática de mujeres en situaciones de guerra, lo que da lugar al éxodo en masa de refugiados y personas desplazadas. Condena firmemente esas prácticas odiosas y reitera su llamamiento para que se castigue a los autores de esos crímenes y se ponga fin inmediatamente a esas prácticas.

No existe una definición clara de la limpieza étnica, ni tampoco jurídica, por lo cual debe estimarse que es más un término coloquial, de mayor o menor éxito, que un concepto jurídico establecido en un Tratado Internacional. Al respecto, JETT ha señalado que es un...

...término que muchos escuchamos pero pocos realmente entendemos su significado. No es un concepto abstracto, sino implica varias actividades concretas y prácticas que constituyen violaciones masivas de derechos humanos fundamentales. [175]

De acuerdo con la experiencia deducida de las guerras contemporáneas de Yugoslavia, este autor distingue los distintos elementos que forman la *limpieza étnica*:

-Concentración. Rodear el área que va a ser limpiada y luego de advertir a los residentes serbios -a menudo se les pide que ellos también abandonen sus hogares o por lo menos marquen sus casas con banderas blancas-, intimidar a la población objeto de la "limpieza" (llámese croatas o albano-kosovares) con fuego de artillería y ejecuciones arbitrarias, y luego llevarlos fuera de sus hogares hacia las calles.

-Decapitación. Ejecutar a los líderes políticos y a aquellos que sean capaces de tomar sus lugares: abogados, jueces, funcionarios públicos, escritores,

---

175.-ekeko.rcp.net.pe/usa/amboths.htm.

profesores, etc.

-Separación. Dividir a las mujeres, niños y ancianos de los hombres en edad de pelear (entre 16 y 60 años).

-Evacuación. Transportar a las mujeres, niños y ancianos a la frontera, expulsándolos a un territorio o país vecino.

-Liquidación. Ejecutar a los hombres en edad de pelear y deshacerse de sus cuerpos.

Es así como las tropas serbias "limpiaron" más del 70 por ciento del territorio bosnio en sólo seis semanas durante la primavera boreal de 1992, "limpiaron" parte del territorio kosovar el año pasado y lo continúan haciendo este año.

Una de las manifestaciones peores de la limpieza étnica es la agresión sexual. En la actualidad, se ha estimado que las mujeres y las personas que dependen de ellas constituyen 70 por ciento de los 23 millones de refugiados que malviven en el mundo. Ello no solo no impide, sino que facilita que sufran, como consecuencia de la guerra, muerte, invalidez física, traumas de por vida orfandad, analfabetismo, enfermedad y pobreza. Es a ellas a quienes se les deja la manutención de las familias. Con frecuencia, las mujeres son víctimas de torturas, desapariciones y abuso sexual sistemático como arma de guerra. Al mismo tiempo, no tienen ninguna participación en las decisiones con respecto a conflictos regionales o internos [176].

176.-serpiente.dgsca.unam.mx/cinu/

11.-¿Conflictos internacionales o internos?

Otra cuestión que es preciso resolver es si las normas vistas se aplican en todo tipo de conflictos. Adelantemos nuestra postura: sí, sin duda. Hoy en día, la mayoría de los conflictos armados no son internacionales. Tomemos como ejemplos Camboya, Yugoslavia, Somalia o Ruanda. La voluntad exigir a los autores de las atrocidades cometidas en ellos, la responsabilidad de sus actos, se expresa cada vez con mayor firmeza; el Derecho de los derechos humanos, por su parte, ya ha contribuido, con su evolución, al retroceso del argumento de la soberanía absoluta. La confluencia de estas circunstancias, proclama la necesidad de que se reconozca una competencia universal para la represión de las violaciones graves del Derecho Internacional Humanitario aplicable a los conflictos no internacionales. Pero, ¿qué sucede en la realidad? ¿Se reconoce efectivamente la competencia de los Estados en la persecución y el procesamiento de los autores de tales violaciones? ¿Qué forma adopta? ¿Cuales son sus perfiles?

Con respecto al crimen de genocidio, bastará con recordar muy brevemente que desde mediados del siglo XX[177], se reconoce la índole consuetudinaria de los principios en los que se fundamenta la Convención del 1948, cuyo artículo 1 lo declara crimen contra el Derecho de Gentes, ya sea en tiempo de paz o en tiempo de guerra; la Corte Internacional de Justicia ha confirmado que no cabe distinguir entre conflicto internacional y conflicto interno con respecto a la obligación de prevención y represión que, según la Convención, incumbe a los Estados[178].

177.-Cf. La opinión consultiva de la Corte Internacional de Justicia relativa a las *Réserves à la Convention pour la prévention et la répression du crime de génocide*, avis consultatif du 18 mai 1951, *Recueil des arrêts, avis consultatifs et ordonnances* (en adelante *Recueil*), 1951, p. 23.

178.-*Affaire relative à l'application de la Convention pour la prévention et la répression du crime de génocide (Bosnie-Herzégovine c. Yougoslavie), exceptions préliminaires*, arrêt du 11 juillet 1996, par. 31.

En cuanto a los crímenes contra la humanidad, en el informe del Secretario General relativo al proyecto de Estatuto del Tribunal Penal Internacional para Antigua Yugoslavia (TPIY), se indicaba que éstos podían tener lugar tanto durante un conflicto interno como internacional[179]. Esta afirmación fue reforzada por la aprobación del Estatuto de los dos tribunales penales internacionales. En el de la Antigua Yugoslavia, se indica (artículo 3) que cubre ambos conflictos; y los crímenes contra la humanidad figuran en el artículo 3 del relativo a Ruanda. Esta postura fue refrendada por la sala de apelación del Tribunal para la Antigua Yugoslavia en el caso *Tadic*: *la ausencia de relación entre los crímenes contra la humanidad y un conflicto armado internacional es hoy una regla establecida en Derecho Internacional consuetudinario*[180].

Los crímenes contra la paz (*crímenes de agresión*) implican una problemática diferente, por lo que habría que estudiar el conjunto de las demás violaciones del Derecho Internacional y examinar si alguna de ellas, por su importancia, ha tenida por delito, con la consiguiente responsabilidad penal de su autor. Visto lo anterior, cabe preguntarse: ¿pueden cometerse *crímenes de guerra* durante conflictos internos?

La existencia de normas convencionales y consuetudinarias aplicables a los conflictos internos no suscita duda alguna. La cuestión de si las normas del Derecho Humanitario se dirigen únicamente a los Estados (que serían entonces los únicos en comprometer su responsabilidad en caso de incumplimiento) o si se dirigen también al individuo que podría, por lo tanto, violarlas directamente con su conducta, parece hoy resuelta a favor de la segunda posibilidad, en caso de cualquier conflicto. Las

---

179.-Doc. ONU S/25704, *Rapport du Secrétaire général établi conformément au paragraphe 2 de la Résolution 808 (1993) du Conseil de sécurité*, 3 mai 1993, p. 14, § 47.

180.-Tribunal Penal Internacional para ex Yugoslavia, *Le Procureur c/ Dusko Tadic alias «Dule»: Arrêt relatif à l'appel de la défense concernant l'exception préjudicielle d'incompétence*, arrêt du 2 octobre 1995, affaire n° IT-94-1-AR72, p. 80, § 141.

normas del artículo 3 común a los cuatro Convenios de Ginebra de 1949 y de su Protocolo II adicional (por ejemplo, el artículo 4 relativo a las garantías fundamentales) afectan a los comportamientos individuales[181]; se declara que hay obligación de difusión (Protocolo II, artículo 19) y que la obligación de *hacer cumplir* las normas del Derecho Humanitario, se aplica en caso de conflicto interno[182].

Durante todo tipo de conflicto, el Derecho aplicable ha de regular la conducta de los individuos. Al respecto, el Tribunal Internacional de Nüremberg declaró que *son los hombres, y no las entidades abstractas, quienes cometen los crímenes cuya represión se impone, como sanción del Derecho Internacional*[183].

En cuanto a la responsabilidad personal, es comúnmente aceptado que las disposiciones convencionales aplicables a los conflictos armados no internacionales no contienen elemento típico alguno específico de las violaciones graves de las normas que dictan. El artículo 3 común nada dice al respecto y el Protocolo II no se prevé régimen alguno equiparable las infracciones graves, consignadas en los Convenios de 1949 y completadas en el Protocolo I. El informe del Secretario General, en su comentario al proyecto de Estatuto del Tribunal Penal para ex Yugoslavia, se refiere solamente a los conflictos armados internacionales, en sus comentarios a las infracciones graves contra los Convenios de Ginebra de 1949.

La sala de apelación del Tribunal Penal Internacional para la Antigua Yugoslavia (TPIY) considera, en el caso *Tadic*, que *dada la evolución actual del Derecho, el artículo 2 de el Estatuto* [que versa sobre las infracciones graves] *sólo es*

181.-MERON, Theodor, "International Criminalization of Internal Atrocities", *American Journal of International Law*, vol. 89, 1995, ps. 559-562.

182.-*Activités militaires et paramilitaires au Nicaragua et contre celui-ci* (Nicaragua c. États-Unis d'Amérique), *fond, arrêt du 27 juin 1986, Recueil*, 1986, § 220 y 255, pp. 114 et 129

183.-Sentencia del Tribunal Militar Internacional, en *Procès des grands criminels de guerre devant le tribunal militaire international*, tome I, Nüremberg, 1947, p. 235.

aplicable a los crímenes cometidos en el contexto de conflictos armados internacionales[184]. Se rechaza, por lo tanto, igualmente la idea según la cual hoy se podría considerar que las disposiciones de los Convenios de Ginebra relativas a las infracciones graves también se extienden al artículo 3 común. ¿Queda, pues, excluida toda responsabilidad penal internacional por violaciones graves del Derecho Humanitario aplicable a los conflictos internos, que sean distintas de las equiparables al crimen de genocidio o a los crímenes contra la humanidad? La respuesta se ha inclinado, incluso recientemente, en sentido claramente afirmativo. En el caso del informe final de la comisión de las Naciones Unidas encargada de examinar y de analizar las informaciones relativas a las violaciones graves del Derecho Internacional en la Antigua Yugoslavia, afirmó, con respecto del Derecho aplicable a los conflictos armados no internacionales, que

> (...) *en general* (...) *los únicos ilícitos cometidos en un conflicto de este tipo para los que hay una jurisdicción internacional son los «crímenes contra la humanidad» y el genocidio, que se aplican, sea cual fuere la calificación del conflicto.* También la doctrina se ha pronunciado en este sentido en recientes ocasiones[185-186].

12.-Los Tribunales Internacionales: Yugoslavia, Ruanda y Sierra Leona

12.1.-Aspectos generales

Otro de los rasgos característicos del Derecho Penal Internacional de este momento histórico fue la aparición de tribunales *ad hoc*, creados para la represión de los tipos previstos en el *core delicta iuris gentium,* respecto a conflictos armados

---

184.-Decisión *Tadic*, op. cit., p. 51, § 84.

185.-DAVID, Eric, "Le Tribunal international pénal pour l'ex-Yougoslavie", *Revue belge de droit international,* 1992, ps. 574-575.

186.-Sentencia del Tribunal Militar Internacional, pp. 232-235

concretos. Los juicios seguidos ante los Tribunales de Nüremberg y Tokio constituyeron el inicio de la aplicación del principio de responsabilidad penal individual, pero las circunstancias en las que desarrollaron sus actividades impedían considerarlos como modelos a seguir. Es a partir de la constitución los Tribunales para la Antigua Yugoslavia, Ruanda y Sierra Leona; así como la Corte Penal Internacional, cuando se establecen las bases de un sistema penal internacional con órganos jurisdiccionales, encargados de investigar y determinar responsabilidades individuales por la comisión de los delitos del *core delicta iuris gentium*. Las características de estos tribunales son las siguientes[187]:

1. Son internacionales, creados por un órgano internacional de acuerdo a procedimientos del Derecho Internacional Público. En el caso de los Tribunales para la Antigua Yugoslavia y para Ruanda, su creación obedeció a una decisión del Consejo de Seguridad de la Organización de las Naciones Unidas. En el del Tribunal Especial para Sierra Leona, fue creado por un acuerdo internacional suscrito por Naciones Unidas y el gobierno sierraleonés. En el caso de la Corte Penal Internacional, su Estatuto fue aprobado en la Conferencia Diplomática de Plenipotenciarios de las Naciones Unidas celebrada en Roma en 1998.

2. Se basan en la responsabilidad penal individual y sólo tienen competencia para conocer casos en los que se deba determinar la de los sujetos que hayan delinquido, de acuerdo con el *core delicta iuris gentium*, en los ámbitos territoriales y temporales establecidos en sus respectivos Estatutos.

187.-La lista que ofrecemos de características no es aplicable en su totalidad al novísimo tribunal de Sierra Leona, ya que su naturaleza jurídica es mixta, como veremos al tratar de este órgano, según su propia estructura y como ha declarado expresamente Naciones Unidas y el propio tribunal. De acuerdo con sus normas constitutivas, es un órgano común de Naciones Unidas y el Estado sierraleonés,

3. Poseen jurisdicción propia (potestad de juzgar y ejecutar lo juzgado) en relación con sus competencias, así como de las competencias administrativas inherentes a su propio funcionamiento.

4. Son independientes, es decir, no están subordinados ante los órganos u asambleas que decidieron su creación o aprobaron sus Estatuto.

5. Son colegiados, es decir, están integrados por varios magistrados, elegidos de acuerdo con sus Estatutos, entre juristas de prestigio reconocido y profesionales del Derecho de los Estados firmantes de sus normas constitutivas.

12.2.-El Tribunal Penal Internacional para la Antigua Yugoslavia

Una vez expuesta la doctrina de los poderes implícitos, se comprenderá que, ante la forma en que se conducían las operaciones en la guerra de la Antigua Yugoslavia, el Consejo de Seguridad de Naciones Unidas aprobara, unánimemente, el 25 de mayo de 1993 la Resolución 827 (1993), por la que se creaba un tribunal penal internacional para el castigo de los crímenes cometidos en la zona de operaciones. Disuelta de facto la República Federal Yugoslava, con el inicio de la guerra civil en 1991, y la extrema crueldad con que se desarrollaban los combates, el Consejo de Seguridad de Naciones Unidas, de acuerdo a las facultades que le otorga el Capítulo VII de la Carta, decidió iniciar el proceso constitución, por medio de la Resolución 808, de 22 de febrero de 1993, de *un Tribunal Penal Internacional para el procesamiento de las personas responsables de las serias violaciones de derecho internacional humanitario cometidas en el territorio de la ex-Yugoslavia desde 1991.* La Resolución 808 forma parte de una serie de decisiones que, desde inicios de

---

formado por magistrados internacionales y nacionales y que es competente para el castigo de los tipos establecidos en el *core delicta iuris gentium,* como en el Derecho nacional de Sierra Leona.

1991, tomó el Consejo de Seguridad ante las graves violaciones de los derechos humanos y del Derecho Humanitario, cometidas por las diferentes partes en conflicto en los territorios de la ex-Yugoslavia[188]. Dicha resolución es muy importante porque, por primera vez en la historia de Naciones Unidas, el Consejo de Seguridad estableció un órgano judicial ad hoc, en virtud de los poderes que le confiere la Carta. Su establecimiento fue una creación *sui géneris*, sin precedentes y constituyó toda una novedad en el ámbito del Derecho Internacional de los últimos años.

Antes de la creación propiamente dicha del Tribunal, el Consejo de Seguridad aprobó una serie de Resoluciones relevantes. En la 764 (1992) de 13 de julio de 1992, se reafirmaba que todas las partes en el conflicto estaban *obligadas a respetar sus obligaciones de Derecho Humanitario, en especial las Convenciones de Ginebra de 1949* y se hacía ver en dicha resolución, la responsabilidad individual cometida por los violadores de las mismas. En la Resolución 771(1992) del 13 de agosto de 1992, el Consejo de Seguridad se manifestaba *gravemente alarmado por las informaciones provenientes del frente de guerra y condena todas las violaciones de derechos humanos*, en especial, por la *depuración étnica*, y exigía a todas las partes en conflicto que pusieran fin a toda violación de derechos humanos. A finales de 1992, el Consejo de Seguridad aprobó una nueva Resolución, la 780 (1992) del 6 de octubre de 1992 en la que solicitaba al Secretario General que creara una Comisión imparcial de Expertos encargada de examinar y analizar la información pertinente a las graves violaciones del Derecho Humanitario cometidas en la ex-Yugoslavia. La Comisión nombrada informó (Doc. S/25274) de las matanzas masivas, de la *depuración étnica*, de violaciones, torturas, destrucción de bienes civiles y culturales, arrestos arbitrarios, y otros graves delitos contra los derechos humanos y el Derecho Humanitario.

188.-Las más importantes de dichas resoluciones son: Resolución 764 (1992) de 13 de Julio de 1992; Resolución 771 (1992) de 13 de Agosto de 1992; y Resolución 780 (1992) de 6 de octubre de 1992.

En la Resolución 808 (1993) el Consejo de Seguridad, después de una serie de deliberaciones y de analizar el Informe de la Comisión de Expertos, que daba cuenta de las *terribles violaciones de derechos humanos*, decidió crear un Tribunal Internacional que tuviera entre otros objetivos contribuir al establecimiento de la paz. En la Resolución 820 (1993) de 25 de mayo de 1993, el Consejo de Seguridad condenaba una vez más todas las violaciones al Derecho Humanitario y en particular la *depuración étnica*, así como la detención y las violaciones masivas que de manera sistemática y organizada se practican contra las mujeres y enfatizaba una vez más que se exigirían responsabilidades individuales. Finalmente, la Resolución 827 (1993) de 25 de mayo de 1993, con la que el Consejo de Seguridad retomaba los argumentos de todas las resoluciones anteriores y constatando que la situación no había mejorado, y que constituía una amenaza a la paz y a la seguridad internacional, creó efectivamente el Tribunal internacional.

La idea misma de creación de un Tribunal Internacional no sólo fue propuesta por las Resoluciones del Consejo de Seguridad. Es importante mencionar que, además de las Resoluciones citadas, se dieron una serie de informes preliminares y Resoluciones de la Asamblea General y otros, sobre la situación en los territorios yugoslavos que de manera directa o indirecta mencionaban la necesidad de establecer un tribunal[189], que se denominó *Internacional Criminal Tribunal for the former Yugoslavia (ICTFY)*. Su estatuto (*Statute of the Tribunal*[190]) fue adoptado por

---

189.-Entre las más importantes tenemos, la de la Comisión de Derechos Humanos 1992/S-2/1 del 1 de diciembre de 1992, en donde propone al Consejo de Seguridad que tome las medidas efectivas del caso para poner fin a las violaciones de derechos humanos en la ex-Yugoslavia. Asimismo, la Asamblea General, en su Resolución 47/147 de 18 de diciembre de 1992, responsabilizó personalmente a los violadores de derechos humanos e hizo un llamado para que éstos sean juzgados. La Conferencia para la Seguridad y la Cooperación en Europa hizo lo mismo, el 7 de noviembre de 1991 solicitó una atención especial para los responsables individuales de las violaciones de derechos humanos e hizo un llamamiento para que se determinaran rápidamente las pruebas necesarias para juzgar a los criminales de guerra. También los negociadores de la ONU, M. Vance y Lord Owen desde el inicio de su gestión opinaron que era necesario sentar las responsabilidades de los culpables de las violaciones masivas del Derecho Humanitario.

190.-www.un.org/icty/legaldoc/index.htm.

Resolución 827, de 25 de mayo de 1993, modificado en cuatro ocasiones hasta nuestros días[191].

Las competencias del Tribunal son indisponibles por los Estados miembros de Naciones Unidas. El artículo 1 del Estatuto del Tribunal dispone:

The International Tribunal shall have the power to prosecute persons responsible for serious violations of international humanitarian law committed in the territory of the former. Yugoslavia since 1991 in accordance with the provisions of the present Statute.

Además, se encuentran limitadas temporal y espacialmente, de acuerdo con las siguientes especificaciones:

1. Temporal: *acciones cometidas desde el 1 de enero de 1991*. Naciones Unidas eligió esta fecha de un modo arbitrario, ya que la disolución de la República Socialista Federal de Yugoslavia se produjo, de hecho y de derecho, cuando Eslovenia, Croacia y Bosnia-Herzegovina declararon unilateralmente su independencia el 26 de junio y el 8 de octubre de 1991; y el 6 de marzo de 1992, respectivamente. No obstante, los primeros brotes de violencia surgieron a principios de 1991, cuando distintas fuerzas separatistas eslovenas y croatas se enfrentaron al ejército federal (Ejército Nacional Yugoslavo, JNA), como consecuencia de un proceso político de disolución nacional que, en pureza de términos, se puede remontar a las

---

191.-El artículo 6 de su estatuto establece lo siguiente: *The International Tribunal shall have jurisdiction over natural persons pursuant to the provisions of the present Statute.*

primeras revueltas que surgieron en Kosovo, en la década de los ochenta, y que culminarían en la guerra civil[192].

2.   Territorial: *en el territorio de la ex Yugoslavia*. Hubiera sido más exacto, desde un punto de vista literal, mencionar el nombre exacto del territorio del Estado disuelto, en el que se extendía la capacidad de acción del TPI, es decir, *el territorio la República Socialista Federal de Yugoslavia*, que comprende las actuales entidades estatales independientes: Eslovenia, Croacia, Bosnia-Herzegovina, Serbia, Montenegro y Macedonia, a las que podríamos añadir, en el futuro, Kosovo, si se constituyera en Estado independiente, aunque también es verdad que, en la actualidad, pertenece a Serbia.

Tiene competencia para juzgar los siguientes actos[193], que de acuerdo con el artículo 6º del Estatuto, deben cometerse por personas físicas[194]:

192.-WÉLLER, M., "The international response to de dissolution of the Socialist Federal Republic of Yugoslavia", *American Journal of International Law*, vol. 86, nº 3 (Julio de 1992), ps. 569 y sis; y DAVID, D., "Le Tribunal International Pénal pour l'ex-Yougoslavie", op. cit., ps. 570 y sis.

193.-*Article 2. Grave breaches of the Geneva Conventions of 1949: The International Tribunal shall have the power to prosecute persons committing or ordering to be committed grave breaches of the Geneva Conventions of 12 August 1949, namely the following acts against persons or property protected under the provisions of the relevant Geneva Convention:*

(a) wilful killing;

(b) torture or inhuman treatment, including biological experiments;

(c) wilfully causing great suffering or serious injury to body or health;

(d) extensive destruction and appropriation of property, not justified by military necessity and carried out unlawfully and wantonly;

(e) compelling a prisoner of war or a civilian to serve in the forces of a hostile power;

(f) wilfully depriving a prisoner of war or a civilian of the rights of fair and regular trial;

(g) unlawful deportation or transfer or unlawful confinement of a civilian;

(h) taking civilians as hostages.

Article 3. Violations of the laws or customs of war

The International Tribunal shall have the power to prosecute persons violating the laws or customs of war. Such violations shall include, but not be limited to:

(a) employment of poisonous weapons or other weapons calculated to cause unnecessary suffering;

(b) wanton destruction of cities, towns or villages, or devastation not justified by military necessity;

(c) attack, or bombardment, by whatever means, of undefended towns, villages, dwellings, or buildings;

(d) seizure of, destruction or wilful damage done to institutions dedicated to religion, charity and education, the arts and sciences, historic monuments and works of art and science;

(e) plunder of public or private property.

Article 4. Genocide

1. The International Tribunal shall have the power to prosecute persons committing genocide as defined in paragraph 2 of this article or of committing any of the other acts enumerated in paragraph 3 of this article.

2. Genocide means any of the following acts committed with intent to destroy, in whole or in part, a national, ethnical, racial or religious group, as such:

(a) killing members of the group;

(b) causing serious bodily or mental harm to members of the group;

(c) deliberately inflicting on the group conditions of life calculated to bring about its physical destruction in whole or in part;

(d) imposing measures intended to prevent births within the group;

(e) forcibly transferring children of the group to another group.

3. The following acts shall be punishable:

(a) genocide;

(b) conspiracy to commit genocide;

(c) direct and public incitement to commit genocide;

(d) attempt to commit genocide;

(e) complicity in genocide.

Article 5. Crimes against humanity

The International Tribunal shall have the power to prosecute persons responsible for the following crimes when committed in armed conflict, whether international or internal in character, and directed against any civilian population:

(a) murder;

(b) extermination;

(c) enslavement;

(d) deportation;

(e) imprisonment;

(f) torture;

(g) rape;

(h) persecutions on political, racial and religious grounds;

1.-Infracciones a las Convenciones de Ginebra del 12 de agosto de 1949: de acuerdo al Artículo 2º del Estatuto, el Tribunal Internacional está habilitado para perseguir a las personas que cometan o den la orden de cometer infracciones graves a las Convenciones de Ginebra del 12 de agosto de 1949, a saber, los siguientes actos dirigidos contra personas o bienes protegidos por los términos de las disposiciones de dicha Convención:

a) El homicidio intencionado;

b) La tortura o los tratamientos inhumanos, incluidos los experimentos biológicos;

c) Causar grandes sufrimientos intencionadamente, o atentar gravemente contra la integridad física o la salud;

d) La destrucción y la apropiación de bienes no justificada por necesidades militares, ejecutadas de forma ilícita e innecesaria a gran escala;

e) Obligar a un prisionero o a un civil a servir en las fuerzas armadas enemigas;

f) Privar a un prisionero de guerra o a un civil de su derecho a ser juzgado de forma legítima e imparcial;

g) La expulsión o el traslado ilegal de un civil o su detención ilegal;

h) La toma de civiles como rehenes.

(i) other inhumane acts.

194.-Resolución 1166, de 13 de mayo de 1998, Resolución 1329, de 30 de noviembre de 2000, y Resolución 1411, de 17 de mayo de 2002.

2.-Violaciones a las leyes o prácticas de guerra: de acuerdo al artículo 3° del Estatuto, tales violaciones comprenden, sin que esto impida reconocerse otras, las siguientes:

a) El empleo de armas tóxicas o de otras armas concebidas para causar sufrimientos inútiles;

b) La destrucción sin motivo de ciudades y pueblos, o la devastación no justificada por exigencias militares;

c) El ataque o los bombardeos, por cualquier medio, de ciudades, pueblos, viviendas o edificios no defendidos;

d) La toma, destrucción o daño deliberado de edificios consagrados a la religión, a la beneficencia y a la enseñanza, a las artes y a las ciencias, a los monumentos históricos, a las obras de arte y a las obras de carácter científico;

e) El pillaje de bienes públicos o privados.

3.-Genocidio: De acuerdo con el art. 4° del Estatuto, el Tribunal Internacional tiene competencia para perseguir a las personas que hayan cometido genocidio, tal cual está definido en el párrafo 2 del mencionado artículo, o cualquiera de los actos enumerados en el párrafo 3 del mismo artículo. Se entiende como genocidio cualquiera de los siguientes actos cometidos con la intención de destruir, total o parcialmente, a un grupo nacional, étnico, racial o religioso en cuanto a tal:

a) Asesinato de miembros del grupo;

b) Graves atentados contra la integridad física o psíquica de los miembros del grupo;

c) Sometimiento intencionado del grupo a condiciones de existencia que conlleven su destrucción física total o parcial;

d) Medidas para dificultar los nacimientos en el seno del grupo;

e) Traslados forzosos de niños del grupo a otro grupo.

Según el Artículo 4, inciso 3, serán castigados los siguientes:

a) El genocidio;

b) La colaboración para la comisión de genocidio;

c) La incitación directa y pública a cometer genocidio;

d) La tentativa de genocidio;

e) La complicidad en el genocidio.

4.-Crímenes contra la humanidad. De acuerdo al Artículo 5 del Estatuto, el Tribunal Internacional está habilitado para juzgar a los presuntos responsables de los siguientes crímenes cuando éstos han sido cometidos en el curso de un conflicto armado, de carácter internacional o interno, y dirigidos contra cualquier población civil:

a) Asesinato;

b) Exterminación;

c) Reducción a la servidumbre;

d) Expulsión;

e) Encarcelamiento;

f) Tortura;

g) Violaciones;

h) Persecuciones por motivos políticos, raciales o religiosos;

i) Otros actos inhumanos.

Los órganos del Tribunal Internacional para la ex Yugoslavia son las siguientes:

1.-Las Salas: Se han creado dos Salas de Primera Instancia y una Sala de Apelaciones. Las Salas de Primera Instancia están integradas por tres jueces cada una y la de Apelaciones por cinco. En total, el Tribunal está integrado por once magistrados, elegidos por la Asamblea General de las Naciones Unidas, sobre una lista presentada por el Consejo de Seguridad, para un mandato de 4 años. Pueden ser reelegidos. Estos once jueces eligen al presidente de Tribunal, quien además deberá integrar la Sala de Apelaciones y presidirla. Corresponde al presidente del Tribunal designar que Sala integra cada juez, previa consulta con los mismos. En el caso de los jueces de las Salas de Primera Instancia, ellos eligen un presidente, responsable de todos los procedimientos ante la misma.

2.-El Fiscal: Constituye un órgano autónomo e independiente dentro del Tribunal, encargado de la etapa de investigación y de las diligencias previas necesarias en cada caso. Después de adelantar la investigación pertinente, el Fiscal decide si ha lugar o no la presentación de una acusación, cuya validez examinará un magistrado de la sala de primera instancia. El Fiscal es nombrado por el Consejo de Seguridad de las Naciones Unidas, tras una propuesta del Secretario General, por un mandato de 4 años, en base a su calidad moral y su sólida experiencia en la instrucción de asuntos criminales.

3.-La Secretaría: Se encarga de la administración y servicios del Tribunal y es común a las Salas y al Fiscal. Esta compuesta por un Secretario (designado por el Secretario General de las Naciones Unidas, tras consultar con el presidente del Tribunal, por un periodo de 4 años renovables), y el personal (nombrado por el Secretario General por recomendación del Secretario del Tribunal). En la actualidad, el ICTY, con sede en La Haya, funciona a pleno rendimiento[195].

195.-A fecha 22 de octubre de 2003, las actuaciones del ICTY, se han referido a las siguientes personas. *51 Accused currently in custody at Detention Unit: Tihomir Blaskic, Dario Kordic, Mario Cerkez, Miroslav Kvocka, Mlado Radic, Zoran Zigic, Milorad Krnojelac, Radislav Krstic, Radoslav Brdjanin, Vinko Martinovic, Stanislav Galic, Mitar Vasiljevic, Dragoljub Prcac, Mladen Naletilic, Momcilo Krajisnik, Dragan Nikolic, Blagoje Simic, Milomir Stakic, Dragan Obrenovic, Slobodan Milosevic, Vidoje Blagojevic, Milan Simic, Simo Zaric, Miroslav Tadic, Predrag Banovic, Pasko Ljubicic, Dusan Fustar, Momir Nikolic, Dragoljub Ojdanic, Nikola Sainovic, Milan Martic, Mile Mrksic, Dusan Knezevic, Darko Mrdja, Ranko Cesic, Miroslav Deronjic, Radovan Stankovic, Milan Milutinovic, Haradin Bala, Isak Musliu, Vojislav Seselj, Fatmir Limaj, Naser Oric, Dragan Jokic, Miroslav Radic, Franko Simatovic, Jovica Stanisic, Ivica Rajic, Veselin Sljivancanin, Zeljko Mejakic and Mitar Rasevic. 7 Accused provisionally released: Pavle Strugar (1 December 2001), Enver Hadzihasanovic (13 December 2001), Amir Kubura (13 December 2001), Sefer Halilovic (14 December 2001), Miodrag Jokic (20 February 2002), Rahim Ademi (20 February 2002) and Momcilo Gruban (17 July 2002). 21 Arrest warrants issued against the following accused currently at large: Goran Borovnica, Radovan Karadzic, Ratko Mladic, Gojko Jankovic, Dragan Zelenovic, Milan Lukic, Sredoje Lukic, Stojan Zupljanin, Ante Gotovina, Vladimir Kovacevic, Dragomir Milosevic, Savo Todovic, Vinko Pandurevic, Ljubomir Borovcanin, Vujadin Popovic, Drago Nikolic, Ljubisa Beara, Nebojsa Pavkovic, Vladimir Lazarevic, Vlastimir Djordjevic and Sreten Lukic. 1 Person charged with contempt of the Tribunal: Dusko Jovanovic. 24 Accused transferred / released following completion of proceedings: 2 accused acquitted by the Trial Chamber, proceedings completed: Zejnil Delalic, Dragan Papic, 3 accused found not guilty by the Appeals Chamber, proceedings completed: Zoran Kupreskic, Mirjan Kupreskic et Vlatko Kupreskic, 13 accused transferred to serve sentence: Anto Furundzija (Finland), Dusko Tadic (Germany), Stevan Todorovic (Spain), Drago Josipovic (Spain), Vladimir Santic (Spain), Dusko Sikirica (Austria), Radomir Kovac (Norway), Zoran Vukovic (Norway), Dragoljub Kunarac (Germany), Goran Jelisic (Italy), Biljana Plavsic (Sweden), Hazim Delic (Finland) and Esad Landzo (Finland), 6 sentences served: Zlatko Aleksovski (Finland), Drazen Erdemovic (Norway), Dragan Kolundzija (early release granted before transfer) , Milojica Kos (early release granted before transfer), Damir Dosen (Austria) and Zdravko Mucic (early release granted before transfer). 35 Completed cases: 21 Indictments withdrawn including 5 after commencement of proceedings, 14 accused died including 5 after commencement of proceedings: Stipo Alilovic, Slavko Dokmanovic, Simo Drljaca, Dorde Djukic , Dragan Gagovic, Milan Kovacevic, Slobodan Miljkovic, Nikica Janjic, Janko Janjic, Zeljko Raznjatovic, Vlajko Stojiljkovic, Mehmed Alagic, Janko Bobetko and Momir Talic. 92 ACCUSED HAVE APPEARED IN PROCEEDINGS BEFORE THE TRIBUNAL. 28 Accused at pre-trial stage, Milan Martic (IT-95-11), Ivica Rajic (IT-95-12) , Miroslav Radic (IT-95-13/1), Mile Mrksic (IT-95-13/1), Veselin Sljivancanin (IT-95-13/1), Radovan Stankovic (IT-96-23/2), Mitar Rasevic (IT-97-25/1), Milan Milutinovic, Dragoljub Ojdanic et Nikola Sainovic (IT-99-37), Momcilo Krajisnik (IT-00-39&40), Pasko Ljubicic (IT-00-41), Pavle Strugar et Miodrag Jokic (IT-01-42), Rahim Ademi (IT-01-46), Enver Hadzihasanovic et Amir*

Kubura (IT-01-47), Sefer Halilovic (IT-01-48), Miroslav Deronjic (IT-02-61), Zeljko Meakic, Momcilo Gruban, Dusan Knezevic et Dusan Fustar (IT-02-65), Fatmir Limaj, Haradin Bala et Isak Musliu (IT-03-66), Vojislav Seselj (IT-03-67), Naser Oric (IT-03-68), Jovica Stanisic and Franko Simatovic (IT-03-69). 4 Accused currently at trial: Vidoje Blagojevic and Dragan Jokic (IT-02-60), commenced on 14 May 2003: Slobodan Milosevic (IT-02-54), commenced on 12 February 2002, Radoslav Brdjanin (IT-99-36), commenced on 23 January 2002. 9 Accused awaiting Trial Chamber Judgement or Sentencing: Awaiting Judgement: Stanislav Galic (IT-98-29), 3 December 2001 – 9 May 2003; Awaiting Sentencing: Momir Nikolic (IT-02-60/1), pleaded guilty on 7 May 2003, Dragan Obrenovic (IT-02-60/2), pleaded guilty on 21 May 2003, Predrag Banovic (IT-02-65/1), pleaded guilty on 26 June 2003, Darko Mrdja (IT-02-59), pleaded guilty on 24 July 2003, Miodrag Jokic (IT-01-42), pleaded guilty on 27 August 2003, Dragan Nikolic (IT-94-2), pleaded guilty on 4 September 2003, Miroslav Deronjic (IT-02-61), pleaded guilty on 30 September 2003, Ranko Cešic (IT-95-10/1), pleaded guilty on 8 October 2003. 41 Accused traed: 3 accused recently convicted: Miroslav Tadic, Simo Zaric and Blagoje Simic (IT-95-9), 10 September 2001 – 4 July 2003, Judgement rendered on 17 October 2003. 12 accused at appeal: Milomir Stakic (IT-97-24), Trial from 16 April 2002 - 15 April 2003, Judgement rendered on 31 July 2003, Vinko Martinovic and Mladen Naletilic (IT-98-34), Trial from 10 September 2001 - 31 October 2002, Judgement rendered on 31 March 2003, Mitar Vasiljevic (IT-98-32), Trial from 10 September 2001 - 14 March 2002, Judgement rendered on 29 November 2002, Miroslav Kvocka, Mladen Radic, Zoran Zigic and Dragoljub Prcac (IT-98-30/1), Trial from 28 February 2000 - Adjourned from 6 March 2000 to 2 May 2000 - 19 July 2001, Judgement rendered on 2 November 2001, Radislav Krstic (IT-98-33), Trial from 13 March 2000 - 26 June 2001, Judgement rendered on 2 August 2001, Dario Kordic and Mario Cerkez (IT-95-14/2), Trial from 12 April 1999 - 15 December 2000, Judgement rendered on 26 February 2001, Tihomir Blaskic (IT-95-14), Trial from 24 June 1997 – 30 July 1999, Judgement rendered on 3 March 2000. 21 accused received their final sentence. Awaiting transfer: Milorad Krnojelac (IT-97-25): Judgement on 15 March 2002, Appeals Judgement on 17 September 2003 (sentence of 7.5 years), Milan Simic (IT-95-9/2): Judgement on 17 October 2002 (sentence of 5 years). Transferred to serve their sentence: Hazim Delic (IT-96-21)- the "Celebici" case: Judgement on 9 October 2001 (sentence of 18 years), Transferred to Finland since 9 July 2003; Esad Landzo (IT-96-21)- the "Celebici" case: Judgement on 9 October 2001 (sentence of 15 years), Transferred to Finland since 9 July 2003; Biljana Plavsic (IT-00-39&40/1): Sentencing Judgement on 27 February 2003 (sentence of 11 years). Transferred to Sweden since 26 June 2003; Goran Jelisic (IT-95-10): Judgement on 5 July 2001 (sentence of 40 years). Transferred to Italy since 29 May 2003; Dragoljub Kunarac (IT-96-23)(IT-96-23/1): Judgement on 12 June 2002 (sentence of 28 years). Transferred to Germany since 12 December 2002; Radomir Kovac (IT-96-23)(IT-96-23/1), : Judgement on 12 June 2002 (sentence of 20 years); Zoran Vukovic ((IT-96-23)(IT-96-23/1) : Judgement on 12 June 2002 (sentence of 12 years). Transferred to Norway since 28 November 2002; Dusko Tadic (IT-94-1): Judgement on 26 January 2000 (sentence of 20 years). Transferred to Germany since 31 October 2000; Anto Furundzija (IT-95-17/1): Judgement on 21 July 2000 (sentence of 10 years). Transferred to Finland since 22 September 2000; Stevan Todorovic (IT-95-9/1): Judgement on 31 July 2001 (sentence of 10 years). Transferred to Spain since 11 December 2001; Drago Josipovic (IT-95-16): Judgement on 23 October 2001 (sentence of 12 years). Transferred to Spain since 9 April 2002; Vladimir Santic (IT-95-16): Judgement on 23 October 2001 (sentence of 18 years). Transferred to Spain since 11 April 2002; Dusko Sikirica (IT-95-8): Judgement on 13 November 2001 (sentence of 15 years). Transferred to Austria since 10 May 2002. Sentence served: Zdravko Mucic (IT-96-21): the "Celebici" case (IT-96-21); Judgement on 9 October 2001 (sentence of 9 years). Granted early release 18 July 2003; Drazen Erdemovic (IT-96-22): Judgement on 5 March 1998 (sentence of 5 years). In Norway from 26 August 1998 until August 2000; Zlatko Aleksovski (IT-95-14/1): Judgement on 24 March 2000 (sentence of 7 years). In Finland from 22 September 2000 until 14 November 2001; Milojica Kos (IT-98-30/1): Judgement on 2 November 2001 (sentence of 6 years). Granted early release 31 July 2002; Dragan Kolundzija (IT-95-8): Judgement on 13 November 2001 (sentence of 3 years). Granted early release 6 December 2001; Damir Dosen (IT-95-8): Judgement on 13 November 2001 (sentence of 5 years). In Austria from 10 May 2002 until 28 February 2003. 3 accused found not guilty by the Appeals Chamber: Zoran Kupreskic, Mirjan Kupreskic and Vlatko Kupreskic (IT-95-16): Judgement on Appeal on 23 October 2001. 2 accused acquitted by the Trial Chamber: Zejnil Delalic - the "Celebici" case (IT-96-21): Judgement on Appeal on 21 February 2001; Dragan Papic (IT-95-16): Judgement on Appeal on 14

12.3.-El Tribunal Penal Internacional para Ruanda

El Tribunal Penal Internacional para Ruanda, instituido de conformidad con la Resolución 955 del Consejo de Seguridad de las Naciones Unidas de 8 de noviembre de 1994[196], tiene por finalidad enjuiciar a los responsables del genocidio y de otras violaciones graves del Derecho Internacional Humanitario, cometidas en el territorio de Ruanda, así como a los ciudadanos ruandeses responsables de genocidio y de otras violaciones de esa índole cometidos del 1 de enero al 31 de diciembre de 1994, en el territorio nacional ruandés y en el de los países vecinos. ¿Por qué esta determinación temporal para el ejercicio de sus competencias? Porque durante la primavera de 1994, fueron asesinadas en Ruanda unas 800.000 personas en uno de los más cruentos genocidios de la historia. La matanza comenzó apenas unas horas después de que fuese derribado, en un atentado, el avión en que viajaban, tras negociaciones de paz en Tanzania, los presidentes de Ruanda y de Burundi, antes de aterrizar en el aeropuerto de Kigali[197]. Al parecer, el genocidio se había planeado hacía mucho tiempo y lo único que faltaba era el detonador[198]. Los miembros de la Misión de Asistencia de las Naciones Unidas para Ruanda (UNAMIR), desplegada en la zona, ya habían avisado tiempo atrás del ambiente enrarecido e

---

January 2000. 10 terminated cases: 5 Indictments withdrawn after transfer of the accused to the Tribunal: Marinko Katava, Ivan Santic and Pero Skopljak, charges withdrawn on 19 December 1997, released immediately; Nenad Banovic, charges withdrawn on 10 April 2002, released immediately; Agim Murtezi: charges withdrawn on 28 February 2003, released immediately. 5 deaths: Slavko Dokmanovic (IT-95-13A), committed suicide while at the Detention Unit, 29 June 1998; Milan Kovacevic (IT-97-24), died of natural causes at the Detention Unit, 1 August 1998; Dordje Djukic (IT-96-20), provisionally released for health reasons, 24 April 1996; died, 18 May 1996; Mehmed Alagic (IT-01-47), died while on provisional release, 9 March 2003; Momir Talic (IT-99-36/1), died while on provisional release, 28 May 2003. Cf. "Key figures of the ICTY cases", en "The ICTY in a glance", en www.un.org/icty/glance/index.htm.

196.-www.un.org.

197.-DE WAAL, Alex, y RAKIYA, Omaar, "The genocide in Rwanda and the international response", *Current History*, vol. 19, N° 591, 1995, p. 156.

198.-Cf.-www.interaction.pair.com/situation/ruanda14.html. Uno de los mejores, más profundos y extensos informes sobre la situación y desarrollo del genocidio se debe a Naciones Unidas: *Report of the Independent Inquiry into the actions of the United Nations during the genocide in Rwanda (15 december 1999)*, en www.un.org.

incluso de los primeros asesinatos, cometidos por motivos raciales[199]. Durante meses, la *Radio-Télévision Libre des Mille Collines* (RTMC) difundió diariamente propaganda racista incitando a la violencia, fomentando el odio e instando a los radioyentes a que exterminaran a los tutsis, a quienes se referían como *inyenzii*[200].

> *El genocidio fue planeado y ejecutado con cuidado. A partir de listas preparadas, un número desconocido e inaveriguable de personas portadoras, la mayoría de ellas de machetes, de garrotes con clavos o de granadas, asesinó profesores, sacerdotes, monjas, negociantes, funcionarios gubernamentales de todos los rangos, incluso niños.*[201]

Encabezaron la *cruzada racista y xenófoba* las fuerzas armadas ruandesas, las milicias de los *interahamwe* (*los que están unidos*) y los *impuzamugambi* (*los que combaten juntos*), ambos grupos armados, muy violentos y peligrosos. Sus principales objetivos eran los tutsis y los hutus moderados. Por sorprendente que parezca, las matanzas tuvieron lugar mientras un contingente de Naciones Unidas (UNAMIR) se encontraba en el país, para facilitar las negociaciones de paz entre el Gobierno hutu de entonces y el *Frente Patriótico Ruandés* de predominancia tutsi (FPR), aunque dramáticamente debilitado, debido a la retirada de tropas que habían realizado los países que prestaban apoyo, dado lo peligroso de la zona. El Tribunal Penal Internacional para Ruanda (*International Criminal Tribunal for Rwanda*, ICTR[202]) fue instituido por la Resolución 955 del Consejo de Seguridad de Naciones Unidas, de 8 Noviembre de 1994, para procesar a las personas responsables de haber instigado,

199.-MACKINTOSH, Anne, "The international response to conflict and genocide: Lessons from the Rwanda experience. Report of the Joint Evaluation of Emergency Assistance to Rwanda", *Journal of Refugee Studies*, vol. 9, n° 3, 1996, p. 334.

200.-*Prosecuting genocide in Rwanda: The ICTR and the national trials, Lawyers' Committee for Human Rights*, Washington, D.C., julio de 1997, p. 4.

201.-Ibíd.

202.-Su estatuto se puede consultar en www.ictr.org/ENGLISH/basicdocs/statute.html.

ordenado y perpetrado tal genocidio.

Paralelamente a la Resolución 955, el Consejo de Seguridad aprobó el Estatuto del Tribunal[203] y solicitó al Secretario General que tomara todas las disposiciones políticas necesarias para su efectivo funcionamiento.

El 22 de febrero de 1995, el Consejo de Seguridad aprobó la Resolución 977[204], en la que designaba la ciudad de Arusha (República Unida de Tanzania) como su sede oficial. Naciones Unidas y el Gobierno de Tanzania firmaron, el 31 de agosto de 1995, el correspondiente acuerdo para llevar a la realidad esta decisión. El Tribunal, con una jurisdicción relativamente amplia, tiene el cometido de procesar a los responsables de genocidio y de otras violaciones del Derecho Internacional Humanitario. De acuerdo con el art. 1 de su Estatuto, sus competencias son las siguientes:

Article 1: Competence of the International Tribunal for Rwanda

The International Tribunal for Rwanda shall have the power to prosecute persons responsible for serious violations of international humanitarian law committed in the territory of Rwanda and Rwandan citizens responsible for such violations committed in the territory of neighbouring States between 1 January 1994 and 31 December 1994, in accordance with the provisions of the present Statute.

Además, se encuentran limitadas temporal y espacialmente, de acuerdo con las siguientes especificaciones:

203.-Ibíd.

204.-Ibíd.

1. Temporal: crímenes cometidos entre el 1 de enero de 1994 y el 31 de diciembre de 1994, fechas entre las que se desarrolló la desaparición física del Estado ruandés y las matanzas, hasta la intervención internacional.

2. Territorial: violaciones graves del Derecho Humanitario cometidas en el territorio de Ruanda y a ciudadanos de Ruanda responsables de violaciones de esa naturaleza cometidas en el territorio de Estados vecinos.

Tiene competencia para juzgar los siguientes actos[205], que de acuerdo con el artículo 6º del Estatuto, deben cometerse por personas físicas[206]:

205.-*Article 1: Competence of the International Tribunal for Rwanda: The International Tribunal for Rwanda shall have the power to prosecute persons responsible for serious violations of international humanitarian law committed in the territory of Rwanda and Rwandan citizens responsible for such violations committed in the territory of neighboring States between 1 January 1994 and 31 December 1994, in accordance with the provisions of the present Statute.*

Article 2: Genocide:

1. The International Tribunal for Rwanda shall have the power to prosecute persons committing genocide as defined in paragraph 2 of this Article or of committing any of the other acts enumerated in paragraph 3 of this Article.

2. Genocide means any of the following acts committed with intent to destroy, in whole or in part, a national, ethnical, racial or religious group, as such:

(a) Killing members of the group;

(b) Causing serious bodily or mental harm to members of the group;

(c) Deliberately inflicting on the group conditions of life calculated to bring about its physical destruction in whole or in part;

(d) Imposing measures intended to prevent births within the group;

(e) Forcibly transferring children of the group to another group.

3. The following acts shall be punishable:

(a) Genocide;

(b) Conspiracy to commit genocide;

(c) Direct and public incitement to commit genocide;

(d) Attempt to commit genocide;

(e) Complicity in genocide.

Article 3: Crimes against Humanity

1.-Genocidio: De acuerdo al artículo 2° del Estatuto, tiene competencia para perseguir a las personas que hayan cometido genocidio, según queda definido en el párrafo 2 del mencionado artículo, o cualquiera de los actos enumerados en el párrafo 3 del mismo. Según el art. 2. 2, se entiende como genocidio cualquiera de los siguientes

---

The International Tribunal for Rwanda shall have the power to prosecute persons responsible for the following crimes when committed as part of a widespread or systematic attack against any civilian population on national, political, ethnic, racial or religious grounds:

(a) Murder;

(b) Extermination;

(c) Enslavement;

(d) Deportation;

(e) Imprisonment;

(f) Torture;

(g) Rape;

(h) Persecutions on political, racial and religious grounds;

(i) Other inhumane acts.

Article 4: Violations of Article 3 Common to the Geneva Conventions and of Additional Protocol II

The International Tribunal for Rwanda shall have the power to prosecute persons committing or ordering to be committed serious violations of Article 3 common to the Geneva Conventions of 12 August 1949 for the Protection of War Victims, and of Additional Protocol II thereto of 8 June 1977. These violations shall include, but shall not be limited to:

(a) Violence to life, health and physical or mental well-being of persons, in particular murder as well as cruel treatment such as torture, mutilation or any form of corporal punishment;

(b) Collective punishments;

(c) Taking of hostages;

(d) Acts of terrorism;

(e) Outrages upon personal dignity, in particular humiliating and degrading treatment, rape, enforced prostitution and any form of indecent assault;

(f) Pillage;

(g) The passing of sentences and the carrying out of executions without previous judgment pronounced by a regularly constituted court, affording all the judicial guarantees which are recognized as indispensable by civilized peoples;

(h) Threats to commit any of the foregoing acts.

206.-Article 5: Personal Jurisdiction: The International Tribunal for Rwanda shall have jurisdiction over natural persons pursuant to the provisions of the present Statute.

actos cometidos con la intención de destruir, total o parcialmente, a un grupo nacional, étnico, racial o religioso en cuanto a tal:

a) Asesinato de miembros del grupo;

b) Graves atentados contra la integridad física o mental de los miembros del grupo;

c) Sometimiento intencionado del grupo a condiciones de existencia que conlleven su destrucción física total o parcial;

d) Medidas para dificultar los nacimientos en el seno del grupo;

e) Traslados forzosos de niños del grupo a otro grupo.

Según el art. 2. 3. Serán castigados los siguientes actos:

a) El genocidio;

b) La colaboración para la comisión de genocidio;

c) La incitación directa y pública a cometer genocidio;

d) La tentativa de genocidio;

e) La complicidad en el genocidio.

2.- Crímenes contra la humanidad: Según el art. 3, está habilitado para juzgar a los presuntos responsables de los siguientes crímenes cuando éstos han sido cometidos en el curso de un ataque generalizado y sistemático, y dirigidos contra cualquier población civil en razón de su nacionalidad o pertenencia a un grupo político, étnico, racial o religioso:

a) Asesinato;

b) Exterminación;

c) Reducción a la servidumbre;

d) Expulsión;

e) Encarcelamiento;

f) Tortura;

g) Violaciones;

h) Persecuciones por motivos políticos, raciales o religiosos;

i) Otros actos inhumanos

3.-Violaciones del artículo 3 común a las Convenciones de Ginebra y al Protocolo adicional II: De acuerdo al art. 4, está habilitado para perseguir a las personas que cometan o den la orden de cometer infracciones graves del Artículo 3 común a las Convenciones de Ginebra del 12 de agosto de 1949 para la protección de las víctimas en tiempos de guerra, y al protocolo adicional II a dichas Convenciones del 8 de junio de 1977. Tales violaciones comprenden sin ser una lista taxativa, las siguientes:

a) Los atentados contra la vida, la salud y el bienestar físico o mental de las personas, en particular el asesinato, así como los tratamientos crueles como la tortura, las mutilaciones o toda forma de castigos corporales;

b) Los castigos colectivos;

c) La toma de rehenes;

d) Los actos de terrorismo;

e) Los atentados contra la dignidad personal, especialmente los tratamientos humillantes y degradantes, las violaciones, el forzar a la prostitución y todo atentado contra el pudor;

f) El pillaje;

g) Las condenas excesivas y las ejecuciones efectuadas sin un juicio previo realizado por un tribunal constituido regularmente y provisto de las garantías judiciales reconocidas como indispensables por los pueblos civilizados.

h) Las amenazas de cometer los actos precitados.

Los órganos del Tribunal son los siguientes:

1.-Las Salas: El Tribunal se encuentra conformado por dos Salas de Primera Instancia, integrada cada una por tres jueces, seis en total, y una Sala de Apelaciones, integrada por cinco jueces. Los jueces de las salas de Primera Instancia son elegidos por la Asamblea General de las Naciones Unidas, de una lista presentada por el Consejo de Seguridad, para un mandato de 4 años. En el caso de la Sala de Apelaciones, según el art. 12.2 de Estatuto, ésta será integrada por los mismos cinco jueces que conforman la Sala de Apelaciones del Tribunal Internacional para la Ex-Yugoslavia. Los 11 jueces del Tribunal eligen un presidente, a quien le corresponde designar que Sala de Primera Instancia integra cada juez, previa consulta con los mismos.

2.-El Fiscal: Se ha determinado que el Fiscal para este Tribunal sea el mismo que cumple similares funciones en el Tribunal para la Ex-Yugoslavia. Por tal motivo, se ha previsto que lo asista un Fiscal Adjunto suplementario.

3.-La Secretaría: Se encarga de la administración y servicios del Tribunal. Esta compuesta por un Secretario (designado por el Secretario General de las Naciones Unidas, tras consultar con el presidente del Tribunal, por un periodo de 4 años renovables), y el personal (nombrado por el Secretario General por recomendación del Secretario del Tribunal).

En la actualidad, el ICTR, con sede en Arusha, funciona a pleno rendimiento[207].

207.-En octubre de 2003, los casos de los que había entendido eran los siguientes. *COMPLETED CASES: AKAYESU, Jean Paul (ICTR-96-4), BAGILISHEMA, Ignace (ICTR-95-1), KAMBANDA, Jean (ICTR-97-23), KAYISHEMA, Clément (ICTR-95-I), MUSEMA, Alfred (ICTR-96-13), NIYITEGEKA, Eliezer (ICTR-96-14), NTAKIRUTIMANA, Gérard (1: ICTR-96-10; 2: ICTR-96-17), NTAKIRUTIMANA, Elizaphan (1: ICTR-96-10; 2: ICTR-96-17), NTUYAHAGA, Bernard (ICTR-98-40), RUGGIU, Georges (ICTR-97-32), RUSATIRA, Léonidas (ICTR-2002-80-I), RUTAGANDA, George (ICTR-96-3), RUZINDANA, Obed (1: ICTR-95-1; 2: ICTR-96-10), SEMANZA, Laurent (ICTR-97-20), SERUSHAGO, Omar (ICTR-98-39). CASES IN PROGRESS: BAGAMBIKI, Emmanuel (ICTR-97-36), BAGOSORA, Théoneste (colonel); (ICTR-96-7), BARAYAGWIZA, Jean Bosco (ICTR-97-19), BICAMUMPAKA, Jérôme (1: ICTR-99-49; 2: ICTR-99-50), BIKINDI, Simon (ICTR-01-72-I), BISENGIMANA, Paul (ICTR-00-60), BIZIMANA, Augustin (ICTR-98-44), BIZIMUNGU, Augustin (ICTR-2000-56), BIZIMUNGU, Casimir (1: ICTR-99-45; 2: ICTR-99-50), GACUMBITSI, Sylvestre (ICTR-01-64-I), GATETE Jean Baptiste (ICTR-2000-61-I), HATEGEKIMANA, Idelphonse (ICTR-2000-55), IMANISHIMWE, Samuel (ICTR-97-36), KABILIGI, Gratien (ICTR-97-34), KABUGA, Félicien (ICTR-98-44), KAJELIJELI, Juvénal (ICTR-98-44A), KAMUHANDA, Jean de Dieu (ICTR-99-54), KANYABASHI, Joseph (ICTR-96-15), KAREMERA, Edouard (ICTR-98-44), KANYARUKIGA Gaspard (ICTR-2001-78-I), KARERA François (ICTR-01-74-I), BAGAMBIKI, Emmanuel (ICTR-97-36), BAGOSORA, Théoneste (colonel); (ICTR-96-7), BARAYAGWIZA, Jean Bosco (ICTR-97-19), BICAMUMPAKA, Jérôme (1: ICTR-99-49; 2: ICTR-99-50), BIKINDI, Simon (ICTR-01-72-I), BISENGIMANA, Paul (ICTR-00-60), BIZIMANA, Augustin (ICTR-98-44), BIZIMUNGU, Augustin (ICTR-2000-56), BIZIMUNGU, Casimir (1: ICTR-99-45; 2: ICTR-99-50), GACUMBITSI, Sylvestre (ICTR-01-64-I), GATETE Jean Baptiste (ICTR-2000-61-I), HATEGEKIMANA, Idelphonse (ICTR-2000-55), IMANISHIMWE, Samuel (ICTR-97-36), KABILIGI, Gratien (ICTR-97-34), KABUGA, Félicien (ICTR-98-44), KAJELIJELI, Juvénal (ICTR-98-44A), KAMUHANDA, Jean de Dieu (ICTR-99-54), KANYABASHI, Joseph (ICTR-96-15), KAREMERA, Edouard (ICTR-98-44), KANYARUKIGA Gaspard (ICTR-2001-78-I), KARERA François (ICTR-01-74-I), MPAMBARA, Jean (ICTR-01-65-I), MPIRANYA, Protais (ICTR-2000-56), MUGENZI, Justin (1: ICTR-99-47; 2: ICTR-99-50), MUGIRANEZA, Prosper (1: ICTR-99-48; 2: ICTR-99-50), MUHIMANA, Mikaeli (ICTR-95-1), MUSABYIMANA, Samuel (ICTR-01-62), MUVUNYI, Tharcisse (ICTR-00-55), NAHIMANA, Ferdinand (ICTR-96-11), NCHAMIHIGO, Simeon (ICTR-01-63), NDAYAMBAJE, Elie (ICTR-96-8), NDIMBATI, Aloys (ICTR-95-1), NDINDABAHIZI, Emmanuel (ICTR-01-71-I), NDINDILIYIMANA, Augustine (ICTR-2000-56), NGEZE, Hassan (ICTR-97-27), NGIRUMPATSE, Mathieu (ICTR-98-44), NIZEYIMANA, Idelphonse (ICTR-2000-55), NSABIMANA, Sylvain (ICTR-97-29), NSENGIMANA, Hormisdas (ICTR-2001-69), NSENGIYUMVA, Anatole (ICTR-96-12), NTABAKUZE, Aloys (ICTR-97-30), NTAGANZWA Ladislas (ICTR-96-9), NTAGERURA, André (ICTR-96-10A), NTAHOBALI, Arsène Shalom (ICTR-97-21), NTEZIRYAYO, Alphonse (ICTR-97-29), NYIRAMASUHUKO, Pauline (ICTR-97-21), NZABIRINDA, Joseph (ICTR-01-77-I), NZABONIMANA, Callixte (ICTR-98-44), NZIRORERA, Joseph (ICTR-98-44), NZUWONEMEYE, François-Xavier (ICTR-2000-56), RENZAHO Tharcisse (ICTR-97-31-DP), RUGAMBARARA, Juvénal (ICTR-00-59-I), RUKUNDO, Emmanuel (ICTR-01-70-I), RUTAGANDA,*

Se ha dicho que este Tribunal es casi como una *ramificación* del Tribunal Penal Internacional para ex Yugoslavia[208]. Ambos comparten ciertas estructuras y funcionarios, en particular, el fiscal y la sala de apelaciones. Esto ha inducido a los analistas a sostener que el Tribunal para Ruanda es una *protuberancia* del Tribunal para Yugoslavia[209]. Ambos fueron instituidos el 11 de febrero de 1993 y el 8 de noviembre de 1994, respectivamente, por sendas decisiones del Consejo de Seguridad para enjuiciar a las personas responsables de graves violaciones del Derecho Internacional general y del Humanitario, en particular, las cometidas durante dos conflictos bélicos internos. Las competencias, no obstante, no se han definido exactamente igual. Las del ICTY abarcan los siguientes delitos:

a) Las infracciones graves contra los Convenios de Ginebra de 1949.

b) Las violaciones de las leyes o costumbres de la guerra.

c) El genocidio.

d) Los crímenes de lesa humanidad.

La competencia del ICTR se refiere, por su parte, a los siguientes delitos:

a) El genocidio.

b) Los crímenes de lesa humanidad.

GEORGE (ICTR-96-3), RUTAGANIRA Vincent (ICTR-95-1C-I), RWAMAKUBA, André (ICTR-98-44), RYANDIKAYO (ICTR-95-1), SAGAHUTU, Innocent (ICTR-2000-56), SEROMBA, Athanase (ICTR-2001-66-I), SIKUBWABO Charles (ICTR-95-1), SIMBA, Aloys (ICTR-01-76), ZIGIRANYIRAZO Protais (ICTR-01-73-I). Cf. www.ictr.org/default.htm.

208.-Fue instituido en 1993 del Consejo de Seguridad de las Naciones Unidas. Su estatuto se puede consultar en www.un.org/icty/basic/statut/statute.htm.

209.-MUTUA, Makau, "Never again: Questioning the Yugoslav and Rwanda Tribunals", *Temple International and Comparative Law Journal*, vol. 11, n° 1, 1997, p. 167.

c) Las violaciones del artículo 3 común a los Convenios de Ginebra de 1949 y del Protocolo Adicional II.

En el Estatuto de ambos tribunales se observan ciertas diferencias por lo que atañe a la definición de crimen de lesa humanidad. En el artículo 5 del Estatuto del ICTR, se dispone que:

El Tribunal tendrá competencia para enjuiciar a los presuntos responsables de los crímenes que se señalan a continuación, cuando hayan sido cometidos contra la población civil durante un conflicto armado, interno o internacional: a) asesinato; b) exterminio; c) esclavitud; d) deportación; e) encarcelamiento; f) tortura; g) violación; h) persecución por motivos políticos, raciales o religiosos; i) otros actos inhumanos.

Por otra parte, en el Estatuto del ICTR se incluye la misma lista de crímenes, pero su preámbulo es diferente. A diferencia de el Estatuto del ICTY, en el texto del Tribunal para Ruanda no se exige que los crímenes sean cometidos en un conflicto armado; cada uno de los actos enumerados en el Estatuto del ICTR debe perpetrarse *como parte de un ataque generalizado o sistemático contra la población civil por razones de nacionalidad o por razones políticas, étnicas, raciales o religiosas.* No obstante, es reveladora la interpretación que hace del Estatuto del ICTY la sala de apelaciones de este Tribunal. En la decisión relativa a la moción de la defensa (*caso Tadic*), la Sala de Apelaciones corroboró las conclusiones de la Sala de Primera Instancia por considerar que, al exigirse la prueba de la existencia de un conflicto armado, en el Estatuto se restringe el alcance del concepto consuetudinario de crimen de lesa humanidad[210]. La Sala de Apelaciones establece, pues, que, desde la sentencia en Nüremberg, ya no es necesario establecer un nexo entre los crímenes

---

210.-*Decision on the Defence Motion for Interlocutory Appeal on Jurisdiction, Prosecutor v. Dusko Tadic,* Nº IT-94-1-AR72, 2 de octubre de 1995, párr. 141.

de lesa humanidad y los crímenes contra la paz o los crímenes de guerra. A la luz de las definiciones de crímenes contra la humanidad (tal como figuran en el Estatuto y en la sentencia del Tribunal de Nüremberg, en la Ley n° 10 del Consejo de Control aliado, en los esfuerzos ulteriores de codificación hechos por la CDI, en las decisiones esenciales tomadas a escala nacional con relación a los crímenes contra la humanidad, así como en el Estatuto de los Tribunales para ex Yugoslavia y para Ruanda), es evidente que aún no se ha encontrado una definición uniforme para estos crímenes. Indudablemente hay un consenso según el cual son delitos de Derecho Internacional, reconocidos en virtud de los principios generales del derecho, que dan lugar a una jurisdicción universal. Sin embargo, los parámetros exactos de estos crímenes siguen siendo vagos.

12.4.-El Tribunal Especial para Sierra Leona

La *Special Court for Sierra Leona* (SCSL, Tribunal Especial para Sierra Leona), con sede en Freetown, es una institución judicial regulada por un tratado suscrito entre Sierra Leona y Naciones Unidas, cuyas competencias quedan referidas persecución de los crímenes perpetrados en este país, durante su última guerra civil (1991-2002), tanto contra el Derecho Humanitario como contra el Derecho nacional sierraleonés.

Este país africano, antigua colonia británica y apostadero esclavista, está absolutamente asolado por la guerra civil y una profunda crisis económica, social y moral. Desde 1991, la ruina es total, el Estado, prácticamente inexistente; la situación económica y social, desastrosa. A principios de la década de los ochenta del siglo XX, según los informes del PNUD, era el país más pobre del mundo[211]: ocupaba el último puesto, el 162, en el índice de países con bajo desarrollo humano, además de

---

211.-Los 71.740 km² de Sierra Leona acogen a una población de 4.717.000 habitantes, principalmente de las etnias *temne* y *mende*, con una esperanza de vida de 37,3 años.

registrar los menores ingresos por persona, a pesar de sus riquísimos yacimientos de

diamantes. La guerra eliminó la producción agrícola, colapsó la Administración, que

llegó físicamente a desaparecer frente al empuje de las bandas y las guerrillas;

destruyó el escaso tejido industrial, las escuelas, los centros sanitarios y las vías de

comunicación. Más de la mitad de la población, estimada en 4,5 millones, se ha visto

obligada a desplazarse, unas 75.000 personas han sido asesinadas y varios millares

mutilados, al tiempo que el índice de alfabetización apenas llega un 20 %. Sierra

Leona[212], bajo dominio británico desde el siglo XIX hasta su independencia, en 1960,

---

212.-Se cree que los primeros habitantes de Sierra Leona fueron los *bulom,* que habitaban en la costa, y los *kirm* y los *gola,* que aparecieron alrededor del 1400. Durante el siglo XV llegaron los mende y temne y un poco más tarde, desde Senegal, los *fulani,* que se instalaron en el norte. En 1462 los portugueses exploraron las tierras bautizadas por Pedro de Cintra como Sierra Leona, construyendo un fuerte en 1945 en el actual emplazamiento de Freetown. En 1787 la península de Sierra Leona se transformó, por iniciativa del Imperio Británico, en "province of freedom", un refugio para esclavos liberados. Sierra Leona pasó a ser colonia británica en 1807 y protectorado en 1896. La población criolla actual de Freetown y del Area Occidental (la península) tiene sus orígenes en los esclavos africanos de regiones como Nigeria y Angola, liberados antes de cruzar el Atlántico. Cf. "Sierra Leona", Monografía de la Oficina de Información Diplomática, Ministerio de Asuntos Exteriores español, nº 110/2003, en www.mae.es/documento/0/000/000/608/SierraLeona.pdf. El país ha tenido cinco elecciones generales y sufrido cinco golpes de estado desde su independencia. La fuente de inestabilidad no residía en la rivalidad étnica como en otros países africanos, sino que surgía de su fuente principal de riqueza: los diamantes. Tras las elecciones de marzo de 1967, el ejército dio un golpe de estado y estableció un Consejo Nacional de Reforma, expulsando del país al gobernador general. En diciembre una comisión de investigación declaró que el Congreso Popular (*All People's Congress*-APC) había ganado las elecciones de marzo. En abril de 1968 se produjo el segundo golpe militar, que trasladó el poder a un gobierno civil presidido por Siaka Stevens, líder del APC, que fue elegido Primer ministro. En abril de 1971 Stevens fue proclamado presidente después de haberse aprobado una Constitución republicana. En 1976 Stevens, único candidato a las elecciones presidenciales, fue reelegido por un nuevo mandato de cinco años. En mayo de 1977 el APC volvió a ganar las legislativas, a las que también se presentaba el SLPP. En julio la Cámara de Representantes declaró al SLPP incapaz para gobernar y lo descalificó como oposición oficial. La nueva Constitución de mayo de 1978, aprobada por referéndum, contemplaba un sistema político de partido único y el APC era el único partido legal. El 14 de junio de 1978 Stevens era nombrado presidente por otros siete años. En 1981 creció la oposición al Gobierno al conocerse un escándalo sobre apropiación indebida de fondos que alcanzaba a algunos ministros y en las elecciones legislativas de mayo de 1982 se produjeron incidentes violentos. En 1983 también se dieron disturbios tribales en el distrito de Pujehun a raíz de los comicios locales. Los desórdenes continuaron durante 1984 y 1985. En 1985 Stevens se retiró voluntariamente de la presidencia al vencer su mandato. El 28 de noviembre fue nombrado presidente el capitán del Ejército y ex ministro Joseph Momoh, candidato único del único partido legal, APC, que había ganado el 99% de los votos. Momoh compuso su Gabinete con civiles. En mayo de 1986 se celebraron las elecciones legislativas. La mala situación de la economía del país rebajó la popularidad de Momoh. En marzo de 1987 el gobierno declaró haber abortado un golpe de estado, con la detención de varias decenas de personas, el vicepresidente Francis Minah entre ellas, que fueron condenadas a muerte por conspiración para asesinar al presidente y derrocar al gobierno. En octubre de 1989 sería ejecutado Minah junto a otros condenados. En 1987 Momoh quiso acabar con la malversación de caudales en el sector público, la corrupción fue tipificada como delito y

no ha tenido un período de continuado de estabilidad ni paz en su corta vida de Estado libre. Se han sucedido las revueltas campesinas, los golpes y los movimientos de insurgencia. En 1991 empezaría el camino hacia el desastre en lo que sería una de las mayores tragedias de la historia contemporánea. Tras continuos golpes de Estado y de una cruda guerra civil, en 1995, Naciones Unidas nombró *enviado espacial* a BERHANU DINKA, en un intento de llegar a un acuerdo de paz. Fruto de estos esfuerzos, se suscribió el *Acuerdo Paz e Lome,* de 17 de julio de 1999, por el que cesaron los combates, bajo el control de la recién creada UNAMSIL (*United Nations Misión in Sierra Leone*), *field misión* constituida bajo los parámetros del *traditional peacekeeping*[213]. Finalmente, la UNAMSIL, anunció el 13 de enero de 2002 que la guerra civil había terminado.

El comportamiento de los guerrilleros del Frente Revolucionario Unido (RUF), los rebeldes que combatieron al gobierno y que actuaban bajo efectos de la heroína, la cocaína y el éxtasis, ha sido, probablemente, de los más horrendos y abominables de la historia de las guerras poscoloniales. Las decapitaciones de sus

---

también introdujo la censura de prensa. El estallido de la guerra civil en Liberia, en diciembre de 1989, atrajo a unos cien mil refugiados liberianos al país. Ibíd.

213.-Naciones Unidas nos informa de su estructura en la página web dedicada a sus misiones de paz: *On 7 February 2000, the Security Council, by its resolution 1289, decided to revise the mandate of UNAMSIL to include a number of additional tasks. It decided to expand the military component to a maximum of 11,100 military personnel, including the 260 military observers already deployed. The Council also authorized increases in the civil affairs, civilian police, administrative and technical components of UNAMSIL, as proposed by the Secretary-General. The Security Council again increased the authorized strength of UNAMSIL, to 13,000 military personnel, including the 260 military observers by its resolution 1299 of 19 May 2000. On 30 March 2001, a further increase was authorized to 17,500 military personnel, including the 260 military observers. The Council took this decision by its resolution 1346, and, by the same resolution, approved a revised concept of operations.* Cf. "Sierra Leone - UNAMSIL - Background", en www.un.org/Depts/dpko/missions. Su mandato se define como sigue: *The main objectives of UNAMSIL in Sierra Leone remain to assist the efforts of the Government of Sierra Leone to extend its authority, restore law and order and stabilize the situation progressively throughout the entire country, and to assist in the promotion of a political process which should lead to a renewed disarmament, demobilization and reintegration programme and the holding, in due course, of free and fair elections".* Cf. "Sierra Leone - UNAMSIL – Mandate", en www.un.org/Depts/dpko/missions/unamsil/mandate.html. En marzo de 2002, UNAMSIL, cuya composición máxima estaba fijada en 17.500, tenía 17.368 efectivos entre los que se contaban 259 observadores militares. Cf. "Sierra Leona", Monografía de la Oficina de Información Diplomática, Ministerio de Asuntos Exteriores español, nº 110/2003, op. cit.

enemigos, cuyas cabezas eran frecuentemente exhibidas en estacas a la prensa; el secuestro, las violaciones, las mutilaciones de ambas manos y pies al tiempo (dejando vivas a las víctimas, absolutamente inválidas, hasta un número estimado de 10.000), fueron prácticas cotidianas. Otra de las monstruosidades llevadas a cabo fue el reclutamiento forzado de niños[214]. Numerosos informes sobre derechos humanos señalan que una de las técnicas de terror utilizadas para inculcar a los niños lealtad, consistía en matar a sus padres y vecinos como rito de iniciación, en el que además debían violar menores, que eran, entre otras, sus propias hermanas. Pero además, y

---

214.-La "Coalición para Acabar con la Utilización de Niños Soldados", una organización de origen español, ha denunciado en los últimos años que en el mundo existen cerca de medio millón de menores enrolados en ejércitos, grupos guerrilleros y paramilitares y que participan activamente en combates. 87 países permiten el reclutamiento de menores de edad en fuerzas armadas gubernamentales, paramilitares, milicias civiles y grupos armados no estatales. Tres países africanos (Sierra Leona, Angola y Níger) ocupan los primeros puestos por mortalidad infantil a nivel mundial (respectivamente 182, 170 y 166 niños de cada mil). Diez países africanos poseen la más baja esperanza de vida: Sierra Leona (38 años de vida media), Malawi (39), Uganda (40), Zambia (40), Ruanda (41), Burundi (43), Etiopía (43), Mozambique (44), Zimbabwe (44) y Burkina Faso (45). Tres países africanos encabezan el porcentaje de analfabetismo: Níger (14,3% de los adultos), Burkina Faso (20,7%) y Gambia (33,1%). Tres ciudades africanas, Brazzaville, Pointe Noire y Jartum, ocupan los tres primeros puestos por la peor calidad de vida urbana del mundo. Entre las plagas que afectan de manera más específica a la infancia, más de 120.000 los niños son soldados en África. Los países que encabezan la lista son Argelia, Angola, Burundi, Congo Brazzaville, República Democrática del Congo, Liberia, Ruanda, Sierra Leona, Sudán y Uganda; 80 millones los niños africanos, entre 5 y 14 años, son obligados a trabajar en condiciones infrahumanas; 12 millones los niños africanos han quedado huérfanos a causa del SIDA, y de los 22 millones de enfermos que hay en toda África, muchos son niños que contrajeron la enfermedad en el seno materno; el 56% de los 3,6 millones de refugiados en África está constituido por niños, la mayor parte de ellos en Angola (69% de los refugiados), Togo (64%).Guinea (63%), Burundi (62%), Ruanda (61%), Rep. Dem. del Congo (61%) y Sudán (60%). El reclutamiento forzoso implica, en muchos casos, el abuso sexual. Al respecto, leemos lo siguiente: *la violación de mujeres y niñas es común. "Miriam" (no es su nombre real), de veinte años, que todavía amamanta a su hijo de cinco meses, fue violada delante de su esposo al poco tiempo de ser capturados cerca de Masiaka el día 21 de mayo. Ella explicó a Human Rights Watch que fue violada casi continuamente durante tres días por siete guerrilleros del RUF, incluyendo a algunos de alrededor de catorce años. Algunas de las niñas que son violadas tras ser capturadas son muy jóvenes. "Malika," que dijo a Human Rights Watch que tenía diez años pero parecía mucho menor, contó a Human Rights Watch que ella fue violada por un guerrillero del RUF después de ser capturada, y vio morir a su hermana de veinte años, Mawa Kamara, después de que guerrilleros del RUF le amputaran las dos manos y un pie.* Recientemente, Human Rights Watch presentó el informe "Te mataremos si lloras: Violencia sexual en el conflicto de Sierra Leona", que presenta evidencias de los abusos cometidos contra mujeres de todas las edades. El informe está basado en cientos de entrevistas con víctimas, testigos y oficiales, y detalla los crímenes de violencia sexual cometidos, sobre todo, por miembros de las fuerzas rebeldes (RUF y los milicianos *West Side Boys*); pero también los cometidos por las fuerzas armadas gubernamentales. Cf. Human Rights Watch, "Guerrilleros de Sierra Leona reclutan niños a la fuerza para ser soldados", en www.hrw.org/spanish/press/2000/sierra_leona_ninos.html; y "Medio millón de menores en combate", en www.consolata.org/dimensionmisionera/rivista/2001/settembre/panorama.htm.

quizás ha sido el dato más difundido por los medios de comunicación, el FUR llevó a cabo una campaña de terror, cuyas piedras de toque eran la amputación de miembros, en dejar ciegas a las víctimas, cortar los labios, obligar a los hombres a violar a sus hijas, y realizar asesinatos masivos. Un informe de 2004 de la ONG *Partnership Africa Canada*, sobre la conexión entre el contrabando de diamantes, la guerra y el reclutamiento de niños[215], decía así:

...solamente una pequeña parte de la gente joven de Sierra Leona participó en la formación del RUF por su propia voluntad. La extensa mayoría fueron los niños secuestrados, drogados, y forzados a cometer atrocidades. [216]

En este marco de abandono y guerra brutal[217], el 16 de enero de 2002 se firmaba, en Freetown, el acuerdo internacional entre Naciones Unidas y el gobierno sierraleonés, para la creación de este Tribunal, en el convencimiento que la reconstrucción moral del país pasaba por evitar la impunidad de los principales genocidas sierraleoneses y, lógicamente, por el establecimiento de un Tribunal que

---

215.-Diversas organizaciones de derechos humanos y el Alto Comisionado de Naciones Unidas para Refugiados han denunciado estas prácticas. Francis Kai-Kai, de la *Comisión para el Desarme y la Reintegración del gobierno*, precisa que muchos niños secuestrados hace ya mucho tiempo y que han cometido hasta la extenuación, ya no recuerdan ni de dónde vienen ni por qué luchan. Entre ellos, muchos de los "oficiales" del RUF fueron algunos de estos niños secuestrados. Incluso los comandantes del RUF rondan solamente los 20 y pocos más años.

216.-Cf. "Guerra Civil en Sierra Leona", en www.afrol.com/es/Paises/Sierra_Leona/esp_guerracivil.htm; Human Rigths Watch, "Sexual Violence within the Sierra Leone Conflict", en www.hrw.org/backgrounder/africa/sl-bck0226.htm; Centro de Investigación para la Paz, "Diamantes y terror en Sierra Leona" (1 de mayo de 1999), en www.reliefweb.int/w/rwb.nsf; TUCK, Christopher, "Every car on moving object gone. The ECOMOG intervention in Liberia", en web. Africa.ufl.edu/asq/v4/v4i1a1.htm; Naciones Unidas, "Cuarto informe del Secretario General sobre la situación en Sierra Leona, S/1998/249 (18 de marzo de 1998), en www.un.org/spanish/docs/report98/s1998249.htm; y N'DIAYE, T.M., "Conflict prevention and conflict resolution in the african context: peacekeeping in Liberia", *Issue: a jorunal of opinion* (1993), ps. 70-73.

217.-BREHUM, L. *Liberia: war of horror*, Accra: Africa Book Publishing Record, 1993, en www.citadel.edu/citadel/otherserv/psci/mays.htm; UN Report 01/29´96", y CARVER, Richard, "Sierra Leone after the ECOMOG intervention: Update february 1997-april 1999", *REFWORLD, WRITENET Country Papers*, en www.unhcr.ch/refworld/country/writenet/wrisle02.htm; Naciones Unidas, "Asamblea General, Quincuagésimo segundo período de sesiones, Tema 10 del programa, Memoria del Secretario General sobre la labor de la Organización, Las causas de los conflictos y el fomento de la paz duradera y

les enjuiciara por las violaciones masivas cometidas contra el Derecho de la Guerra, el Humanitario y el sierraleonés. Se denomina *"Agreement between the United Nations and the Government of Sierra Leone on the establishment of a Special Court for Sierra Leone"* [218]. Ya su primer artículo nos revela el fin de la institución:

Article 1: Establishment of the Special Court: 1. There is hereby established a Special Court for Sierra Leone to prosecute persons who bear the greatest responsibility for serious violations of international humanitarian law and Sierra Leonean law committed in the territory of Sierra Leone since 30 November 1996.[219]

Por su parte, el Estatuto del Tribunal (*"Statute of the Special Court for Sierra Leone"*) establece un régimen competencial prácticamente igual:

1. The Special Court shall, except as provided in subparagraph (2), have the power to prosecute persons who bear the greatest responsibility for serious violations of international humanitarian law and Sierra Leonean law committed in the territory of Sierra Leone since 30 November 1996, including those leaders who, in committing such crimes, have threatened the establishment of and implementation of the peace process in Sierra Leone. [220]

La *Special Court for Sierra Leone* (SCSL) no posee la misma naturaleza jurídica que el ICTY o el ICTR, establecidos ambos por Resoluciones de Naciones Unidas que hacía de ellos dos órganos subsidiarios de la Organización. En este caso, nos encontramos ante un acuerdo suscrito entre Naciones Unidas y Sierra Leona,

---

el desarrollo sostenible en África, Informe del Secretario General", en www.un.org/spanish/docs/report98/s1998318.htm.

218.-Cf. la página web del Tribunal, en www.sc-sl.org.

219.-Ibíd.

220.-Ibíd.

que sirve de fundamento para la creación de una jurisdicción mixta, nacional e internacional, que imprime un carácter especial también a la composición y funcionamiento del Tribunal[221].

Las competencias se refieren a los autores de crímenes *especialmente relevantes*[222], recogidos con la siguiente expresión inglesa en el Estatuto: *greatest responsibility for serious violations of internacional humanitarian law and Sierra Leonean law.* Estos crímenes especialmente relevantes son los siguientes:

1.-Crímenes contra la Humanidad (art. 2 del Estatuto)[223]:

221.-*The legal nature of the Special Court, like that of any other legal entity, is determined by its constitutive instrument. Unlike either the International Tribunals for the Former Yugoslavia and for Rwanda, which were established by resolutions of the Security Council and constituted as subsidiary organs of the United Nations, or national court s established by law, the Special Court, as foreseen, is established by an Agreement between the United Nations and the Government of Sierra Leone and is therefore a treaty -based sui generis court of mixed jurisdiction and composition. Cf."Report of the Secretary-General on the establishment of a Special Court for Sierra Leone (II, Nature and specificity of the Special Court)", Security Council, Doc. S/2000/915 (4 October 2000), en www.sc-sl.org/.*

222.-*In its resolution 1315 (2000), the Security Council recommended that the personal jurisdiction of the Special Court should extend to those "who bear the greatest responsibility for the commission of the crimes", which is understood as an indicat ion of a limitation on the number of accused by reference to their command authority and the gravity and scale of the crime. I propose, however, that the more general term "persons most responsible" should be used. 30. While those "most responsible" obvio usly include the political or military leadership, others in command authority down the chain of command may also be regarded "most responsible" judging by the severity of the crime or its massive scale. "Most responsible", therefore, denotes both a leadership or authority position of the accused, and a sense of the gravity, seriousness or massive scale of the crime. It must be seen, however, not as a test criterion or a distinct jurisdictional threshold, but as a guidance to the Prosecutor in the adoption of a prosecution strategy and in making decisions to prosecute in individual cases. 31. Within the meaning attributed to it in the present Statute, the term "most responsible" would not necessarily exclude children between 15 and 18 years of age. While it is inconceivable that children could be in a political or military leadership position (although in Sierra Leone the rank of "Brigadier" was often granted to children as young as 11 years), the gravity and seriousness of the crimes they have allegedly committed would allow for their inclusion within the jurisdiction of the Court., Cf. "C.-Personal jurisdiction. 1. Persons "most responsible",* Ibíd.

223.-*Article 2: Crimes against humanity. The Special Court shall have the power to prosecute persons who committed the following crimes as part of a widespread or systematic attack against any civilian population:*

    a. Murder;

    b. Extermination;

    c. Enslavement;

- Asesinato.

- Exterminio.

- Esclavitud.

- Deportación.

- Prisión.

- Tortura.

- Violación, esclavitud sexual, prostitución forzada, embarazo forzado y cualquier otra forma de violencia sexual.

- Persecución en los campos políticos, raciales, étnicos y religiosos.

- Otros actos inhumanos.

2.-Violaciones al artículo 3, común Convenciones de Ginebra y al Protocolo Adicional II (art. 3)[224], en especial:

---

d. Deportation;

e. Imprisonment;

f. Torture;

g. Rape, sexual slavery, enforced prostitution, forced pregnancy and any other form of sexual violence;

h. Persecution on political, racial, ethnic or religious grounds;

i. Other inhumane acts.

224.-Article 3: Violations of Article 3 common to the Geneva Conventions and of Additional Protocol II. The Special Court shall have the power to prosecute persons who committed or ordered the commission of serious violations of article 3 common to the Geneva Conventions of 12 August 1949 for the Protection of War Victims, and of Additional Protocol II thereto of 8

June 1977. These violations shall include:

- Violencia contra la vida, la salud física y mental de las personas, en especial la muerte, así como los tratos crueles como la tortura, la mutilación o cualquier otra forma de castigo corporal.

- Castigos colectivos.

- La toma de rehenes.

- Atentados contra la dignidad personal, en particular tratos inhumanos y degradantes, violación, prostitución forzada y cualquier otra forma de asalto indecente.

- Pillaje.

- Dictar sentencias y llevar a cabo ejecuciones sin juicio previo, emitido por una corte constituida regularmente, de acuerdo con todas las garantías judiciales que son reconocidas como indispensables por los pueblos civilizados.

---

a. Violence to life, health and physical or mental well-being of persons, in particular murder as well as cruel treatment such as torture, mutilation or any form of corporal punishment;

b. Collective punishments;

c. Taking of hostages;

d. Acts of terrorism;

e. Outrages upon personal dignity, in particular humiliating and degrading treatment, rape, enforced prostitution and any form of indecent assault;

f. Pillage;

g. The passing of sentences and the carrying out of executions without previous judgement pronounced by a regularly constituted court, affording all the judicial guarantees which are recognized as indispensable by civilized peoples;

h. Threats to commit any of the foregoing acts.

- Amenazas de cometer cualquiera de los actos anteriores.

3.-Otras violaciones graves del Derecho Internacional Humanitario (art. 4)[225], como son:

- Ataques directos e intencionales contra la población civil o contra personas civiles que no tomen parte directa en las hostilidades

- Ataques directos e intencionales contra personal, instalaciones, material, unidades o vehículos implicados en asistencia humanitaria o una misión de paz, de acuerdo con la Carta de las Naciones Unidas

- Recluta o alistamiento de niños menores de 15 años en las fuerzas armadas o grupos, que los apliquen en la participación activa en las hostilidades.

4.-Crímenes cometidos según la legislación sierraleonesa[226]:

225.-*Article 4: Other serious violations of international humanitarian law. The Special Court shall have the power to prosecute persons who committed the following serious violations of international humanitarian law:*

a. Intentionally directing attacks against the civilian population as such or against individual civilians not taking direct part in hostilities;

b. Intentionally directing attacks against personnel, installations, material, units or vehicles involved in a humanitarian assistance or peacekeeping mission in accordance with the Charter of the United Nations, as long as they are entitled to the protection given to civilians or civilian objects under the international law of armed conflict;

c. Conscripting or enlisting children under the age of 15 years into armed forces or groups or using them to participate actively in hostilities.

226.-*Article 5: Crimes under Sierra Leonean law. The Special Court shall have the power to prosecute persons who have committed the following crimes under Sierra Leonean law:*

a. Offences relating to the abuse of girls under the Prevention of Cruelty to Children Act, 1926 (Cap. 31):

i. Abusing a girl under 13 years of age, contrary to section 6;

ii. Abusing a girl between 13 and 14 years of age, contrary to section 7;

iii. Abduction of a girl for immoral purposes, contrary to section 12.

- Abuso de niñas, de acuerdo con el Acta para la prevención de la crueldad a niños, de 1926 (los abusos se tipifican en tres categorías: menores de 13 años, entre 13 y 14) y el secuestro de una niña con propósitos inmorales.

- Destrucción dolosa de la propiedad, de acuerdo con el Acta de Daños Maliciosos, de 1861, en especial, el incendio de inmuebles con personas dentro, y de edificios oficiales.

Como podemos ver, el espectro de crímenes difiere de los recogidos para los Tribunales de la Antigua Yugoslavia y Ruanda, en la medida en que se mezcla el Derecho Internacional con el sierraleonés. La incriminación del reclutamiento forzoso de niños se ha criticado, por lo arbitrario de la edad señalada.

El Estatuto recoge expresamente (artículo 6) el principio de responsabilidad penal personal, en concepto de autor material, inductor, encubridor, cooperador necesario y cómplice de los crímenes reseñados. La obediencia debida no excluye la responsabilidad[227]. La mayoría de edad, a los efectos penales, queda establecida en

---

b. Offences relating to the wanton destruction of property under the Malicious Damage Act, 1861:

i. Setting fire to dwelling - houses, any person being therein, contrary to section 2;

ii. Setting fire to public buildings, contrary to sections 5 and 6;

iii. Setting fire to other buildings, contrary to section 6.

227.-Article 6: Individual criminal responsibility

1. A person who planned, instigated, ordered, committed or otherwise aided and abetted in the planning, preparation or execution of a crime referred to in articles 2 to 4 of the present Statute shall be individually responsible for the crime.

2. The official position of any accused persons, whether as Head of State or Government or as a responsible government official, shall not relieve such person of criminal responsibility nor mitigate punishment.

3. The fact that any of the acts referred to in articles 2 to 4 of the present Statute was committed by a subordinate does not relieve his or her superior of criminal responsibility if he or she knew or had reason to know that the subordinate was about to commit such acts or had done so and the

15 años (artículo 7 del Estatuto). La jurisdicción del tribunal es concurrente con las de los tribunales sierraleoneses, pero será preferente el Tribunal Especial cuando exista un conflicto entre él y cualquier otro tribunal nacional (artículo 8).

En cuanto a su estructura (artículo 12 del Estatuto), tiene una Sala de Primera Instancia y otra de Apelaciones. La primera está formada por tres magistrados, que ejercen sus funciones por un plazo de tres años, uno nombrado por Sierra Leona y dos por Naciones Unidas. La de Apelaciones, por cinco, nombrados dos a tres, por las mismas autoridades. El presidente de la Sala de Apelaciones lo es también del Tribunal. La investigación de los crímenes e instrucción de las causas, de acuerdo con un modelo anglosajón, es competencia del Fiscal, nombrado por el Secretario General de Naciones Unidas. El Tribunal posee, además, personal de administración y servicios. Tanto sus magistrados como el fiscal y sus auxiliares, gozan de inmunidad judicial. El funcionamiento procesal queda regulado en sus *Reglas de Procedimiento y Prueba*, (*Rules of Procedure and Evidence*). A finales de 2003, se han abierto actuaciones (*Indictments*) contra trece personas[228].

13.-Se acelera el cambio: las dictaduras militares sudamericanas

Todos estos esfuerzos sostenidos contra la barbarie desde hacía dos siglos, y la idea correlativa de la necesidad de un Derecho Penal Internacional

---

superior had failed to take the necessary and reasonable measures to prevent such acts or to punish the perpetrators thereof.

4. The fact that an accused person acted pursuant to an order of a Government or of a superior shall not relieve him or her of criminal responsibility, but may be considered in mitigation of punishment if the Special Court determines that justice so requires.

5. Individual criminal responsibility for the crimes referred to in article 5 shall be determined in accordance with the respective laws of Sierra Leone.

228.-La documentación al respecto es la siguiente: *Taylor Indictment, SCSL-2003-01-I; Sankoh Indictment, SCSL-2003-02-I; Koroma Indictment, SCSL-2003-03-I; Bockarie Indictment, SCSL-2003-04-I; Sesay Indictment, SCSL-2003-05-I; Brima Indictment, SCSL-2003-06-I; Kallon Indictment, SCSL-2003-07-I; Norman Indictment, SCSL-2003-08-I; Gbao Indictment, SCSL-2003-09-I; Kamara Indictment, SCSL-*

efectivo, dieron un fruto inesperado a finales del siglo XX, cuando un juez español aplicó el espíritu de esta disciplina, decantado a través de instrumentos, acuerdos y prácticas internacionales, y recogido en el Derecho español. Estas actuaciones supusieron, además, una relajación del vínculo existente entre el Derecho Penal Internacional, el Derecho Militar y los conflictos armados, ya que, en los casos que veremos a continuación, el conflicto era, ante todo social, y la violencia la ejercían gobiernos de facto. Así pues, se pasó de un ámbito netamente militar a otro, mucho más amplio, de protección de derechos humanos en situaciones de convulsión social.

El 16 de octubre de 1998, el juez BALTASAR GARZÓN, que investigaba desde hacía dos años los crímenes cometidos durante las dictaduras argentina y chilena, ordenó la detención preventiva en Londres del antiguo dictador chileno AUGUSTO PINOCHET, con lo cual se inició uno de los procesos que más han interesado a la opinión pública mundial recientemente y que, sin duda, ha sido un importante catalizador para el desarrollo del Derecho Penal Internacional. El bloque normativo aplicado por este juez era mixto: Derecho Penal español y Convenciones Internacionales para la protección de los Derechos Humanos e, incluso, lo que podríamos llamar el *Derecho de Nüremberg*.

Las violaciones de los derechos humanos alteran y ponen en entredicho cualquier posibilidad de convivencia pacífica nacional e internacional. Los derechos humanos y el mantenimiento de la paz no pueden ser entendidos como asuntos *esencialmente de la jurisdicción interna* estatal. Forman parte, por el contrario, de principios que la práctica totalidad de los Estados se comprometieron a respetar y a *tomar medidas* para su afirmación, cuando suscribieron la Carta de Naciones Unidas. Si algo nos dice la evolución del Derecho Internacional en las últimas cinco décadas, es que los derechos humanos y de la paz internacional son los temas centrales de

---

2003-10-I; Fofana Indictment, SCSL-2003-11-I; Kondewa Indictment, SCSL-2003-12-I; Kanu Indictment,

todo tipo de discusiones. Se ha recalcado por RODRIGUEZ VILLASANTE[229] y MELENDEZ[230] el valor que debe reconocerse a su promoción, como garantía del orden internacional, ya que existe una convicción universal según la cual su respeto guarda estrecha relación con el mantenimiento de la paz y seguridad internacionales. La doctrina europea más extendida, manifestada por el *Institut de Droit International*[231], declaró, en sintonía con lo expuesto, que el respeto a los derechos humanos corresponde a todos los Estados, frente a la comunidad internacional en su conjunto. De ello se derivan al menos dos consecuencias. La primera, es que en tales casos no se puede impedir la intervención, alegándose que los asuntos relativos al ámbito de los derechos humanos son materia interna de los Estados. La segunda, es que la defensa concreta de los derechos humanos vulnerados mediante la intervención humanitaria no puede considerarse como injerencia ilícita en los asuntos internos. Como afirmaba RAWLS, en el marco de la Sociedad de Naciones, *el respeto por los derechos humanos es una de las condiciones impuestas a cualquier régimen político para ser admitido como miembro pleno de una sociedad política de pueblos justa*[232]. Cuando nos adentramos en las conductas y el estudio de las violaciones a los derechos humanos cometidas por las dictaduras del Iberoamérica, nos sorprendemos que, a pesar de la brutalidad de sus procedimientos en contra de su propia población, no se actuara antes contra ellas. Sólo durante la dictadura militar argentina (1976-1983), las fuerzas de seguridad, con la excusa de encontrarse en una situación de *guerra interna*, dieron muerte aproximadamente a 30.000 personas,

---

SCSL-2003-13-I; en "Public Information", www.sc-sl.org/.

229.-RODRÍGUEZ VILLASANTE PRIETO, José Luis, "Naciones Unidas: acción preventiva e injerencia humanitaria", *Revista Española de Defensa*, nº 63 (mayo de 1993), p. 60.

230.-MELÉNDEZ, Adolfo, "La emancipación de los desarraigados. Ayuda Humanitaria y Derechos Humanos. Conceptos interrelacionados", *Tiempo de paz*, nº 40 (invierno 1996), p. 79.

231.-*La protection des droits de l'homme et le principie de non-intervenction dans les affaires intérieures des Estats*, en RAMON CHORNET, C., *¿Violencia necesaria? La intervención humanitaria en Derecho Internacional*, Madrid: Trotta, 1995, p. 28.

entre ellas mujeres y niños[233].

La consolidación de gobiernos de facto en Argentina o Chile, así como los actos que cometieron, encontraron justificación en la tesis de CARL SCMITT[234] del *amigo-enemigo*, distinción elaborada a partir posibilidad que tiene un Estado, en un momento dado de la Historia, de eliminar físicamente al que se considera *enemigo*, es decir, al opositor. Esta concepción de la política, que cobró especial importancia bajo los regímenes socialistas y el nazi, constituye el elemento central del comportamiento de las dictaduras militares iberoamericanas[235]. La instauración de estos regímenes fue un efecto directo de los procesos de movilización social y de activismo de izquierda, que derivaron en algunos países, como Uruguay, Chile y Argentina, en movimientos de guerrilla cuyo objetivo era la revolución socialista, tras la senda abierta por FIDEL CASTRO y ERNESTO GUEVARA[236]. Los regímenes dictatoriales, apoyados por las Fuerzas Armadas, se caracterizaron por su represión contra esta revolución, el uso de la violencia y del terrorismo de Estado contra la

---

232.-RAWLS, John, *El derecho de los Pueblos*, Bogotá: Universidad de los Andes, 1996, p. 131.

233.-Cf. *Informe de la Comisión Nacional sobre Desaparición de Personas (CONADEP)*, Nunca Más: Buenos Aires, 1985. La comisión fue dirigida por el escritor Ernesto Sábato. En él se ponía en conocimiento de la opinión pública la desaparición de 8.960 personas, según denuncias debidamente probadas y documentadas. Señala el informe que en Argentina existían 340 centros clandestinos de detención, dirigidos por altos oficiales de las fuerzas armadas. La CONADEP descubrió que entre los militares y policías se estableció un *pacto de sangre* que implicaba la participación *de todos* en las violaciones a los derechos humanos. *Tenemos la certidumbre de que la dictadura militar produjo la más grande tragedia de nuestra historia, y la más salvaje*, concluyó la comisión. El informe se puede consultar en Internet, en la página web siguiente: www.nuncamas.org/.

234.-SCHMINTT, Carl, *El concepto de lo político*, Madrid: Alianza Universidad, 1991, p. 56.

235.-El uso de la violencia por parte del Estado en esta parte del mundo no está exclusivamente limitado a los períodos de gobiernos militares. Cf. WALDMANN, Peter, "Represión estatal y paraestatal en Latinoamérica", *Revista América Latina Hoy*, 2ª época, n° 19 (junio de 1995).

236.-COLLIER, David; *The new authoritarism in Latin America*, Princeton: Princeton University Press, 1979; LECHNER, Norbert; *Estado y Política en América Latina*, México: Ed. Siglo XXI, 1981; GARRETON, Manuel Antonio, *En torno a la discusión sobre los nuevos regímenes autoritarios en América Latina*, en PORTALES, Carlos; *La América Latina en el Nuevo Orden Económico internacional*, México: Fondo de Cultura Económica, 1983, ps. 334 y sis.; REMIRO BROTONS, Antonio, *El caso Pinochet. Los límites de la impunidad*, Madrid: Biblioteca Nueva, 1999.

insurgencia y el terrorismo de izquierdas. En Argentina, Chile y Uruguay, la represión comenzó inmediatamente después de la ocupación del poder. Brasil tuvo su represión más cruda al finalizar la década de los años sesenta, con el objeto de aplastar los focos guerrilleros, bajo la inspiración de CARLOS MARIGHELA, que se habían alzado en armas durante los años anteriores de dictadura. Argentina y Chile fueron los países en los que se vivió la represión más violenta; en Uruguay, se caracterizó por ser más selectiva. Con independencia de sus rasgos externos, poseyeron ciertas características comunes:

- Su incapacidad política para dotarse una legitimidad para crear un sistema diferente de la democracia[237].

- Sus violaciones masivas de los derechos humanos.

- Una cooperación internacional, con regímenes parecidos y vecinos, en el control y en la eliminación de la disidencia política.

Los regímenes militares no sólo aspiraban a eliminar la subversión de izquierdas, que alcanzó cotas altísimas de violencia, sino a construir estructuras económicas y políticas *modernas* en el marco de la *Doctrina de la Seguridad Nacional*[238]. Se entendía por *modernización* la implantación del capitalismo, al estilo de Estados Unidos. El nuevo tipo de régimen nacía…

237.-FRÜHLING EHRILCH, Hugo; *La defensa de los derechos humanos en el Cono Sur. Dilemas y perspectivas hacia el futuro*, en *Represión política y defensa de los derechos humanos*: Santiago de Chile: Centro de Estudios Sociales (CESOC) y Ediciones Chile y América, 1986, ps. 15 y sis; EKAIZR, Ernesto, "El 'Nüremberg' de Pinochet", *El País Digital* (Madrid, 15.11.1998), en www.elpais.es; RALEA, Francesc, "Las víctimas del general", *El País Digital*, www.elpais.es/p/d/especial/chile/; "Derechos Chile", en www.derechoschile.com/espanol/acerca.htm.

238.-El ministro de economía del régimen militar argentino, José Alfredo Martínez de Hoz, aseguró que los cimientos de su política económica se basaban en *la liberalización de la economía y en la modernización del sistema productivo*. Cf. *El País*, Madrid, 6 de enero de 1982.

...con la meta de promover un desarrollo capitalista acelerado, dentro de patrones elaborados por economistas teorizantes de EE.UU. que requieren como condición un estricto control social. Para ello, es preciso dividir al país de manera maniquea entre los que están con el régimen y los que no están con él. A estos últimos se les equipara a subversivos o cómplices de la subversión, y en la larga lista de sospechosos quedan inscritos, automáticamente, sindicatos, agremiaciones campesinas, intelectuales y estudiantes. La prensa es sometida a una estricta censura. Los militares se convierten en una casta de poder.[239]

VERBITSKY, aseguró que...

...Los militares que en 1976 capturaron el poder y en tres años consiguieron su objetivo de eliminar a las guerrillas montoneras y del ERP, se proponían instaurar un nuevo orden que recién al filo del siglo XXI cedería paso a los civiles, organizados en partidos distintos de los del pasado.[240]

13.1.-La Junta Militar Argentina

El origen de las dictaduras argentina y chilena es parecido: una violenta crisis económica y un golpe de estado, con la toma del poder por una *junta militar*. En el caso de la Argentina[241], la muerte de PERÓN, el 1 de julio de 1974, dejó sumido al país en un proceso de violencia insurgente y desorden social sin precedentes, tras las purgas de elementos izquierdistas del gobierno y de las Fuerzas Armadas y la

---

239.-*El fracaso internacional de la Seguridad Nacional, Documentos del III Foro de los Derechos Humanos*, Bogotá: Editorial Colombia Nueva, 1983, p. 8.

240.-VERBITSKY, Horacio, *La Posguerra Sucia*, Buenos Aires: Legasa, 1985, p. 25.

241.-Los datos que siguen, sobre el origen de la dictadura argentina, han sido tomados de CISNEROS, Andrés, y ESCUDÉ, Carlos, *Historia General de las Relaciones Exteriores de la Argentina (1806 - 1989)*, Buenos Aires: Consejo Argentino para las Relaciones Internacionales (CARI) – Iberoamérica y el mundo, 2000, en www.argentina-rree.com/home_nueva.htm.

expulsión de la legalidad de los *Montoneros de la Plaza de Mayo*. Este grupo, situado en la izquierda del justicialismo peronista, se radicalizó y comenzó la insurrección armada[242]. Sin la presencia moderadora de PERÓN, tanto los representantes de la extrema izquierda como la extrema derecha del movimiento justicialista pasaron a la acción directa violenta. Bajo la dirección de MARÍA ESTELA MARTÍNEZ[243], tercera

---

242.-Grupo guerrillero creado en 1967, entre alumnos del Colegio Nacional de Buenos Aires, integrantes de la Acción Católica Argentina. Su matriz era nacionalista y católica, su propio nombre es cercano al imaginario patriótico argentino. *Nacionalista* en tanto entronca políticamente el movimiento nacional del siglo XIX con el del siglo XX, como expresión política con representatividad de masas, la Argentina federal inconclusa por los intereses de la pampa húmeda, la Argentina de Perón y sus tres banderas, expresada en los años 70, en la construcción nacional del socialismo. Y *católica*, ya que varios de sus militantes fundadores iniciaron su militancia social en la *Iglesia de los Pobres*, de Medellín, junto con representativos líderes dentro de la Iglesia, hasta el punto de entronizar como uno de los mártires *de los nuevos tiempos* a Camilo Torres, guerrillero muerto en Colombia. Este grupo pronto desarrolla una actividad terrorista. Bajo el rótulo de *guerrilla peronista, nacionalista-revolucionaria*, cometería su primer asesinato el 29 de marzo de 1970, tras el secuestro del general Pedro Eugenio Aramburu, con un disparo en la cabeza. En el lapso de tres años llega a ser el sector más movilizador del peronismo (denominado *tendencia revolucionaria*). La organización político-militar sería pronto como núcleo central, al igual que tantos otros conocidos grupos terroristas. Poco a poco incorpora diversos grupos peronistas a sus filas, en 1972 lo hace la organización *Descamisados*, donde militaban entre otros Dardo Cabo y Mendizábal. En 1973 se fusiona con otra organización de similares características: las *Fuerzas Armadas Revolucionarias*, manteniendo el nombre Montoneros, como reconocimiento a la preeminencia de éstos en el desarrollo político y de masas. Las F.A.R. nacieron a la luz pública en 1970, como un grupo marxista dispuesto a concurrir a la convocatoria del Che Guevara en Bolivia. Poco a poco fueron confluyendo con el peronismo, por ser éste el movimiento de los trabajadores, por ser *el peronismo la identidad de los obreros y el motor de las luchas sociales en la Argentina* Las F.A.R. sintetizaban su desarrollo con otra consigna: *fuimos el ejército de Guevara, somos el ejército de Perón*. Y con posterioridad, se incorpora una escisión de las Fuerzas Armadas Peronistas, las F.A.P. "17 de Octubre". Como podemos ver, pronto fueron absorbidos por el marxismo insurgente. Sus bases ideológicas quedaban resumidas en la siguiente consigna: *peronismo, socialismo y lucha armada*. Más tarde sería objeto de la represión de los militares durante la dictadura.

243.-Isabel Perón nació el 4 de febrero de 1931 en La Rioja. Perteneció a una familia de clase media. Conoció a Perón entre 1955 y 1956 y, dejando su carrera de bailarina, se convirtió en su secretaria personal, acompañándolo en su exilio de Madrid, donde se casaron en 1961. Isabel visitó Argentina varias veces en la década de 1960 y en los primeros años de 1970, consiguiendo apoyo para Perón. Cuando Juan Perón regresó finalmente a Argentina para postularse a la presidencia en 1973, Isabel fue elegida como Vicepresidenta ante la sugerencia de José López Rega. La enfermedad de Perón la elevó varias veces al cargo de Presidente sucediéndolo el 1 de julio de 1974 cuando éste falleció. Su régimen heredó serios problemas de inflación, malestar en los trabajadores y violencia política. Trató de resolver los problemas a través de un nuevo gabinete de Ministros, imprimiendo billetes para pagar la deuda externa, e imponiendo el estado de sitio en noviembre de 1974. Las controversias alrededor de su Ministro de Bienestar Social, López Rega, no la ayudaron en la coyuntura general. Algunos militares le recomendaron la renuncia, pero ella no la acepto; la situación política del país continuaron empeorando, y el 24 de marzo de 1976, fue detenida por oficiales de la fuerza aérea y mantenida en su casa bajo arresto por cinco años. En 1981 fue condenada por actividades de corrupción, pero fue puesta en libertad bajo palabra en el verano de ese año, viajando a España. Indultada a finales de 1983, resignó la titularidad del Partido Justicialista, desde su hogar en Madrid en 1985. Cf. "Biografías: Isabel Perón", en www.historiadelpais.com.ar/biografias/Isabel_Peron.htm.

mujer del político, y LÓPEZ REGA, el gobierno no dudó en utilizar el grupo terrorista de ultraderecha *Triple A* (*Alianza Anticomunista Argentina*) para reprimir a militantes de izquierda y a miembros de la comunidad judía, con inclinaciones izquierdistas o sin ellas. Estas medidas no lograron disminuir la violencia guerrillera: la autoridad del gobierno se deterioraba día a día, en 1975 se produjeron 860 muertos y la inflación alcanzaba al 330 %. El país tuvo cuatro ministros de Economía en un año; uno de ellos, RODRIGO, aplicó unas medidas que desataron una inflación y la crisis económica sin precedentes, agudizada por la pésima situación social: el estado de sitio fue decretado a partir del 6 de septiembre de 1974, al tiempo que se entregaba a las Fuerzas Armadas la dirección y ejecución de la lucha antisubversiva, mediante del *Decreto secreto 261*, aprobado a principios de febrero de 1975. Entre septiembre y octubre de 1975, fueron publicados dos nuevos Decretos (2270 y 2272) que otorgaron a las Fuerzas Armadas el control total de la política antisubversiva, bajo el mando superior de la presidente MARÍA ESTELA MARTÍNEZ DE PERÓN. El asesinato del coronel MARIO RICO, en marzo de 1975, atribuido a LÓPEZ REGA, provocó el distanciamiento del gobierno del comandante en jefe de la Armada, almirante EMILIO EDUARDO MASSERA, y su homólogo del Ejército, general JORGE RAFAEL VIDELA, que encabezarían un golpe militar el 24 de marzo de 1976.

Tras el asalto al Estado, fue instaurado un régimen que sería conocido como *Proceso de Reorganización Nacional,* en el que los golpistas dieron el poder a una junta militar compuesta por los comandantes de los tres Ejércitos (general JORGE RAFAEL VIDELA, almirante EMILIO EDUARDO MASSERA y brigadier ORLANDO RAMÓN AGOSTI). Esta junta creó una legalidad propia, basada en unas normas denominadas *Actas Institucionales* (*Acta para el proceso de reorganización nacional* del 24 de marzo; *Acta estableciendo el propósito y los objetivos básicos* para dicho proceso, de la misma fecha; el *Estatuto* del 31 de marzo; y la Ley 21256, que aprobaba el *Reglamento para el funcionamiento de la Junta Militar, el Poder Ejecutivo*

Nacional y *la Comisión de Asesoramiento Legislativo, CAL*, del 26 de marzo de 1976). La Constitución Nacional quedaba subordinada a los objetivos y fines del proceso revolucionario nacional[244]. No solo se pretendía eliminar la guerrilla subversiva, sino que se plateó la realización de un proyecto fundacional de *una nueva república para una nueva Argentina*, bajo los principios de *la soberanía política, la moral cristiana, la tradición nacional, la dignidad de ser argentino, la seguridad nacional, la erradicación de la subversión y de sus causas, y la inserción internacional del país en el mundo occidental y cristiano*[245].

Todo este proyecto revolucionario fue producto de una alianza entre economistas liberales y nacionalistas ortodoxos, que fracasaría absolutamente, tras la derrota de las Malvinas. Como consecuencia de esta profunda decepción nacional, los militares, en conjunto, pasaron a ser *responsables* del desastre social y de la aventura bélica de la junta, y se incrementó la presión de los partidos políticos y de los sindicatos para volver a un régimen democrático.

La Fuerza Aérea mantuvo su prestigio, al infligir importantes pérdidas a los británicos, mientras que la actuación del Ejército fue decepcionante, hasta el punto de ser descabezado: el general GALTIERI; el jefe de Estado Mayor, el general JOSÉ ANTONIO VAQUERO, y el secretario general del Ejército, general ALFREDO SAINT JEAN, fueron destituidos, y el poder pasó al general CRISTINO NICOLAIDES. Como consecuencia del desastre, los oficiales de la Fuerza Aérea y la Armada decidieron retirarse del gobierno.

El día 22 de junio de 1982, el Ejército decidió asumir la *responsabilidad de la conducción política*, al designar presidente al general REYNALDO BIGNONE, que

---

244.-FLORIA, Carlos A. y GARCÍA BELSUNCE, César A., *Historia de la Argentina contemporánea, 1880-1983*, Buenos Aires: Alianza, 1989, ps. 239-241.

245.-Ibíd, p. 242.

a la postre sería el encargado de conducir la transición hacia la democracia. Uno de los pasos necesarios se realizó con la publicación, el 28 de abril de 1983, del *Documento Final sobre la Lucha contra la Subversión y el Terrorismo*, que declaró la muerte de todos los desaparecidos.

Se estableció una protección jurídica contra la posible persecución, al dictarse el 23 de septiembre de ese mismo año, de la ley n° 22.924, denominada de *Pacificación Nacional*, que otorgaba una amnistía tanto a los promotores de actividades terroristas como a los encargados de reprimirlas. En total, durante esta dictadura, se estima que desaparecieron unas 30.000 personas.

13.2.-El Golpe contra Allende

En las elecciones del 4 de septiembre de 1970, SALVADOR ALLENDE (1908-1973), cirujano y fundador del Partido Socialista de Chile, obtuvo la mayoría relativa (36 %) en las elecciones presidenciales, al frente de la Unión Patriótica (UP), de izquierdas. Tras un acuerdo con los representantes de la Democracia Cristiana, fue elegido presidente el 4 de noviembre de 1970. Su programa de gobierno, al que llamaría *vía chilena al socialismo*, se inicia con un proceso de reformas que propuso al país en su programa electoral. En apenas dos años, la frágil economía y estabilidad chilena, proporcionada por una sociedad profundamente clasista, con los resortes financieros gobernados por empresas extranjeras, se desvanecieron. Las reformas, en origen populistas y finalmente socialistas, fracasaron y sumieron a Chile en una profunda crisis social y económica, con una inflación enorme, huelgas, cierres patronales, violencia y, por primera vez en mucho tiempo, auténticas penurias alimenticias. La producción de las principales industrias nacionales se derrumbó, faltaban bienes básicos de consumo, la violencia terrorista de derechas e izquierdas era continua, al tiempo que se incumplían los pagos externos y florecía el mercado negro. Las grandes corporaciones norteamericanas veían la política *allendista* de nacionalizaciones y requisas populares, como una amenaza para sus intereses, en un Chile en el que el socialismo se radicalizaba día a día, con un proceso que recordaba directamente la revolución cubana. A finales de 1972 y principios de 1973, los medios de comunicación chilenos hablaban ya abiertamente de una posible guerra civil, al tiempo que se sucedían las huelgas revolucionarias y los partidos de izquierda se articulaban en *comités de autodefensa obrera*, *comandos campesinos* y *brigadas revolucionarias*, para defenderse de la *violencia fascista* y continuar el *accionar revolucionario*. GABRIEL GONZÁLEZ VIDELA, declararía lo siguiente sobre ALLENDE, al comentar la situación[246]:

> *El Jefe Supremo de la Nación, presionado seguramente por las fuerzas extremistas de la Unión Patriótica (UP), optó por atrincherarse en la barricada del totalitarismo marxista.*

El 9 de diciembre de 1972 se inicia el proceso de cuenta atrás. ALLENDE cierra una serie de acuerdos de cooperación de Chile con la URSS, que suponen la entrega de las antiguas empresas norteamericanas (especialmente el complejo minero del cobre), una vez nacionalizadas, al gigante del Este: Chile oscila hacia el bloque soviético. En marzo de 1973, en elecciones parlamentarias, los partidos del gobierno obtienen el 43% y la oposición el 53%, pero se suceden, desde abril, masivas manifestaciones en contra de ALLENDE. En agosto de ese año, nombra comandante en jefe del Ejército al general AUGUSTO PINOCHET, que le derroca el 11 de septiembre. ALLENDE se suicida durante el bombardeado la sede del gobierno (*Palacio de la Moneda*) Una junta militar asume el poder, en el que permanecerá PINOCHET como *Presidente de la República y Comandante de las Fuerzas Armadas*, hasta 1989.

246-DEBRAY, Regis, *The Chilean Revolution: Conversations with Allende,* Nueva York: Pantheon, 1972; y "Salvador Allende, cronlogía", en www.salvador-allende.cl/.

Durante ese tiempo, en connivencia con las dictaduras militares vecinas, se lleva a cabo una represión social brutal, de enormes efectos, y con un elevado número de víctimas.

13.3.-La conexión chileno-argentina: la *Operación Cóndor*

Las relaciones internacionales entre los oficiales de las fuerzas armadas sudamericanas se habían estrechado desde fines de la década de los sesenta, producto de la formación contrainsurgente recibida en las academias militares norteamericanas, especialmente en la *Escuela de las Américas* (*School of the Americas*), entre cuyos alumnos se contaron MANUEL NORIEGA y OMAR TORRIJOS, de Panamá; LEOPOLDO GALTIERI y ROBERTO VIOLA, de Argentina; JUAN VELASCO ALVARADO, de Perú; GUILLERMO RODRÍGUEZ, de Ecuador, y HUGO BANZER, de Bolivia. Esta especialización se enmarcó dentro de la *Doctrina de Seguridad Nacional*, cuyo objetivo era lograr el *orden* en la sociedad civil y la eliminación física de la disidencia revolucionaria (y, con frecuencia insurgente) comunista y socialista. Estas relaciones de militares argentinos, uruguayos, paraguayos, brasileños, chilenos, bolivianos y peruanos, darían frutos en los años de las dictaduras, cuando se formó una organización multinacional conocida como la *Operación Cóndor*, para la eliminación de la oposición política mediante el asesinato. Fue así cómo esta organización concibió, desarrolló y ejecutó un plan sistemático de detenciones ilegales, que derivaron en desapariciones forzadas de personas, o en asesinatos, precedidos de torturas en la mayoría de los casos. Estas acciones afectaron a ciudadanos de Argentina, España, Reino Unido, Estados Unidos, Chile, Suiza y Francia, entre otros.

¿Cómo se han encontrado pruebas sobre la existencia de la *Operación Cóndor*? De manera casual, en Paraguay. Este país, de cuatro millones de habitantes, situado en el centro de América del Sur, tiene una larga tradición de aislamiento con extravagantes dictadores. Ya desde fines del siglo XIX, ejerció una fuerte atracción para racistas alemanes, como el doctor BERNARD FORSTER, que fundó en él la colonia *Nueva Germania*, con el objetivo de aplicar su programa de pureza racial[247]. Además de su ubicación estratégica, el Paraguay gobernado por el general ALFREDO STROESSNER, que tomó el poder con un golpe en 1954, ofreció durante decenios estabilidad política y todo tipo de facilidades para el refugio de fascistas italianos, nazis alemanes, croatas y cubanos, anticomunistas argentinos, brasileños y españoles, *sicarios* bolivianos, genocidas chilenos, y todo tipo de militares y civiles involucrados en violaciones de derechos humanos, tráfico de armas, espionaje y operaciones criminales, como JOSEF MENGUELE; el jefe de la Logia Masónica *P-2*, LICIO GELLI; o el español JUAN LEÓN CORDÓN, entre otros. Muchos de los agentes secretos chilenos, responsables de violaciones de derechos humanos, detenciones y desapariciones, como MIGUEL ESTAY REYNO, *El Fanta*, residieron con nombres falsos en Paraguay, una vez decretada su búsqueda y captura en su país de origen, tras la vuelta a la democracia[248]. El *modelo paraguayo* fue elogiado, entre otros por NIXON, que reconoció que *constituía un eje estratégico clave para la lucha contra el comunismo*. El 4 de mayo de 1968, al llegar a Asunción, declaró que no *conocía otra nación que se hubiera levantado más fuerte (...) en contra de la amenaza del comunismo*[249].

STROESSNER fue derrocado por el general ANDRÉS RODRÍGUEZ, en febrero de 1989, y huyó al Brasil como exiliado. Reinstaurada la democracia, un profesor universitario, MARTÍN ALMADA, con la ayuda de un juez, FERNÁNDEZ, descubrieron importante documentación. MARTÍN ALMADA llamó la atención de la policía secreta en 1974, cuando publicó una tesis doctoral crítica sobre la educación

---

247.-*PAGINA 12*, Buenos Aires, Argentina, 7 de febrero de 1993, p. 4.
248.-SALES. F., "El paraíso azul", *El País*, 15 de febrero de 1988.

en Paraguay. Fue arrestado, acusado de *terrorismo* y de *vinculación con los comunistas paraguayos*, y torturado, antes de pasar los siguientes tres años en el campo de concentración *Emboscada*. Su esposa, de 33 años, murió de un ataque al corazón tras recibir una llamada telefónica, en la que se oían en directo sus gritos de dolor en medio de la tortura[250]. Tras su liberación, en 1977, marchó al exilio, pero después de la caída de STROESSNER, inició procedimientos legales contra sus perseguidores. Almada presentó un *mandato de habeas data*, que permite a las personas, según el Derecho paraguayo, el acceso los registros policiales en los que conste cualquier dato sobre el actor. A través de sus propias investigaciones privadas y de una carta anónima, averiguó que algunos documentos relacionados con su caso podían encontrarse en la comisaría de Lambaré[251]. ALMADA pasó esta información al juez FERNÁNDEZ, que ordenó el registro. Una mañana de diciembre de 1992, el juez y el profesor tuvieron acceso a la comisaría donde se suponía que estaba depositada la documentación solicitada. Lo que encontraron en su lugar fueron décadas de historia documental sobre la represión en Paraguay y otros países, así como datos de la cooperación de la inteligencia estadounidense con las dictaduras de la región. Los *archivos del horror*, tal como fueron conocidos desde entonces, se han convertido en una clave para descifrar la historia reciente de Iberoamérica[252]. Con minuciosidad de funcionario exigente, la policía paraguaya creó y mantuvo el archivo, en un lugar a apartado, y no se destruyó con la caída de la dictadura. En sus fichas se detalla el

---

249.-Ibíd.

250.-EPSTEIN, Jack, *A history of a dirty war: Paraguay's secret police 'horror files' come to light*, Cleveland: UPC, 1995.

251.-ORTUZAR, Ximena, "A common market of terror", *World Press Review*, mayo de 1993; y BUFFE, Patrick John, "Une multinationale de la terreur sous les ailes du condor", *Journal de Geneve et Gazette de Lausanne*, 7 de julio de 1993, p. 2.

252.-POO, Ximena, "La riesgosa labor del descubridor", *La Época*, (Santiago de Chile), 28 de febrero de 1993, p. 2. *Cuando lo descubrimos era tanta la cantidad de documentos que era imposible dejarlos a disposición de la policía porque podrían destruirlos, quemarlos. Así que con la ayuda de un camión del Diario Noticias de Asunción los llevamos a mi despacho, y luego a un depósito del Palacio de Justicia*, declaró el juez.

destino de cientos de personas secuestradas, torturadas y asesinadas por las dictaduras chilena, argentina, uruguaya y paraguaya durante los años setenta. Ofrecen un *soporte papel* que confirma la existencia de una conspiración entre los servicios secretos militares y policiales de Argentina, Bolivia, Brasil, Chile, Paraguay y Uruguay para rastrear y eliminar a sus respectivos adversarios políticos, con independencia de las fronteras nacionales. El juez FERNÁNDEZ sostuvo que había *testimonios de que en Paraguay hubo tortura, encarcelamiento de activistas políticos, un estilo de vida, un sistema de control sistemático de mucha gente. Estos documentos van a dar muchas luces en los 18 procesos sobre violaciones a los derechos humanos que actualmente se ventilan en los tribunales de ese país* [253].

La organización criminal *Cóndor* nació a instancia de las dictaduras militares de Chile y Paraguay, en Santiago. Todo parece indicar que se remonta al *Primer Encuentro de Trabajo de Inteligencia Nacional* (1974), en el que participaron, entre otros, el general chileno MANUEL CONTRERAS, acusado y condenado posteriormente por el asesinato de ORLANDO LETELIER [254]; y el general paraguayo GUANES SERRANO. CONTRERAS ofreció las instalaciones de la DINA (*Dirección de Inteligencia Nacional* chilena) y su cuartel general para *la centralización de la información sobre los antecedentes de personas, organizaciones y otras actividades conectadas directa o indirectamente con la subversión* [255]. Este cuartel sirvió entonces

---

253.-Ibíd.

254.-En febrero de 1998, se acumuló al expediente de la causa chilena en España, el testimonio prestado por el General y Director Ejecutivo de la DINA, Manuel Contreras Sepúlveda, ante la Corte Suprema de Chile. En este documento señala que la DINA era un organismo militar que dependía directamente de Pinochet, al que *informaba diariamente*. A raíz del enjuiciamiento de los militares Contreras, y Sergio Espinoza por el asesinato de Orlando Letelier, la propia Corte Suprema chilena declaró a la DINA como *organización criminal en la línea de la figura reconocida en Nüremberg por sentencia de 30 de mayo de 1995* (*Caso Letelier*). Contreras fue condenado a siete años de prisión y Espinoza a cinco años y un día. Ambos se encuentran recluidos en una cárcel especialmente construida para estos efectos a las afueras de Santiago de Chile. Cf. GARCÍA ARÁN, M. y LOPEZ GARRIDO, D., *Crimen internacional y jurisdicción universal: (el caso Pinochet)*, Valencia: Tirant lo Blanch, 2000.

255.-Equipo Nizcor, *Documento distribuido a la solidaridad internacional para lograr la detención y el*

para que, en octubre de 1975, se reunieran los jefes de la inteligencia militar de Argentina (SIDE), Brasil, Paraguay y Uruguay, y un mes después, repitieran encuentro, en el cuartel general de la DINA, CONTRERAS, GUANES SERRANO y el jefe de la policía paraguaya, FRANCISCO BRITES. Se creó, a partir de este momento, *un banco de datos, un centro de información y talleres* comunes a las dictaduras de la época.

Los primeros objetivos de persecución fueron altos dirigentes opositores, CARLOS PRATS, ORLANDO LETELIER, y BERNARDO LEIGHTON, que logró sobrevivir a un atentado en Roma. Los blancos de la *Operación Cóndor* fueron extendiéndose hacia otros militantes y simpatizantes de izquierda. Chilenos, uruguayos, paraguayos, brasileños, y bolivianos fueron detenidos o secuestrados en Argentina y Paraguay, por agentes policiales de sus respectivos países. Los militantes del *Movimiento de Izquierda Revolucionaria* de Chile (MIR) fueron los más perseguidos en Argentina, pero igualmente se llevó a cabo una represión coordinada y sistemática contra ciudadanos alemanes, españoles y peruanos, entre otros, que figuran entre los miles de desaparecidos[256]. La acción de la DINA se proyectó pronto a la Argentina. Desde mayo de 1975 numerosos activistas políticos chilenos fueron detenidos por la policía de este país, y en Paraguay, para ser entregados a la

---

procesamiento de Augusto Pinochet Ugarte, www.derechos.org/nizkor.

256.-Los organismos de seguridad chileno y paraguayo podían disponer de líneas aéreas estatales, (*Lan Chile* y *Líneas Aéreas Paraguayas*), y gozaban de plenos poderes en cancillerías, correos, tribunales de justicia, etc. Sus actividades se encubrían bajo la forma de *empresas* e *industriales ficticias*. De acuerdo a las investigaciones judiciales, se crearon 30 empresas de este tipo en Chile para encubrir la actividad delictiva de la DINA, cuyo centro de operaciones fue la *Empresa Pesquera Chile*, radicada en el Puerto de San Antonio. Asimismo, existió en Santiago de Chile una *compañía de seguros*, también llamada *la cofradía* o *sociedad benefactora*, integrada por ex agentes de la DINA, oficiales del ejército y miembros de la inteligencia militar, cuya misión era facilitar la impunidad de los ex agentes y sus familias mediante la producción de documentos falsos de identidad, pasaportes y visados de residencia en otros países, transferencias de recursos económicos y financieros, facilidades para su desplazamiento, evitando controles policiales y la acción de la justicia. La *cofradía* fue descubierta en 1992, durante el gobierno de la transición democrática, y estaba a cargo del General de la Fuerza Aérea de Chile y ex jefe de su Inteligencia, Vicente Rodríguez. Cf. *APSI*, nº 441 (1993).

DINA[257], que les trasladaba a los campos de concentración que mantenía en Chile (*Villa Grimaldi, Tejas Verdes, Colonia Dignidad*, etc.).

Todo paraece indicar que estas desapariciones culminaban con el asesinato de las víctimas. Por ejemplo, en Chile en el año 1990 fueron descubiertas fosas comunes en la ciudad de Pisagua, al norte del país, con varios desaparecidos en 1976. La cal propia del suelo desértico se encargó de mantener casi intactos los cuerpos de las víctimas[258]. El general RAMÓN CAMPOS, Jefe de la Policía de Buenos Aires, declaró que *en Argentina no quedan desaparecidos con vida. Asumo toda la responsabilidad y me siento orgulloso*[259]. No solo fueron objeto de torturas, secuestros, detenciones ilegales, ejecuciones y desapariciones forzadas los militantes de los movimientos opositores de izquierda, sino también sus familiares y amigos. *La Comisión de Verdad y Reconciliación de Chile*, en su *Informe Final*, denominado *Informe Rettig*, acredita con documentos los casos de 33 ciudadanos chilenos desaparecidos tras ser capturados por agentes argentinos y paraguayos y entregados a la DINA, entre 1975 y 1976.

La *Operación Cóndor* costó la vida y la desaparición también de ciudadanos españoles. Por ello, durante el primer semestre de 1996 se iniciaron ante la Audiencia Nacional Española las causas contra los integrantes de la Junta Militar

---

257.-Por ejemplo, Jorge Isaac Fuentes, militante del ERP (*Ejército revolucionario del Pueblo*), arrestado en Argentina, entregado a la DINA en Paraguay y trasladado a Villa Grimaldi en Santiago de Chile, donde desapareció. Su caso fue objeto de investigación por la *Comisión Rettig*. También el militante del MIR, Ives Claudet Fernández, franco-chileno, fue detenido en 1975 en Buenos Aires y posteriormente asesinado por agentes de la DINA en esa ciudad, en una operación que se enmarcó dentro de un plan de neutralización de la resistencia, que se llevó a cabo por policías argentinos y agentes chilenos de la DINA.

258.-Las fosas comunes encontradas en Pisagua revelaron la existencia de los cuerpos de 20 prisioneros, víctimas de la operación denominada *caravana de la Muerte*, que bajo la dirección del militar Sergio Arellano, eliminó la disidencia política izquierdista en el norte de Chile. Cf. *Fortín Mapocho*, nº 1532, de 8 de junio de 1990 (Santiago de Chile).

259.-Cf. *APSI*, nº 441 (1993).

Argentina (1976 -1983) y Chilena (1973-1990) por delitos de genocidio, terrorismo internacional y tortura[260]. En agosto de 1996, el juez de la Audiencia Nacional española, GARCÍA CASTELLÓN, inició investigaciones sobre los desaparecidos españoles durante la dictadura chilena (1973-1990), de las que se inhibió el 20 de octubre de 1998 en favor de su colega GARZÓN. Cuatro días antes, el 16 de octubre de 1998, este juez, que investigaba desde hacía dos años los crímenes cometidos durante la dictadura argentina (1976-1983), ordenó la detención preventiva en Londres de PINOCHET.

13.4.-El *proceso Pinochet*

El 4 de julio de 1996, el Fiscal en el Tribunal Superior de Justicia en Valencia, en su condición de Presidente de la *Unión Progresista de Fiscales de España*, interpuso una denuncia por presuntos crímenes contra la humanidad, delitos de genocidio y terrorismo (nacional e internacional) cometidos por el dictador de Chile, AUGUSTO PINOCHET, entre los años 1973 y 1990. Esta denuncia señala a siete ciudadanos españoles asesinados, en este período, por los servicios de seguridad de la dictadura chilena. Se fundamentaba en el Tratado Bilateral de Extradición entre Chile y España y en el Derecho Internacional que vincula a ambos países. Con posterioridad, ejercieron la acusación popular la *Secretaría de Derechos Humanos de Izquierda Unida*, y la *Fundación Salvador Allende*. Esta querella señaló al menos a tres mil personas de diferentes nacionalidades, incluidos españoles, que fueron asesinadas o desaparecieron durante la dictadura.

Durante dos años el procesó no parecía avanzar, hasta que el 21 de septiembre de 1998, PINOCHET llega a Londres para operarse de una dolencia de la espalda. Ante las evidencias presentadas por los demandantes contra la dictadura

---

260.-GARCÉS, Joan, "Pinochet ante la Audiencia Nacional y el Derecho Penal Internacional", *Jueces para la Democracia*, nº 28 (marzo de 1997) ps. 92 a 99.

argentina y la chilena, así como por los datos aportados sobre la *Operación Cóndor*, el 16 de octubre, el juez español BALTASAR GARZÓN emite un auto de procesamiento y orden internacional de búsqueda y captura de Pinochet a través de la INTERPOL[261]. Agentes de *Scotland Yard* comunican al general retirado su detención preventiva en la clínica en la que se recupera de su operación. El 28 de octubre, la Corte Superior de Londres dictamina que PINOCHET goza de inmunidad soberana en su calidad de ex-jefe de Estado, y declara ilegal su detención. El asunto pasa a la *Cámara de los Lores*. El auto de procesamiento español es recurrido por el Ministerio Fiscal, y el 30 de octubre, la Sala de lo Penal de la Audiencia Nacional de España determina que los tribunales del país son competentes para investigar los crímenes cometidos durante el gobierno militar de Chile.

Apenas unos días después, el 6 de noviembre, el gobierno español pide formalmente a Gran Bretaña la extradición. El general sigue los hechos desde el *Grovelands Priory Hospital,* de Londres. Se fija el 2 de diciembre como fecha límite para que el gobierno británico se pronuncie sobre la solicitud de extradición de España, al tiempo que el *Comité Internacional Contra la Tortura de Naciones Unidas*, recomienda a Gran Bretaña que considere la posibilidad de llevar a juicio a AUGUSTO PINOCHET en tribunales británicos, si deciden no extraditarlo a España. Si la justicia británica ignora esta opción, podría violar tratados internacionales, incluida la *Convención Internacional Contra la Tortura*.

El 25 de noviembre, la *Comisión Jurídica de la Cámara de los Lores* decide que Pinochet deberá permanecer en Gran Bretaña para someterse a la justicia británica. La decisión del tribunal de última instancia de Gran Bretaña fue por tres votos contra dos. El 9 de diciembre, el Ministro del Interior de Gran Bretaña, JACK STRAW, autoriza que se inicie el proceso de extradición de PINOCHET a España. La

---

261.-Los textos completos se encuentran en www.terra.es/pinochet/.

decisión final queda en manos de los tribunales británicos.

El 15 de diciembre, la Cámara de los Lores decide reconsiderar el fallo que el 25 de noviembre, por el que se negó la inmunidad. Los abogados del militar argumentan que uno de los jueces de la Comisión Jurídica que votó contra el dictador, Lord HOFFMAN, no fue imparcial en su veredicto, ya que tiene vínculos directos con Amnistía Internacional. La Comisión de la Cámara de los Lores permite que Amnistía Internacional participe junto al gobierno chileno, en la vista de la apelación sobre la inmunidad del general.

El 24 de marzo, la Comisión de la Cámara de los Lores resuelve, por 6 votos a 1, que el dictador no goza de inmunidad soberana desde septiembre de 1988, momento en el que Gran Bretaña ratifica la convención internacional contra la tortura. A pesar de la radical reducción de los cargos en contra del general, se puede continuar el proceso de extradición. El caso vuelve a manos del ministro británico del interior, JACK STRAW, que autoriza la continuación del proceso de extradición a España. Varios informes médicos del gobierno chileno revelan que PINOCHET *corre un importante riesgo de muerte por el agravamiento de su salud*. Las autoridades chilenas invocan razones humanitarias para lograr su regreso al país.

El 30 de septiembre, culmina la vista sobre la extradición a España del general. La fiscalía que representa a España en la vista presenta 35 casos contra el acusado, por los cargos de tortura y de conspiración para cometer tortura, posteriores a septiembre de 1988. La defensa responde a las acusaciones argumentando que PINOCHET no es directamente responsable por ninguno de los casos presentados por la fiscalía; que no existen evidencias para imputarle dichos cargos; que España no posee jurisdicción para procesar al general; y que el caso responde a motivos políticos. Al mismo tiempo, Lady MARGARET THATCHER exige la liberación inmediata del ex mandatario de facto, y declara que ha sido tratado *cruel e injustamente por el gobierno británico.* El 10 de octubre, el juez RONALD BARTLE, del tribunal londinense de Bow Street, autoriza la extradición del general a España, señalando que concurren todas las condiciones jurídicas para ello, y el 3 de diciembre, el Tribunal Superior de Londres fija para el 20 de marzo la vista de la apelación contra la extradición. En Santiago de Chile, un grupo de abogados que promueve la realización de un juicio en Chile, considera que el anciano de 84 años no está tan enfermo como para evitar su comparecencia ante un tribunal.

El 2 de marzo, el ministro del Interior británico, JACK STRAW, libera a PINOCHET por razones de salud. STRAW basó su decisión en un informe médico que señala que el ex-gobernante de facto no está en condiciones de afrontar un juicio. El general inicia su regreso a Chile a bordo de un avión de la Fuerza Aérea Chilena. Ya en su país, se enfrenta con un nuevo juicio, y tras perder su inmunidad penal, el caso sigue, hasta que la Sexta Sala de la Corte de Apelaciones de Santiago de Chile suspende temporalmente, el nueve de julio de 2001, el juicio por 75 asesinatos y secuestros. El tribunal considera que el general sufre un deterioro de su salud mental irreversible y el dictador se retira de la vida pública.

La regulación de la competencia y jurisdicción española se encuentra contenida en la Ley Orgánica del Poder Judicial (LO 6/1985 de 1 de julio), que establece el principio de competencia universal para la persecución de delitos como el genocidio, el terrorismo nacional e internacional y la tortura. Así lo han entendido otros países, como los Tribunales Supremos de Países Bajos, Francia, Israel, Unitario (Canadá), entre otros[262]. La competencia para conocer de estos delitos encuentra su fundamento en el artículo 23.4 de la Ley Orgánica del Poder Judicial, que establece que los Tribunales españoles conocerán de los delitos cometidos por españoles o extranjeros fuera del territorio nacional, susceptibles de ser tipificados como algunos

---

262.-GARCES, Joan E., "Pinochet ante la Audiencia Nacional...", op. cit., ps. 93 y 94.

de los que enumera, entre ellos, el genocidio[263]. Por otra parte, esta normativa ha de ser interpretada conforme a la internacional, la Declaración Universal de Derechos Humanos y a los Tratados y Acuerdos Internacionales ratificados por España, a los principios de Derecho Internacional Humanitario, al Convenio contra el Crimen de Genocidio de 1948, las Convenciones de Ginebra sobre Derecho Humanitario de 1949, el Pacto Internacional de Derechos Civiles y Políticos (1996), y la Convención contra la Tortura (1984), entre otros. La naturaleza jurídica de esta norma es procesal, no penal, de donde se derivan las siguientes consecuencias:

1.   Al ser la norma procesal vigente, se aplica con independencia al tiempo en que los hechos que se enjuician fueren cometidos[264].

2.   Se limita a declarar la jurisdicción de España para el conocimiento de delitos definidos y sancionados en otras leyes.

3.   No restringe de derechos ni tipifica delitos, por tanto, su aplicación a hechos ocurridos con anterioridad a su vigencia respeta el principio de

---

263.-Dispone el artículo 23.4 de la LOPJ, que será competente la jurisdicción española para conocer de los hechos cometidos por españoles o extranjeros fuera del territorio nacional susceptibles de tipificarse, según la Ley penal española, como alguno de los delitos que el precepto enumera, comenzando por el genocidio (letra a) y siguiendo por el terrorismo (letra b), incluyendo en último lugar cualquier otro delito que *según los tratados o convenios internacionales, deba ser perseguido en España* (letra g).

264.-De esta forma para reconocer la jurisdicción española para el enjuiciamiento de un delito de genocidio cometido en el extranjero por nacionales o extranjeros en los años 1973-1990 es necesario recurrir a lo dispuesto en el artículo 336 de la *Ley Provisional sobre Organización del Poder Judicial* de 15 de septiembre de 1870 (derogada por la Ley Orgánica del Poder Judicial de 1985) que pasó a atribuir jurisdicción a los órganos judiciales españoles para juzgar a españoles o extranjeros que cometieran delito de genocidio fuera del territorio español. Por otra parte, el ordenamiento jurídico español establece que, promulgada una norma procesal (como lo es la LOPJ de 1985), ésta se aplica también a los procedimientos incoados después de su entrada en vigor, aunque versen sobre delitos cometidos antes de la promulgación de la ley procesal, salvo disposición expresa en contrario. Así, la LOPJ 6/1985 ha sido aplicada por el Tribunal Supremo para enjuiciar delitos cometidos antes de julio de 1985: sentencias de 25.06.1986 (Aranzadi 3192); 12.06.1986 (A.3145); 8.07.1986 (A.3899); 1986/5427; 5.12.1986 (A. 7853); 17.10.1988 (A.8056), entre otras. Además el artículo 15 del Pacto Internacional de Derechos Civiles y Políticos de 1966, ratificado por España y Chile, tras afirmar el principio *nullum crimen sine lege* nacional o internacional agrega que *nada de lo dispuesto en este artículo se opondrá al juicio ni a la condena de una persona por actos u omisiones que, en el momento de cometerse, fueran delictivos según los principios generales del derecho reconocidos por la comunidad internacional.*

legalidad (art.9.3 de la Constitución Española).

La Audiencia Nacional señaló a este respecto que...

...la norma procesal en cuestión ni es sancionadora desfavorable ni es restrictiva de derechos individuales, por lo que su aplicación a efectos de enjuiciamiento penal de hechos anteriores a su vigencia no contraviene el artículo 9, apartado tres, de la Constitución Española. La consecuencia jurídica restrictiva de derechos derivada de la comisión de un delito de genocidio -la pena- trae causa de la norma penal que castiga el genocidio, no de la norma procesal que atribuye jurisdicción a España para castigar el delito. El principio de legalidad (artículo 25 de la Constitución Española) impone que los hechos sean delito -conforme a las Leyes españolas, según el artículo 23, apartado cuatro, tan mencionado- cuando su ocurrencia, que la pena que pueda ser impuesta venga ya determinada por ley anterior a la perpetración del crimen, pero no que la norma de jurisdicción y de procedimiento sea preexistente al hecho enjuiciable. La jurisdicción es presupuesto del proceso, no del delito.[265]

Las conductas de las dictaduras chilena y argentina, como actos de genocidio, ha suscitado gran controversia jurídica[266]. Intentaremos analizar

---

265.-Resolución de 5 de noviembre de 1998, en www.derechos.org/nizkor/chile/juicio.

266.-El delito de *desaparición forzada* aparece como integrante de otros de mayor entidad, tales como el: genocidio y terrorismo. Es necesario destacar que la desaparición forzada de personas se encuentra consagrada en el Código Penal español (CP) como un delito de detención ilegal seguido de secuestro. Su regulación está en el Capítulo I del Libro II, Título VI del CP, dentro de los delitos contra la libertad. El art. 167 describe el tipo, configurado autónomamente, de la detención ilegal por funcionario público con una agravación punitiva. Se exige una calificación positiva del sujeto activo, que tiene que ser *autoridad o funcionario público*, actuando dentro del ámbito de sus competencias y desviándose o extralimitándose en el cumplimiento de las mismas, lo que le otorga un especial reproche a la acción. El funcionario, en otros términos, ha de actuar con abuso de poder. El legislador aplica un reproche mayor en el acto del funcionario o autoridad que detiene ilegalmente a una persona, lo que se comporta perfectamente con el Estado de Derecho en cuanto garante del respeto a los derechos fundamentales de la persona.

brevemente los argumentos esgrimidos para su calificación. Se han presentado tres problemas: la calificación de los hechos, de acuerdo con la normatividad internacional y en especial a la Convención del genocidio; la competencia española para conocer de este tipo de delito; y, finalmente, la adecuación de los hechos al tipo de genocidio.

El Estatuto del Tribunal de Nüremberg, en su artículo 6, al definir crímenes contra la humanidad, introduce el concepto de *exterminio de un grupo o persecuciones por motivos políticos, raciales o religiosos*, que se debe relacionar con la Resolución 96 (I) (de 11 de diciembre de 1946) de la Asamblea General, para una mejor interpretación del tipo en cuestión. Esta Resolución califica el genocidio como la *negación del derecho de existencia de los grupos humanos*.

El artículo I de la Convención del genocidio, tantas veces aludida, dispone que *las Partes contratantes confirman que el genocidio, ya sea cometido en tiempo de paz o en tiempo de guerra, es un delito de Derecho Internacional que ellas se comprometen a prevenir y sancionar*. Y el artículo 2 contiene la definición de genocidio: *cualquiera de los actos mencionados a continuación, perpetrados con la intención de destruir, total o parcialmente, a un grupo nacional, étnico, racial o religioso, como tal*, realizados con la finalidad de exterminar un grupo, como por ejemplo (artículo 2) la matanza de sus miembros, la lesión grave a su integridad física o mental, el sometimiento intencional del grupo a condiciones de existencia que hayan de acarrear su destrucción física, total o parcial; las medidas destinadas a impedir los nacimientos en el seno del grupo y el traslado por la fuerza de niños a otro grupo.

Hasta este momento es claro que existe en el mundo entero la conciencia de que el genocidio es uno de los más aberrantes actos que la humanidad puede padecer, esto es, el mayor de los crímenes. Estas acciones generalmente se realizan a gran escala; el genocidio conlleva matanzas, desplazamientos forzados de poblaciones enteras, etc. En otras palabras, a través de las conductas genocidas se vulneran derechos fundamentales en forma masiva y sistemática.

Vistas las conductas llevadas a cabo por los responsables de las dictaduras sudamericanas, a las que nos hemos referido, cabe preguntarse si la *Operación Cóndor* y los procedimientos de torturas, desapariciones forzadas, asesinatos masivos y selectivos sucedidos en Argentina y Chile pueden tipificarse como genocidio. Según la Fiscalía de la Audiencia Nacional (*Recurso presentado ante el Auto por el que se amplía la prisión provisional de Augusto Pinochet Ugarte*), no nos encontramos ante un delito de genocidio, toda vez que la represión militar sucedida en dichos países desde los años 1973 hasta 1985 nunca tuvo el objeto de eliminar, desplazar grupos raciales o nacionales o religiosos, sino que su objeto fue el de ejercer una represión ideológica de la población, cualquiera que fuese la nacionalidad del opositor. Igualmente, la Fiscalía repite sus argumentos en la resolución de *Apelación de los hechos sucedidos en la República Argentina,* al afirmar que los hechos imputados en el sumario no pueden constituir genocidio, puesto que la persecución no se efectuó contra ningún grupo nacional, étnico, racial o religioso, ya que la represión en la Argentina de la dictadura de 1976 a 1983 tuvo motivaciones políticas. La discusión radica en que si los hechos de represión enmarcan en el tipo penal consagrado en la legislación vigente (art. 607,1 del Código Penal español y la Convención, ya citada) o no, y si la motivación de los imputados fue la de exterminar un grupo racial, social o nacional. En este sentido, es importante establecer que la existencia de un grupo étnico, nacional, religioso o racial representa para las personas que lo integran un valor positivo que merece ser protegido[267]. La Audiencia Nacional desarrolla una interpretación amplia del concepto de grupo, al considerar que en los hechos investigados se encuentra presente la idea de *exterminio de un*

267.-PAZ PAZ, Claudia, *Análisis Jurídico del Genocidio. Especial consideración del concepto y Mecanismos de Protección*. Tesina de Grado, Universidad de Salamanca, Facultad de Derecho, 1997,

grupo de la población dirigido a todo un conglomerado social sin distingo alguno, que

aunque selectivo, afectó a gran parte de los sectores poblacionales de las naciones

víctimas de las dictaduras. Como acción de exterminio, no se hizo al azar, de manera

indiscriminada, sino que respondía a la voluntad de destruir a un *determinado sector*

de la población, un grupo sumamente heterogéneo, pero diferenciado. El grupo

perseguido eliminado estaba integrado por aquellos ciudadanos que no respondían al

tipo, prefijado por los promotores de la represión, como propio del *orden nuevo* a

instaurar en el país. El grupo se cohesionaría así en torno a la oposición al régimen,

circunstancia que servía como aglutinante para unir a una serie de personas que, por

sí mismas, no tenían otro rasgo común. Según esta opinión, el grupo lo integraban

ciudadanos *contrarios* al régimen, pero también ciudadanos *indiferentes* al régimen,

con lo que la situación se complica más:

> *La represión no pretendió cambiar la actitud del grupo en relación con el*
>
> *nuevo sistema político, sino que quiso destruir el grupo (la oposición y los*
>
> *indiferentes), mediante las detenciones, las muertes, las desapariciones,*
>
> *sustracción de niños de familias del grupo, amedrentamiento de los miembros*
>
> *del grupo.* [268]

---

p.172.

268.-"Fundamento Quinto del Auto de la Sala Penal de la Audiencia Nacional, por el que se confirma la jurisdicción de España para conocer de los crímenes de genocidio y terrorismo durante la dictadura chilena. Madrid 5 de noviembre de 1998", en www. Derechos.org. En el mismo sentido la Resolución dictada por el Juzgado n° 5 de la Audiencia Nacional respecto de la dictadura militar argentina, entiende que el proceso selectivo de exterminio fue dirigido de manera coherente con el fin de *destruir parte de un grupo nacional amparándose en consideraciones diversas,* en este caso, aquellas de índole religiosa. Afirma la Resolución que *de dicho análisis, se desprende, cada vez con mayor claridad, como se expondrá, que una de las finalidades perseguidas por la jerarquía militar que propicia el Golpe de Estado, desde antes de dicho momento, y con el apoyo instigación y bendición de las jerarquías de la Iglesia católica argentina oficial, es la destrucción pura y simple a través de la violencia de todo lo que sea contrario a esa doctrina, y, en esas contradicciones basa la definición de lo subversivo- todo ello como un mal necesario para la "purificación de la nación argentina".* En definitiva, se trata de una *verdadera filosofía que mueve la acción delictiva; se trata de una "cruzada" contra todo aquel que comparta la ideología atea o no occidental o no cristiana. Auto del Juzgado de Instrucción número cinco de la Audiencia Nacional española, en el caso de los ciudadanos españoles desaparecidos en la República Argentina.* Cf. www.derechos.org.

Se deduce, entonces, que la acción de extermino estaba dirigida de manera individual y colectiva contra aquel grupo personas que eran consideradas *enemigas del poder instaurado*. Según esta opinión, los hechos sucedidos no se agotan en los actos dirigidos exclusivamente contra individuos, ya que se pretendía la destrucción de parte de un grupo nacional. Los procedimientos utilizados, aunque afectaron a personas particularmente consideradas, formaban parte de un *plan dirigido al exterminio de parte del grupo nacional*. Nos encontramos así con el concepto del autogenocidio, al que ya se ha hecho referencia. Esta postura fue la mantenida por la Audiencia Nacional. Todo el razonamiento se basa en incluir la filiación política entre los tres tipos de sujetos pasivos previstos tradicional y legalmente para este delito: los grupos religiosos, étnicos y nacionales. En ese sentido la Audiencia Nacional, reafirma su teoría:

> *...Sabemos por qué en el Convenio de 1948 no aparece el término "político" o las voces "u otros" cuando relaciona en el artículo 2 las características de los grupos objeto de la destrucción propia del genocidio. Pero el silencio no equivale a exclusión indefectible. El sentido de la vigencia de la necesidad sentida por los países partes del Convenio de 1948 de responder penalmente al genocidio, evitando su impunidad, por considerarlo crimen horrendo de Derecho internacional, requiere que los términos "grupo nacional" no signifiquen "grupo formado por personas que pertenecen a una misma nación", sino, simplemente, grupo humano nacional, grupo humano diferenciado, caracterizado por algo, integrado en una colectividad mayor. El entendimiento restrictivo del tipo de genocidio que los apelantes defienden impediría la calificación de genocidio de acciones tan odiosas como la eliminación sistemática por el poder o por una banda de los enfermos de SIDA, como grupo diferenciado, o de los ancianos, también como grupo diferenciado, o de los extranjeros que residen en un país, que, pese a ser de*

nacionalidades distintas, pueden ser tenidos como grupo nacional con relación al país donde viven, diferenciado precisamente por no ser nacionales de ese Estado. Esa concepción social de genocidio - sentida, entendida por la colectividad, en la que ésta funda su rechazo y horror por el delito - no permitiría exclusiones como las apuntadas.

Así las cosas, es preciso estudiar brevemente el contenido del artículo 607. 1 del Código Penal español, que contiene lo establecido en la Convención para la Prevención y Sanción del Genocidio de 1948. Nos encontramos ante un delito contra la Comunidad Internacional caracterizado, como ya lo hemos afirmado, por el *propósito de destruir total o parcialmente a un grupo étnico, racial o religioso.* El artículo 23 de la Ley Orgánica del Poder Judicial se aplicará para investigar los hechos sucedidos en *todos los países,* pues, *en el tiempo de los hechos y en el país de los hechos se trató de destruir un grupo diferenciado nacional, a los que no cabían en el proyecto de organización nacional o a quienes practicaban la persecución estimaban que no cabían. Hubo entre las víctimas extranjeros, especialmente muchos españoles. Todas las víctimas, reales o potenciales, argentinos o foráneos, integraron un grupo diferenciado en la nación, que se pretendió exterminar.*

Se ha pretendido unir al genocidio la imputación de delitos de terrorismo. El problema que se ha suscitado en el caso del juicio seguido en contra de las dictaduras militares radica en la naturaleza o calificación de estos actos terroristas, ¿Se trata de terrorismo de Estado? ¿Se trata de terrorismo subversivo o individual? ¿Cómo sancionar a título de terrorismo las conductas desplegadas en la *Operación Cóndor* conforme al Código Penal español?[269] Es importante precisar que la

---

269.-Las normas más importantes de la legislación española sobre terrorismo son los artículos 571-580 CP, LO 4/1988 de 25 de mayo de reforma a la Ley de Enjuiciamiento Criminal (arts. 384 bis, 504 bis, 520 bis, 553 y 579, LO 19/1994 de protección a testigos y peritos en causas criminales y LO 5/1995 de 22 de mayo, del Tribunal del Jurado.

vulneración de los derechos humanos y demás actos cometidos durante la época, son un ejemplo de *abuso de poder*, caracterizado por la utilización indebida del poder estatal respecto de sus ciudadanos. El abuso del poder ha sido denominado, por algunos teóricos de los derechos humanos, juristas y en particular ONGs, como *terrorismo de Estado*, expresión que suele reservarse para aquellos supuestos en los cuales *un gobierno emplea la tortura, los asesinatos en masa, las ejecuciones extrajudiciales o judiciales sumarias, o desapariciones forzadas, contra sus propios ciudadanos*[270]. Esta situación aparece incorporada en la estructura estatal con un carácter permanente[271], con la consiguiente violencia y el *terrorismo privado para-estatal*, que es fomentada e incluso incorporada a los aparatos del Estado.

270.-Algunos autores han destacado que existe una *violencia institucionalizada legítima*, el Derecho Penal y otra *violencia institucionalizada ilegítima*, caracterizada por ser ejercida tanto por las personas como por el Estado. Puede ser puntual e institucionalizada. *La violencia ilegítima no proviene tanto de los ejecutores directos sino de las instituciones mismas de un sistema social, la cual llevará siempre implícito el carácter de dominación. Esta violencia puede ser de carácter indirecto, en razón de las características mismas de las instituciones (así un largo plazo de detención favorece la tortura; aceptar cualquier tipo de prueba en un proceso penal, aun la obtenida por medios ilegítimos, favorece también la tortura) o bien, directa, así como el desaparecimiento masivo de personas en el cono sur, en el que las instituciones tienen por finalidad la violencia ilegítima. La violencia institucionalizada es siempre un grado superior de dominación, de negación de la autorrealización, y por ello mismo afecta más intensamente a la democracia. Partiendo de la violencia personal física, hemos tenido que convenir necesariamente, al contrario de lo que señalan algunos autores que hay junto a la física una violencia personal síquica, así nadie puede negar que es equivalente una tortura síquica, ni nadie podrá negar que el desaparecimiento forzado de personas afecta psicológicamente a los parientes y grupos de allegados.* Cf. BUSTOS, Juan, *Derecho Penal y control social*, Barcelona: PPU, 1987, p. 515. La violencia *ilegítima* del Estado puede encarnarse en los *aparatos policiales*, que en muchas ocasiones acuden a la práctica de la tortura, desapariciones de detenidos, tolerada por el Estado y sus instancias, situación que se presenta como *el ejercicio extralegal de la violencia punitiva por grupos o facciones, o también de ejercicio de la violencia institucional para el mantenimiento de la violencia estructural y la represión de personas o movimientos que intentan reducirla.* Cf. BERGALLI, Roberto, *La violencia del Sistema Penal*, en VV.AA, *Control Social Punitivo*, Barcelona: Bosch, 1996. Una de las características del *Estado terrorista* es la vulneración sistemática de los derechos humanos plasmados en garantías constitucionales, la utilización de fuerzas y métodos policiales y militares para resolver los conflictos sociales, así como también la reducción de los aparatos públicos a una función represiva, desde la educación y las relaciones exteriores, hasta los tribunales de justicia. Se trata de una utilización del Derecho, y particularmente del Penal para el logro de su objetivo: *erradicar al enemigo interno.* Cf. LOPEZ LAUSON, Carlos, *La Doctrina de Seguridad Nacional y los Derechos Humanos*, Santiago de Chile: Documentas, 1984, p. 98.

271.-Carl Schmidt, recogiendo la concepción *activista-situacional* del Derecho, basada en la distinción *amigo-enemigo*, indica que en el *Estado terrorista* se utiliza el Derecho y el Estado como una *máquina de batalla, opresión y terror contra los enemigos.* Cf. TAPIA VALDES, Jorge, *El terrorismo de Estado*, México: Nueva Imagen, 1969, p. 112.

La concepción de Estado de Derecho es destruida, desde que un grupo determinado, se autonombra *depositaria del Poder Constituyente y Legislativo* [272] y promulga normas encaminadas a la eliminación del enemigo interno, con lo que se abre una puerta para la violación reiterada y sistemática a los derechos humanos, a través de del terrorismo de Estado. La Convención sobre crímenes internacionales, en su artículo 3º, sanciona entre otros, los crímenes contra la paz, los crímenes de guerra y los crímenes contra la humanidad; el genocidio; la esclavitud y la piratería; y los actos de terrorismo internacional y estatal. En 1973, Siria presentó una propuesta en el seno de la Comisión Especial de la ONU sobre el problema del terrorismo, origen de la Resolución 3034 sobre esa materia:

> *...el examen del problema del terrorismo en la ONU debe empezar por la discusión del terrorismo estatal, puesto que ésta es la forma más peligrosa de violencia... existe otro terrorismo, el que se comete para conseguir propósitos criminales, no tiene nada en común con la lucha de los pueblos.*

La respuesta del Derecho internacional dirigida específicamente al terrorismo se ha dado en tres ámbitos: universal (Naciones Unidas), sectorial (OACI y OMI), y regional (OEA y Consejo de Europa) [273], pero en ninguno se condena al terrorismo de Estado [274]. En 1985, el Parlamento Europeo aprobó seis resoluciones en

---

272.-En Chile la Junta Militar se abroga el poder mediante el Decreto Ley nº 128 de 1973.

273.-RAMÓN CHORNET, Consuelo, *Terrorismo y respuesta de fuerza en el marco del Derecho Internacional*, Valencia: Tirant Lo Blanch, 1993, ps. 173 y sis.

274.-Entre los convenios más importantes en el ámbito universal destacan los Convenios de Ginebra de 1937 y de 1949; los Protocolos Adicionales de 1977, el Convenio de Nueva York, sobre prevención y represión de atentados contra las personas que disfrutan de protección internacional incluidos los agentes diplomáticos, de 14 de diciembre de 1973; el Convenio de Nueva York contra la captura de rehenes de 17 de diciembre de 1979; en el ámbito sectorial, el Convenio de Tokio sobre crímenes y actos determinados cometidos a bordo de aeronaves, de 14 de noviembre de 1963; el Convenio de La Haya para la represión de la captura ilícita de aeronaves, de 16 de diciembre de 1970; el Convenio de Montreal para la represión de actos ilícitos dirigidos contra la seguridad de la aviación civil, de 23 de septiembre de 1971; el Convenio de Roma para la represión de actos ilícitos contra la seguridad de la navegación marítima de 10 de Marzo de 1988. En el ámbito regional, pueden destacarse el Convenio de

las que se consagran los espacios jurídico, judicial y policial, como únicos instrumentos aptos contra el terrorismo subversivo [275]. Lo mismo ocurre tratándose de los instrumentos internacionales relativos a la extradición [276]. La Resolución de 30 de enero de 1997, sobre la lucha contra el terrorismo en la Unión Europea (A4-0368/96) señala que...

> ...considerando que para los fines de esta resolución es adecuado considerar acto terrorista cualquier acto, cometido por individuos o grupos, mediante el recurso a la violencia o amenazas violentas, contra un país, sus instituciones o sus habitantes en general, o contra personas concretas. [277]

La Audiencia Nacional y el Juzgado de Instrucción nº 5 de la Audiencia Nacional, al dictar auto de procesamiento en contra de Pinochet, opina lo siguiente:

Washington sobre prevención y represión de actos de terrorismo, de 2 de febrero de 1971 y el Convenio de Estrasburgo para la represión del terrorismo, de 27 de enero de 1977.

275.-El 14 de Febrero de 1985, el Parlamento europeo aprobó seis resoluciones, cuatro de ellas sobre *la lucha contra el terrorismo*, otra sobre *los recientes atentados terroristas en varios de los Estados europeos y sobre la necesidad de crear una comunidad jurídica y judicial europea* y una sexta sobre los *atentados terroristas en Europa*. Cf. *Journal Officiel des Communautés Européennes*, nº C72/87 (de 18 de marzo de 1985, ps.123 a129); también LOPEZ GARRIDO, Diego, *Terrorismo, política y derecho*, Madrid: Alianza, 1987, ps.41 y sis; y GUTIÉRREZ CONRADI, Faustino; *La criminalidad organizada ante la justicia*. Sevilla: Secretariado de publicaciones de la Universidad de Sevilla, 1996, ps. 10 y 11.

276.-En el mismo sentido el Convenio europeo de extradición de 1957 y el Convenio relativo al procedimiento simplificado de extradición de 10 de marzo de 1995. La tendencia a no condenar directamente el terrorismo de Estado continúa en la Resolución del Parlamento europeo sobre extradición (A4-0265/97) de septiembre de 1997: "Considerando que la cooperación judicial en materia penal entre los Estados miembros de la Unión Europea debe mejorar sustancialmente y aumentar con ello su eficacia para combatir la delincuencia, tanto organizada como no organizada, (ante todo el terrorismo, la trata de seres humanos y los delitos contra los niños, el tráfico ilícito de drogas y de armas, el cohecho activo y pasivo, el fraude y otros delitos) y para que ningún Estado miembro pueda convertirse en refugio donde un delincuente pueda estar a salvo de la persecución y la sanción de otro Estado miembro". DO C/304/131 de 18 septiembre de 1997.

277.-En relación con la extradición, esta Resolución insta a los Estados miembros para poner en práctica con el máximo de rigor el principio establecido en el artículo 2 bis del Convenio relativo a la extradición entre los Estados miembros de la Unión Europea, firmado el 27 de septiembre de 1996, de acuerdo con el cual, no sólo los autores de actos terroristas sino también los colaboradores con banda armada están sujetos a extradición, con eliminación de los requisitos de doble incriminación y excepcionalidad como condición para la asistencia judicial y la extradición.

...Los hechos podrían ser asimismo constitutivos de un delito de terrorismo desarrollado a través de la ejecución de múltiples muertes, lesiones, detenciones, secuestros, colocación de explosivos e incendios, según los artículos 515, 516.2 y 571 del Código Penal.[278]

El artículo 571 del Código Penal español establece que:

...Los que perteneciendo, actuando al servicio o colaborando con bandas armadas, organizaciones o grupos cuya finalidad sea la de subvertir el orden constitucional o alterar gravemente la paz pública, cometan delitos de estragos o incendios tipificados en los artículos 346 y 351, respectivamente, serán castigados con la pena de prisión de quince a veinte años, sin perjuicio de la pena que les corresponda si se produjera lesión para la vida, integridad física o salud de las personas.

El artículo 572, por su parte, lo siguiente:

Los que perteneciendo, actuando al servicio o colaborando con las bandas armadas, organizaciones o grupos terroristas descritos en el artículo anterior, atentaren contra las personas, incurrirán:

1º.-En la pena de prisión de veinte a treinta años si causaren la muerte de una persona;

2º.- En la pena de prisión de quince a veinte años si causaren lesiones de las previstas en los artículos 149 y 150 o secuestraren a una persona;

278.-Fundamento Jurídico Primero del Auto de Ampliación de la prisión provisional de Augusto Pinochet, por la Audiencia Nacional, *El País*, de 20 de octubre 1998, ps.4 y 5, y *Fundamento séptimo*, del Auto de procesamiento dictado en contra de Augusto Pinochet, en *El Mundo*, de11 de diciembre 1998, ps. 24 y 25.

3º.- En la pena de prisión de diez a quince años si causaren cualquier otra

lesión o detuvieren ilegalmente, amenazaran o coaccionaran a una persona.

El artículo 577 dispone, a su vez, que...

...Los que, sin pertenecer a banda armada, organización o grupo

terrorista y con la finalidad de subvertir el orden constitucional o de alterar

gravemente la paz pública, cometieren homicidios, lesiones de las tipificadas

en los artículos 149 o 150, detenciones ilegales, secuestros, amenazas o

coacciones contra las personas, o llevaren a cabo cualesquiera delitos de

incendios, estragos o tenencia, tráfico y depósitos de armas o municiones,

serán castigados con la pena que corresponda al hecho cometido, en su

mitad superior.

De estas normas se desprende que el Código Penal no castiga la simple

integración o pertenencia a banda armada o grupo terrorista, sino que exige la

concurrencia de dos elementos[279]:

1.   La pertenencia, actuación al servicio o colaboración con bandas

      armadas, organizaciones o grupos cuya finalidad sea la de subvertir el

      orden constitucional o alterar gravemente la paz pública; y

2.   La comisión de los delitos señalados.

El bien jurídico protegido es el *orden público*, como se desprende de la

ubicación de este tipo de delitos en el título XXII del Código Penal: *Delitos contra el*

orden público. El Código no contiene una definición del mismo. La doctrina ha

señalado que ante tal situación podría recurrirse al artículo 1º de la Ley de Orden

---

279.-VIVES ANTON, T. S.; BOIX REIG, J.; OTS BERENGUER, E., CARBONEL MATEU, J.C.,
GONZALEZ CUSSAC; *Derecho Penal. Parte Especial*, Valencia: Tirant Lo Blanch.

Público de 1959 que establece como tal siguiente:

...el normal funcionamiento de las instituciones públicas y privadas, el mantenimiento de la paz interior y el libre y pacífico ejercicio de los derechos individuales políticos y sociales, reconocidos en las leyes constituyen el fundamento del orden público.

A mayor abundamiento, esta norma, en su artículo 2º se refiere a *la paz pública o la convivencia social* [280].

La conducta típica consiste en cometer cualquiera de los delitos señalados perteneciendo, actuando al servicio o colaborando con banda armada, organizaciones o grupos terroristas (arts. 571, 572) o sin pertenecer a ella (art. 577). Los rasgos comunes son los siguientes:

1. La comisión material y directa de una serie de figuras delictivas (elemento objetivo del tipo).

2. La finalidad de subvertir el orden constitucional o alterar gravemente la paz pública (elemento subjetivo del tipo).

El sujeto activo de este tipo de delitos es todo aquel que cometiere cualesquiera de estas figuras delictivas, perteneciendo (o sin pertenecer a ella, supuesto del art. 577), actuare al servicio o colaborare con una *banda armada, organización o grupo terrorista*. De aquí la diferenciación entre el sujeto activo y la banda, organización armada o terrorista. La banda y organización tienen mayor entidad que la mera asociación. El Tribunal Constitucional ha sostenido una

---

280.-Esta ley fue derogada por la LO 1/1992 de 21 de febrero, sobre protección de la seguridad ciudadana que reconocía como atribución de las Fuerzas y Cuerpos de Seguridad la protección del libre ejercicio de los derechos y libertades y garantizar la seguridad ciudadana.

interpretación limitada del concepto de banda armada considerando como esenciales los elementos siguientes:

1. La pertenencia o la estabilidad del grupo.

2. La imprescindible relevancia o la entidad suficiente para originar terror, inseguridad e incidencia en la vida social.

La jurisprudencia, por su parte, considera grupos armados las *agrupaciones para la acción armada provistas de una cierta organización, con vínculos estables de jerarquía y disciplina*[281]. La Audiencia Nacional ha mantenido un planteamiento similar al sostener que se entiende por banda armada *una asociación ilícita que se concreta en una colectividad o pluralidad de sujetos, con carácter permanente, que teniendo armas a su disposición comete alguno de los delitos tipificados en el Código Penal*. De ello resulta que el concepto de banda armada no sólo exige el elemento organizativo sino además la permanencia en el tiempo[282]. El concepto de organización o grupo terrorista no exige necesariamente la posesión de armas, no obstante sí exige la permanencia[283]. El sujeto pasivo de la conducta es la sociedad, en su conjunto, y el Estado.

El móvil o finalidad es lo que otorga el *carácter terrorista* a los delitos cometidos por este tipo de asociaciones: *destruir el orden constitucional o alterar la paz pública*. La finalidad de subvertir el orden constitucional es exigida en distintas formas por el artículo 571 del Código Penal español. Al respeto, la Audiencia Nacional

281.-LANDECHO VELASCO, C.M., y MOLINA BLAZQUEZ, C., *Derecho Penal Español. Parte Especial*, Madrid: Tecnos, 1996, ps. 576 a 577.

282.-Fundamento jurídico sexto del Auto de la Sala de lo Penal de la Audiencia Nacional de 5 de noviembre de 1998, por el que reafirma la competencia y jurisdicción española para conocer de los delitos de genocidio, terrorismo y tortura cometidos por militares chilenos y argentinos.

283.-Ibíd.

ha establecido lo siguiente:

> ...*La tendencia subversiva ha de hallarse en relación con el orden jurídico*
> *o social del país en el que el delito de terrorismo se comete, o al que*
> *directamente afecta como destinatario del ataque, y esta traslación necesaria*
> *de un elemento fáctico no impide la susceptibilidad de tipificarse como*
> *terrorismo, según la Ley penal española, que es exigencia del artículo 23,*
> *apartado cuatro, de la Ley Orgánica del Poder Judicial.*[284]

Podemos deducir, pues, las siguientes conclusiones:

1.-La organización criminal que ejecutó el plan sistemático de violaciones a los derechos humanos (*Operación Cóndor*), se amparaba en una situación de facto, la usurpación del poder y se aprovechó de su estructura militar para con impunidad, imponer un régimen que mediante el terror subvirtió en sí mismo el orden constitucional[285].

2.-El 11 de septiembre de 1973, las Fuerzas Armadas chilenas derrocaron al gobierno constitucional de la *Unidad Popular*, protagonizando el violento golpe de Estado[286] Los militares, desconociendo la legalidad vigente, promulgaron el Decreto Ley n° 1 (*Bando n° 1*) en el que se estableció que se respetaría la Constitución de 1925, *en la medida que las circunstancias lo permitan*. En septiembre de 1976 se promulgaron las *Actas Constitucionales*, por medio de las cuales la Junta Militar se arrogó el poder constituyente y la facultad de prorrogar cada seis meses los estados de emergencia,

---

284.-Fundamento Jurídico Sexto del Auto de la Sala de lo Penal de la Audiencia Nacional de 5 de noviembre de 1998.

285.-Este fue el razonamiento de la Audiencia nacional en el Fundamento Jurídico Sexto mencionado.

286.-Cf. TOURAINE, Alain, *Vie et morte du Chile populaire*, París: Seuil, 1973; VERGARA, P., "La transformación del Estado chileno bajo el régimen militar", *CIEPLAN*, marzo de 1980, GARRETON, M. A., *Dictaduras y democratización*, Santiago de Chile: FLACSO, 1984.

en los que se restringían o suprimían las libertades fundamentales[287].

3.-La *Operación Cóndor* fue una banda armada que realizó la conducta típica que exige el artículo 572: asesinatos, lesiones, coacciones y detenciones ilegales que devinieron en desapariciones forzadas en la mayoría de los casos. Si bien esta organización aprovechaba la estructura militar y la infraestructura que le proporcionaban los gobiernos de facto, su actividad era oculta, no decía relación con ninguna función que les estuviere asignada institucionalmente, su actividad no era ejercida en el marco de las potestades que les confería la función oficial que ostentaban:

> *...La asociación para los actos ilegales de destrucción de un grupo diferenciado de personas tenía vocación de secreta, era paralela a la organización institucional en la que los autores quedaban encuadrados, pero no confundible con ella.*[288]

Su actividad *producía inseguridad, turbación o miedo a un grupo o a la generalidad de la población* y su esencia era el rechazo del orden jurídico no sólo del que subvirtiera mediante la fuerza sino también del *orden jurídico vigente en el país a*

287.-A partir de 1977, el autoritarismo se centra en la legitimación el régimen militar mediante la promulgación de una Constitución. El Consejo de Estado elaboró el proyecto del texto constitucional que más tarde sería aprobado en un plebiscito realizado en medio de la represión y con una falta absoluta de garantías. Cf. GARCIA MENDEZ, Emilio, *Autoritarismo y control social. Argentina-Uruguay-Chile*, Buenos Aires, 1976. La Constitución aprobada contenía disposiciones transitorias que en esencia tendían hacia una concentración y aumento de los poderes personales de Pinochet, ya ni siquiera del poder Ejecutivo, y por otra parte acentuaba el autoritarismo y la represión. Así, por ejemplo por ejemplo, las Disposiciones Transitorias 13 y 14 reforzaban los poderes del Presidente de la República, y la 24 permitía decretar el estado de excepción, norma que fue utilizada durante todo el período de la dictadura militar para restringir y suspender las garantías fundamentales reconocidas en el artículo 19 de la Carta Magna. Por último, Pinochet intentó perpetuarse en el poder y en las inmunidades que se derivaban del mismo, mediante el establecimiento, en el art. 45 letra a) de la figura de los *senadores vitalicios*.

288.-Fundamento Jurídico Sexto del Auto de la Sala de lo Penal de la Audiencia Nacional de 5 de noviembre de 1997.

la sazón[289].

4.-El terrorismo perpetrado, de persecución universal, incluido en la legislación española (artículo 23.4 de la Ley Orgánica del Poder Judicial, LOPJ) no se refiere tanto a los hechos de terrorismo que se produjeren en su territorio, sino que se refiere a los supuestos en los que España, como miembro de la comunidad internacional, tiene interés en perseguir, aunque *su concreción evidentemente se tenga que hacer, con arreglo a las leyes españolas*[290]. España tiene interés en la persecución de estos delitos, no tanto por el hecho de que entre las víctimas haya ciudadanos españoles, sino por el hecho de que el terrorismo participa del concepto de crimen de Derecho Internacional, más allá de las fronteras nacionales[291]. El terrorismo propiciado por parte del Estado rebasa los límites del Derecho Penal interno. Los actos perpetrados por la *Operación Cóndor*, pueden encuadrarse asimismo dentro del tipo penal de la tortura consagrado en los artículos 173 y 174 del Código Penal español. Y es así porque las detenciones ilegales perpetradas por sus agentes llevaban conexo el trato inhumano y degradante a las víctimas, con producción de lesiones y muerte. El *manto de impunidad* que proporcionaba la estructura militar en el poder permitía esta grave violación a los derechos fundamentales. La tortura, pues, se encuentra vinculada al denominado *abuso de poder*[292][293].

El objetivo de la tortura no es la eliminación física de la víctima sino

---

289.-Ibíd.

290.-Fundamento Jurídico Séptimo del Auto de procesamiento dictado en contra de Augusto Pinochet.

291.-Este criterio fue adoptado en el Auto de Procesamiento. Ibíd.

292.-MUÑOZ CONDE considera que *la esencia de la tortura, se encuentra en el abuso de poder, (función pública) plasmado en un ataque plural a bienes jurídicos (vida, salud, indemnidad)... El criterio rector para interpretar este delito debe ser, por tanto, el abuso de poder por parte del funcionario referido a los particulares.* Cf. MUÑOZ CONDE, *Manual de Derecho Penal General*, Valencia: Tirant Lo Blanch, 1995. p. 156.

293.-*Tortura, informe de Amnistía Internacional*, Madrid: Fundamentos, 1984, p. 4.

degradarla ante el verdugo[294]. La intención es utilizar el cuerpo de la víctima como instrumento receptivo del dolor y, por su medio, penetrar en el fuero interno del sujeto, a fin de conseguir de él una conducta determinada: que delate a su cómplice, amigo, partidario, benefactor, colaborador, o a su amante; en fin, que quiebre sus concepciones morales y su dignidad, como les sucede a los personajes de ORWELL en *1984*. El delito de tortura aparece como integrante de los delitos de mayor entidad: genocidio y terrorismo. Esta fue la posición sostenida por la Audiencia Nacional al ratificar su competencia para conocer de estos hechos:

> ...*La resolución del recurso va a exigir constatar si los hechos imputados en el sumario son susceptibles de tipificarse, según la Ley penal española, de delitos de genocidio o terrorismo... Las partes de la apelación no han discutido que esos hechos imputados consistan en muertes, detenciones ilegales y torturas por razones de depuración ideológica o de entendimiento de la identidad y valores nacionales, atribuidas a gobernantes y miembros de las Fuerzas Armadas o de seguridad, con intervención también de grupos organizados, actuando todos en la clandestinidad, hechos ocurridos en Chile durante el régimen militar instaurado el 11 de septiembre de 1973.*

> Por otra parte...

> ...*las torturas denunciadas formarían parte del delito de mayor entidad de genocidio o terrorismo. Por ello resulta estéril examinar si el delito de tortura*

294.-*La tortura nace con el interés por la intimidad del otro, es decir con la pregunta. Si se trata tan sólo de destruir o castigar al otro, no hay tortura; lo que hace aparecer ésta es el afán de cuestionarle, de poner a la víctima en cuestión. Cuestionar al otro es, por un lado, interrogarle y, por otro, dudar de su validez como tal otro, negarle su derecho a seguir siendo por dentro como es, e imponerle la conformidad a un modelo. Se exige del otro una respuesta, en forma de confesión: que diga lo que su intimidad es, para que se le pueda identificar con ella y castigarle por ella; o que se retracte de lo que es o se arrepienta de serlo, que admita que se ha convertido ya en otro.* Cf. SAVATER, Fernando, y MARTÍNEZ FRESNEDA, Gonzalo, *Teoría y presencia de la tortura en España*, Barcelona: Anagrama, 1982, p. 19.

es, en nuestro Derecho, delito de persecución universal por la vía del artículo 23, apartado cuatro, letra g, de la Ley Orgánica del Poder Judicial, puesto en relación con el artículo 5 de la Convención de 10 de diciembre de 1984 contra la Tortura y otros tratos o penas crueles, inhumanos o degradantes. Si España tiene jurisdicción para la persecución del genocidio en el extranjero, la investigación y enjuiciamiento tendrá necesariamente que alcanzar a delitos de tortura integrados en el genocidio. Y no sólo en el caso de víctimas de nacionalidad española, conforme podría resultar del artículo 5, apartado uno, letra c, de la Convención citada, que no constituye una obligación ineludible para los Estados firmantes. España tendría jurisdicción propia como derivada de un tratado internacional en el caso del apartado dos del artículo 5 de la Convención mencionada, pero, como se ha dicho, la cuestión es irrelevante jurídicamente a los efectos de la apelación y del sumario.[295]

El Código Penal español sanciona el delito de torturas en su Libro II, Título VII, *De las torturas y otros delitos contra la integridad moral*. El tipo básico de la tortura se encuentra en el artículo 174, y el tipo atenuado consagrado en el artículo 175. En el 173 se castigan los atentados genéricos contra la integridad moral llevados a cabo por particular; en el 176 se contempla la modalidad omisiva y en el 177 una cláusula de concurso. Atendidos los límites de este artículo analizaremos someramente los tipos contenidos en los artículos 174 y 173.

El bien jurídico protegido en el delito de tortura, artículo 174, es *la integridad moral*, en concordancia con el Art. 15 de la Constitución Española, que garantiza el derecho a la integridad física y moral[296], *mediante el cual se protege la inviolabilidad*

295.-Fundamentos Jurídicos Cuarto y Séptimo del Auto de la Audiencia Nacional de 5 de noviembre de 1998 que resuelve el recurso de apelación interpuesto por la Fiscalía de la Audiencia Nacional nº 173/98.

296.-Al existir una relación directa con lo establecido en la Constitución Española, algunos autores

de la persona, no sólo contra ataques dirigidos a lesionar su cuerpo o espíritu, sino

también en toda clase de intervención en esos bienes que carezca del consentimiento

del titular, por lo que la integridad moral puede ser identificada con la inviolabilidad de

la libertad. Su lesión se produce cuando la persona ve negada su plena capacidad de

decidir, cuando la pérdida de dignidad hace que pierda su condición de ser libre de

forma que no quepa atribuir su conducta como propia[297]. El concepto de integridad

moral se deduce del contenido del artículo 15 de la Constitución Española:

> ...Parece evidente que el concepto de integridad moral hay que deducirlo de
>
> lo expuesto en el artículo 15 de la Constitución, de la jurisprudencia del
>
> Tribunal Constitucional y de la legislación internacional y los criterios de
>
> interpretación del Tribunal Europeo de Derechos Humanos.[298]

Por otra parte, en la conducta descrita en el artículo 173, el objeto de

protección sería tal integridad moral en la proscripción de cualquier violencia de

carácter intimidatorio que pueda derivarse del derecho a la libertad de pensamiento:

> ...cualquier expresión de esta libertad es lícita siempre y cuando no se
>
> manifieste de forma coercitiva, lo cual supondría una lesión del bien jurídico
>
> integridad moral...[299]

---

consideran que la ubicación sistemática de los tipos, en particular el 173, deberían haberse incluido en el Capítulo IV ó V del Título XXI (delitos contra la Constitución) y no en su presente ubicación, que suponen un cuerpo extraño. A lo más, podría haberse incluido el artículo 173 del CP (que es el único que puede cometerse por no funcionarios) entre los delitos contra el honor o la libertad. Cf. LANDECHO VELASCO y MOLINA BLÁSQUEZ, Derecho Penal Parte Especial, Madrid, Tecnos, p. 109.

297.-CARBONEL MATEU, C., y GONZALEZ CUSSAC, J. L., Derecho Penal Parte Especial, Valencia: Tirant Lo Blanch, 1996, p. 190.

298.-PORTILLA CONTRERAS, G., De las torturas y otros delitos contra la Integridad Moral, en COBO DEL ROSAL, Curso de Derecho Penal Español, Parte Especial, Madrid: Marcial Pons, Madrid, 1996, p. 275.

299.-MUÑOZ CONDE, op. cit., p. 161.

Según el contenido del artículo 15 de la Constitución Española, debe suponer *actos de humillación o vejación* del sujeto pasivo. Con anterioridad, el Código Penal español establecía en el artículo 204 bis, dentro de los *delitos contra la Seguridad Interior del Estado*, específicamente en el párrafo destinado a este tipo de ilícitos cometidos por los funcionarios públicos contra el ejercicio de los derechos de la persona reconocidos por las leyes[300]. A partir de las críticas respecto de su ubicación[301] y el contenido material del tipo, se introdujo uno nuevo, contemplado en el artículo 174 dentro de los *delitos contra la integridad moral*. Precisamente, el epígrafe del Título VII, *De las torturas y otros delitos contra la integridad moral,* nos da la idea del alcance de tal comportamiento: entender a la tortura como el más importante de los atentados contra tal tipo de integridad[302]. El sujeto activo sólo puede ser funcionario público o autoridad, de esta condición se deriva el abuso de poder. Esta caracterización del sujeto activo también se recoge por la normativa internacional, como por ejemplo, la *Declaración sobre Protección de todas las Personas contra la Tortura y otros Tratos o Penas Crueles, Inhumanos o Degradantes* (artículo 1).

El sujeto pasivo puede ser cualquier persona, a la que se aplica la tortura, ya sea como medio de obtener de ella una confesión o conseguir alguna información. La conducta típica exige, además, un elemento subjetivo: el hecho de someter a la persona a procedimientos que atenten contra su integridad moral, ya sea mediante tratos degradantes, inhumanos que deben ser ocasionados mediante una acción

---

300.-Se introduce así el delito de tortura en el Derecho penal español aunque sin identificarlo como tal por LO 31/78 de 17 de julio.

301.-Al respecto, BUSTOS RAMÍREZ, destaca, respecto del Código Penal anterior (art. 204 bis) que en esta disposición se unifican erróneamente dos cuestiones diferentes: la tortura y el tormento. BUSTOS RAMÍREZ, Juan, *Manual de Derecho Penal Especial, Delitos Contra el Funcionamiento del Sistema,* Madrid: Ariel Derecho, 1995, p. 320.

302.-MATELLANES RODRÍGUEZ, Nuria, *El delito de tortura,* en *Nuevas Cuestiones Penales,* Madrid: Edit. Colex, 1998, p. 123.

dolosa del sujeto activo (el tipo subjetivo exige un dolo directo), con el fin de obtener una confesión o información de cualquier persona o de castigarla por cualquier hecho que se haya cometido o se sospeche que ha cometido, sin ser necesario que se obtenga el propósito. Al respecto, es pertinente revisar el contenido del artículo 174 del Código Penal, que expresamente define la motivación del sujeto activo: *...con el fin de obtener una confesión o información de cualquier persona o de castigarla por cualquier hecho que haya cometido o se sospeche que ha cometido.* La presencia de este elemento subjetivo del injusto, condiciona el carácter eminentemente doloso del tipo de tortura y excluye la posibilidad de comisión culposa.

No es posible alegar, en la comisión del hecho, causa de justificación alguna, de acuerdo con el artículo 15 de la Constitución Española, que determina que no es admisible *en ningún caso*. Igualmente, la Convención Contra la Tortura de 1984 establece que...

> *...en ningún caso podrán invocarse circunstancias excepcionales tales como el estado de guerra, amenaza de guerra, inestabilidad política interna o cualquier otra emergencia pública como justificación de la tortura.*

14.-Las Comisiones de la Verdad

Las Comisiones de la verdad han sido, desde la primera que se constituyó, tras la paz de Versalles, un intento, a veces oficial, a veces privado, de registrar y dar a conocer los crímenes cometidos en diversos países, como forma de esclarecimiento y denuncia ante la opinión pública, en lo que se ha llamado el *ejercicio del derecho a la memoria*. Con mayor o menor fortuna, han servido para reconstruir la moral de las sociedades sometidas a regímenes infamantes, a luchar contra la impunidad o, en el peor de los casos, para enterrar en el olvido a las víctimas, tras un proceso de catarsis social. Sin duda, han contribuido al desarrollo de la disciplina que estudiamos, por lo que haremos referencia a las más relevantes.

14.1.-Argentina: la CONADEP

Tras su fracaso en la política económica, y la derrota en la guerra de Las Malvinas, además del repudio internacional por sus graves violaciones a los derechos humanos, a fines de 1983 los militares argentinos se vieron forzados abandonar el poder. En este país, las violaciones de los derechos se realizaron de forma organizada, sistemática y con una *tecnología del infierno*, según se pudo comprobar por las miles de denuncias y testimonios de las víctimas. Tal como dijo ALFONSÍN, no podía haber *un manto de olvido sobre las víctimas y la dictadura. Ninguna sociedad puede iniciar una etapa sobre una claudicación ética semejante*. Por eso, uno de sus primeros actos públicos fue crear la *Comisión de la Verdad*, llamada *Comisión Nacional para la Investigación sobre la Desaparición de Personas*, CONADEP, a la que encargó investigar las violaciones a los derechos humanos ocurridas entre 1976 y 1983, período de las dictaduras militares. Las Fuerzas Armadas argentinas repudiaron esta investigación, cuando manifestaron que *únicamente el juicio histórico podrá determinar con exactitud a quien corresponde la responsabilidad de métodos injustos o muertes inocentes*, y que todas las acciones realizadas en la guerra constituyeron *actos de servicio*. Además, públicamente proclamaron su deseo de que los enemigos desaparecidos y muertos *reciban el perdón de Dios*[303].

La CONADEP fue creada por Decreto Ley 187/83 del 15 de diciembre de 1983 y funcionó durante 9 meses. Sus miembros fueron ERNESTO SÁBATO, JAIME F. DE NEVARES, MARSHALL T. MEYER, RICARDO COLOMBRES, RENÉ FAVAROLO, HILARIO FERNÁNDEZ LONG, CARLOS T. GATTINONI, GREGORIO

303.-VERBITSKY, Horacio, op. cit. El *Documento Final* de las FF.AA fue publicado íntegramente en *DIAL* nº 83 (20 de mayo de 1983), p. 1.

KLIMOVSKY, EDUARDO RABOSSI, MAGDALENA RUIZ DE GUIÑAZU, SANTIAGO MARCELINO LÓPEZ, HUGO DIÓGENES PIUCILL y HORACIO HUGO HUARTE.

Después de nueve meses de trabajo, en los que reunió más de 50.000 folios de testimonios y denuncias, en noviembre de 1984 publicó su informe, titulado *Nunca Más. Informe de la Comisión Nacional sobre la Desaparición de Personas*, en el que se daba cuenta de la desaparición de 8.960 personas, según denuncias debidamente documentadas y comprobadas. La CONADEP dejó abierta la posibilidad de que el balance final de las víctimas aumentara, pues muchos otros casos quedaron en la etapa de investigación y verificación de los datos, por lo que la cifra anterior no puede considerarse definitiva. El 80% de las víctimas tenía entre 21 y 35 años de edad.

El informe señala que en Argentina existían 340 centros clandestinos de detención, dirigidos por altos oficiales de las Fuerzas Armadas y de Seguridad. En ellos, los detenidos eran alojados en condiciones infrahumanas, y sometidos a toda clase de humillaciones y tormentos.

De algunos de los métodos de tortura empleados en esa guerra interna no se conocían antecedentes en otras partes del mundo.

La CONADEP descubrió que entre los altos oficiales de las Fuerzas Armadas y Policiales, se había establecido un *pacto de sangre*, que implicaba la participación de todos en las violaciones a los derechos humanos. A causa de esto, cuando algún implicado trataba de desobedecer un mandato criminal, pronto lo convertían en una víctima más.

Todo signo de discrepancia dentro de las FF.AA. y de Seguridad con los métodos utilizados para la detención y eliminación de personas fue sancionado de modo brutal. Brindar alguna información a los familiares de

226

detenidos-desaparecidos sobre su localización, estado físico o destino era
equivalente a la muerte. Estaban prohibidos, incluso, los comentarios entre
las propias filas sobre los operativos realizados, sancionándose con el mayor
rigor cualquier signo de humanidad que pudiera tenerse con el prisionero[304].

El *Informe Nunca Mas* indica que miles de personas fueron exterminadas, habiéndose destruido previamente sus cuerpos para evitar su posterior identificación.

No se cometieron excesos, si se entiende por ello actos particularmente
aberrantes. Tales atrocidades fueron práctica común y eran actos normales y
corrientes efectuados a diario por las fuerzas represivas.

También la CONADEP difundió una lista de 1.351 represores, entre ellos diversos médicos, jueces, periodistas, obispos y sacerdotes católicos que actuaron como capellanes de los militares y que colaboraron con ellos en la *guerra sucia.*

La CONADEP tomó la iniciativa de presentar varias recomendaciones a los distintos poderes del Estado, *con la finalidad de prevenir, reparar y finalmente evitar la repetición de conculcaciones de los derechos humanos.* Entre sus propuestas incluyó la continuación de las investigaciones por la vía judicial, la entrega de asistencia económica, la creación de becas de estudio y trabajo a los familiares de las personas desaparecidas; y la aprobación de normas que declaren como crimen de lesa humanidad la desaparición forzada de personas. Igualmente, recomendó la enseñanza obligatoria de los derechos humanos en los centros educativos del Estado, tanto civiles como militares y policiales, el apoyo a los organismos de derechos humanos, y la derogación de toda la legislación represiva existente en el país. Muchas de estas recomendaciones están aún pendientes de llevarse a la práctica.

304.-CONADEP, op. cit., p. 254.

14.2.-Chile: Comisión Nacional de Verdad y Reconciliación

Tras la derrota en elecciones de PINOCHET, Chile eligió como presidente a un miembro moderado de la oposición, PATRICIO ALWIN, quien había anunciado su compromiso ineludible con la defensa de los derechos humanos. Consecuente con su promesa, ALWIN, creó *la Comisión Nacional de Verdad y Reconciliación*, mediante el Decreto Supremo n° 355 del 24 de abril de 1990...

...con el objetivo de contribuir al esclarecimiento global de la verdad sobre las más graves violaciones a los derechos humanos cometidas en los últimos anos, con el fin de colaborar a la reconciliación de todos los chilenos.

Se designó como sus miembros a RAÚL RETTIG GUISSEN, JAIME CASTILLO VELASCO, JOSÉ LUIS CEA EGAÑA, MÓNICA JIMÉNEZ DE LA JARA, LAURA NOVOA VÁSQUEZ, JOSÉ ZALAQUETT DAHER, RICARDO MARTÍN DÍAZ y GONZALO VIAL CORREA. Las tareas que se le encomendó fueron las siguientes:

-Establecer un cuadro, lo más completo posible, sobre los graves hechos de violación a los derechos humanos, sus antecedentes y circunstancias.

-Reunir información que permita individualizar a sus víctimas y establecer su suerte o paradero.

-Recomendar las medidas de reparación y reivindicación que estimara de justicia, y

-Recomendar las medidas legales y administrativas que a su juicio deberían adoptarse para impedir o prevenir la comisión de nuevos atropellos graves a los derechos humanos.

Se determinó que se investigaran los hechos, con resultado de muerte o desaparición, ocurridos entre el 11 de septiembre de 1973 y el 11 de marzo de 1990, dentro del país o en el extranjero. Toda la investigación debió hacerse en un plazo de nueve meses, del 9 de mayo de 1990 al 9 de febrero de 1991. Se recibió a más de 3.400 familiares de desaparecidos y asesinados, que presentaron múltiples casos, de los cuales 644 quedaron fuera de su competencia. También consultó archivos de más de 100 organizaciones de derechos humanos, académicas, políticas y religiosas. El resultado final de las investigaciones de la Comisión fue un informe[305], con un listado en el que figuran 2.279 personas a las que consideró muertas.

Se recomendó *la reparación pública de la dignidad de las víctimas*, y diversas medidas de bienestar social, pensiones, atención especializada en salud, educación, vivienda, condonación de ciertas deudas y exención de la obligatoriedad del servicio militar a los hijos de las víctimas. Presentó también recomendaciones en los aspectos jurídicos y administrativos, como la *declaración de muerte de personas detenidas-desaparecidas*, la adecuación del ordenamiento jurídico nacional al Derecho internacional de los derechos humanos, y la ratificación de tratados internacionales sobre derechos humanos. Igualmente propuso diversas medidas para reformar el poder judicial y las Fuerzas Armadas, al como la continuación de las investigaciones sobre el destino de los desaparecidos. En enero de 1992, el gobierno chileno, mediante la ley 19.123, creó la *Corporación Nacional de Reparación y Reconciliación*, para ejecutar las recomendaciones, especialmente en la reparación material de los daños causados por la dictadura.

En los años posteriores a su trabajo, los grupos de derechos humanos y los familiares de los desaparecidos lograron hallar a algunas de las víctimas de la dictadura enterradas en cementerios clandestinos. También se obtuvieron más

---

305.-*Informe de la Comisión Nacional de Verdad y Conciliación* (marzo de 1991), en

pruebas de las actividades criminales de los agentes de la DINA, y su Jefe, MANUEL CONTRERAS, fue condenado a siete años de *prisión efectiva*, por su implicación en el asesinato de ORLANDO LETELIER.

14.3.-El Salvador

La Comisión de la Verdad de El Salvador surgió como resultado de los Acuerdos de Paz negociados durante más de tres años (1989-1992) entre el gobierno de El Salvador y el movimiento guerrillero *Frente Farabundo Martí para la Liberación Nacional (FMLN)*, que estuvieron enfrentados durante todo ese período. Las negociaciones, que se llevaron a cabo con el auspicio de las Naciones Unidas y la colaboración de Colombia, México, España y Venezuela, culminaron en el *Acuerdo de Paz de Chapultepec*, (México) el 16 de enero de 1992[306], cuyo artículo 5, titulado *Superación de la Impunidad*, establece lo siguiente:

La Comisión tendrá a su cargo la investigación de graves hechos de violencia ocurridos desde 1980, cuya huella sobre la sociedad reclama con mayor urgencia el conocimiento público de la verdad.

Para ello, se indicó que la Comisión tendría en cuenta las siguientes consideraciones:

a. la singular trascendencia que pueda atribuirse a los hechos a ser investigados, sus características y repercusión, así como la conmoción social que originaron; y

b. la necesidad de crear confianza en los cambios positivos que el proceso de paz impulsa y de estimular el tránsito hacia la reconciliación nacional.

---

www.derechosciviles.com/recursos.htm#rettig.

En cuanto a la impunidad, las funciones específicas que se le asignaron a la Comisión se definen en el Acuerdo de Chapultepec de la siguiente manera:

Se reconoce la necesidad de esclarecer y superar todo señalamiento de impunidad de oficiales de la Fuerza Armada, especialmente en casos donde esté comprometido el respeto a los derechos humanos. A tal fin, las Partes remiten la consideración y resolución de este punto a la Comisión de la Verdad.

Las Comisión de la Verdad investigó primeramente la violencia ejercida por agentes del Estado contra los opositores políticos. Así se ubicó el asesinato de los seis sacerdotes jesuitas y las dos acompañantes en el *Centro Pastoral de la Universidad Centroamericana* (1989). Analizó diversas ejecuciones extrajudiciales, como el asesinato de los dirigentes *del Frente Democrático Revolucionario*, religiosas norteamericanas y periodistas holandeses, así como los ataques a organismos de derechos humanos, como FENASTAS y COMADRES; las desapariciones forzadas, las matanzas de campesinos (*casos Mozote, Río Sumpul y El Calabozo*). También se investigaron los asesinatos cometidos por los *escuadrones de la muerte*, entre ellos el de Monseñor Óscar Arnulfo Romero.

En segundo lugar, se investigó la violencia del FMLN contra opositores, como el asesinato de alcaldes, y jueces, las ejecuciones extrajudiciales de campesinos colaboradores del gobierno y el asesinato de militares estadounidenses (*asesores técnicos*).

306.-"De la Locura a la Esperanza", Comisión de la Verdad para el Salvador.

14.4.-Perú

A.-Comisión del *caso Uchuraccay*

El origen de esta comisión fue el asesinato de ocho periodistas y un guía de montaña el 26 de enero de 1983, en la localidad andina de Uchuraccay, Ayacucho. Esta región, debido a la acción insurgente, se hallaba en *estado de emergencia* bajo un total control militar. La historia comenzó cuando la opinión pública peruana acusó a las Fuerzas Armadas y a los *sinchis* (*policía antisubversiva*) de asesinar a miembros de *Sendero Luminoso*. Diversas asociaciones de derechos civiles de Ayacucho sospechaban de la existencia de *una estrategia de guerra sucia*, con torturas, desapariciones forzadas, asesinatos de campesinos de la región. Para comprobar la versión oficial y la oficiosa sobre la situación real de la región, un grupo de periodistas decidieron viajar a Uchuraccay a fin de investigar la lucha contrainsurgente. La última vez que se les vio con vida fue camino de Uchuraccay. A los tres días aparecieron muertos por arma de fuego, al parecer a manos de grupos insurgentes locales, según la versión oficial.

El presidente FERNANDO BELAÚNDE TERRY, mediante *Resolución Suprema* del 27 de enero de 1983, creó una *comisión investigadora de los sucesos de Uchuraccay*, con el fin de *contribuir al esclarecimiento de una verdad que reclaman urgentemente la conciencia nacional y la opinión pública del resto del mundo*. Se estableció que la comisión no tendría competencia judicial o policial. Estaba formada por MARIO VARGAS LLOSA, MARIO CASTRO ARENAS y ABRAHAM GUZMÁN FIGUEROA, y, como auxiliares, contaba CON JUAN OSSIO, FERNANDO FUENZALIDA, LUIS MILLONES, FERNANDO DE TRAZEGNIES, MAX HERNÁNDEZ, RODOLFO CERRÓN PALOMINO, CLODOAÍDO SOTO Y RICARDO VALDERRAMA. La investigación se desarrolló del 28 de enero hasta el 28 de febrero de 1983.

El informe final y su documentación anexa, fue entregado el 4 de marzo de 1983. En él se exculpaba a las Fuerzas Armadas y se imputaba el asesinato a los insurgentes del *Sendero Luminoso*. Inmediatamente se desplegaron esfuerzos para su difusión internacional. A escala nacional, el informe produjo un efecto desolador y una gran decepción. La comisión reiteró que una llegado a la *convicción absoluta* de que el asesinato de los periodistas *fue obra de los comuneros de Uchuraccay*, posiblemente con la colaboración de miembros de otras comunidades iquichanas, *sin que, en el momento de la matanza, participaran en ellas fuerzas del orden*. Más rotundamente, VARGAS LLOSA y sus colaboradores afirmaban lo siguiente:

> *La Comisión ha llegado a la convicción absoluta de que los periodistas fueron asesinados porque los comuneros los creyeron terroristas y sin sospechar su verdadera condición*[307].

En cambio, según el Tribunal de Ayacucho, que instruyó el caso...

> *...los campesinos de Uchuraccay fueron obligados a atacar a los periodistas, por presión de las Fuerzas Armadas. Los comandantes militares y policiales actuaron como instigadores del crimen. El Tribunal ayacuchano identificó a veintisiete comuneros como autores de la masacre, y al general Clemente Noel y Moral (Jefe del Comando Político Militar de Ayacucho) junto con cinco oficiales de la policía y uno de la Marina, como autores intelectuales*[308].

Todo parece indicar que esta comisión tuvo un objetivo encubridor. Para ello, buscó justificaciones étnicas, históricas y culturales y se apoyó *en la permanente sed de venganza de los aborígenes andinos contra los blancos opresores*. Sostuvo

---

307.-Ibíd.

308.-"Las versiones de Uchuraccay", *Revista Sí*, 16 de marzo de 1987, p. 75.

que los campesinos confundieron las cámaras fotográficas con armas de guerra y *pensaban que los periodistas eran terroristas que venían a atacarlos. Así, los periodistas, fueron víctimas de una desafortunada equivocación.* Un mes después de la presentación del informe, se descubrieron casualmente las cámaras fotográficas y varios rollos de película de los periodistas asesinados, con imágenes que al ser reveladas pusieron en duda muchas de las *convicciones absolutas* de la comisión[309]. La versión del Tribunal de Ayacucho era la acertada. MARIO VARGAS LLOSA no sale muy bien parado del asunto.

B.-Comisión del *caso los Penales*

Durante los días 18 y 19 de julio de 1986, 250 reclusos peruanos fueron asesinados después de protagonizar un motín carcelario, la mayoría fusilados después de haberse entregado. Además, y por si fuera poco, el penal de El Frontón, fue bombardeado por buques de la Armada peruana, pese a que los presos amotinados no representaban gran peligro. No hubo ningún interés en rescatar a los heridos o sobrevivientes. La presión internacional para que se esclarezca la verdad de la matanza fue muy grande, ya que ésta se produjo cuando se celebraba en Lima el Congreso Mundial de la 11 Internacional Socialista. La Comisión, nombrada por el Congreso en el mes de agosto, tardó más de un año en funcionar regularmente. Finalmente se dividió, y se presentaron dos informes: uno gubernamental (que fue aprobado), y otro suscrito por el presidente de la Comisión y parlamentarios de la oposición, en minoría. Poco después, la Corte Suprema de Justicia del Perú emitió una Resolución trasladando a fuero militar el proceso seguido contra los responsables de la matanza en los penales. El consejo de guerra exculpó a los principales

---

309.-*Caretas* informó que, cuando el Fiscal de la Nación, Gonzalo Ortiz de Zevallos, intentó viajar hacia Uchuraccay para investigar la matanza, el Presidente de la República le ordenó quedarse en Lima un día más, para asistir al acto de constitución de la Comisión Investigadora. El tiempo perdido fue suficiente para destruir muchas huellas del crimen. Cf. "¿Qué pasó en Uchuraccay?", *Caretas*, 7 de febrero de 1983, p. 15.

responsables. Posteriormente, tras siete años de investigaciones y negociaciones jurídicas-diplomáticas, en 1994, la Corte Interamericana de Derechos Humanos, dictó una sentencia relacionada con la matanza, ordenando al gobierno peruano indemnizar a los familiares de tres de las víctimas[310].

14.5.-Bolivia

Después de 18 años de dictaduras militares, en octubre de 1982 Bolivia recuperó su sistema democrático, tras la elección como presidente de HERNÁN SILES SUAZO. Las víctimas de violaciones de los derechos humanos, entre asesinados, torturados, desaparecidos, entre 1965 y 1982 eran numerosas. De acuerdo al *Comité Impulsor del Juicio contra García Meza*, el golpe militar liderado por el general HUGO BANZER SUÁREZ, en agosto de 1971, inició uno de los gobiernos de facto más sangrientos en la historia del país. Según este Comité, se realizaron más de 14.000 detenciones ilegales y muchas de las personas detenidas fueron torturadas[311]. HERNÁN SILES SUAZO firmó el 28 de octubre de 1982 el Decreto Supremo nº 241, por el que se creó la *Comisión Nacional de Desaparecidos,* que investigó, hasta abril de 1983, el asesinato de 14 prisioneros políticos, en 1972, por el gobierno de BANZER, y la desaparición de 22 personas en el periodo de GARCÍA MEZA[312].

La *Central Obrera Boliviana,* las Iglesias Católica y Metodista, la *Universidad San Simón de la Paz,* los *gremios* de periodistas, los grupos de derechos humanos, los familiares de las víctimas de la dictadura, con el apoyo de algunos políticos, iniciaron un *Juicio de Responsabilidades* contra el general LUIS GARCÍA

310.-Comisión Andina de Juristas, "Informativo Andino", nº 98, *El caso Neira Alegría y otros, contra el Estado Peruano" por la masacre de El Frontón*, Lima, 30 de enero de 1995.

311.-ORURO, José, *Sociedad y Política*, Lima: 1980, p. 38.

312.-*Latinamerica Press*, Londres, 31 de marzo de 1983, p. 2, vol. 15, nº 1.

MEZA, y 55 de sus principales colaboradores, primero en febrero de 1984, en el Congreso Nacional y en abril de 1986 ante la Corte Suprema de Justicia. Una decisión del Congreso, del 25 de febrero de 1986, excluyó las investigaciones de hechos ocurridos antes del golpe de GARCÍA MEZA, protegiendo de esa manera, especialmente, al dictador HUGO BANZER. El Congreso de la República decidió acusar al ex dictador ante la Corte Suprema, y se expidió una orden de detención, el 13 de enero de 1989. Después de más de seis años de juicio, en 1992 se le condenó a 30 años de prisión. Actualmente, se encuentra en la prisión de Chonchocoro, en La Paz, después de haber sido extraditado del Brasil. Otros cincuenta implicados también recibieron su condena.

14.6.-Brasil

Las investigaciones sobre las violaciones a los derechos humanos de las dictaduras brasileñas (1964-1979) fueron dirigidas por miembros de la Archidiócesis de Sao Paulo, de la Iglesia Católica. Alrededor de treinta personas vinculadas a la Archidiócesis trabajaron más de cinco años en el más absoluto secreto para obtener los documentos, analizarlos, comprobar la información, y procesarla. La investigación comenzó en agosto de 1979 y concluyó en marzo de 1985. En ese período se logró sistematizar informaciones contenidas en 707 expedientes de procesos llevados ante el Tribunal Militar Supremo. Por esto, una característica del informe es que se basa, fundamentalmente, en documentos oficiales de los procesos sustanciados por los tribunales militares contra activistas y opositores políticos. El resultado del trabajo se difundió con el título *Brasil Nunca Mais.* Una síntesis se publicó en forma de libro en Petrópolis (1985). Allí se reunió información sobre las violaciones a los derechos humanos ocurridas durante los regímenes militares desde 1964 hasta 1979.

El libro *Brasil Nunca Más,* además de describir las formas crueles de los castigos y las torturas, presenta datos históricos sobre el origen de los regímenes militares y el desarrollo de los aparatos represivos, y la perversión del Derecho Penal, que favoreció el atropello de los derechos humanos. El informe incluye testimonios acerca de la labor de agentes de la CIA de los Estados Unidos, como el oficial estadounidense DAN MITRIONE, quien enseñó los llamados *métodos científicos para arrancar confesiones y obtener la verdad*. De acuerdo con numerosas y documentadas denuncias, Dan Mitrione entrenó agentes militares y policiales brasileños, utilizando en sus experimentos inicialmente niños y mendigos recogidos de las calles de *Bello Horizonte*[313]. La brutal radiografía que se presenta de la violencia policial y militar habla por sí sola[314].

En 1984, *la Assembleia Legislativa del Estado do Río Grande do Sul*, publicó un *Informe del Comité Brasileño por la Amnistía*, en el cual indicó que *pasados mas de quince años de dictadura militar, el número de muertos y desaparecidos suman más de trescientos, y ese número tiende a aumentar porque el aparato represivo continúa intacto y activo*[315].

14.7.-Paraguay

El período de gobierno del general ALFREDO STROESSNER marcó a la sociedad paraguaya con el signo del terror. *El miedo que genera nuestro sistema político es tan cierto y evidente que no se necesitan estudios muy sutiles ni gran aparato científico para demostrarlo*, afirmaba en 1974 el sacerdote RAMÓN JUSTE. Agregaba que *el mero intento de decir o escribir públicamente algo que pueda ser*

313.-Archidiócesis de Sao Paulo, *"Brasil Nunca Más"*, p. 32.

314.-Ibíd., p. 272.

315.-*Dossier Dos Mortos e Desaparecidos, Documento do Comité Brasileiro pela Anistia, Secçao de Rio Grande do Sul, Estado de Rio Grande do Sul, 1984, Assembleia Legislativa*, p. 13.

interpretado como critica al sistema es ya un síntoma de gran audacia y aún a veces de temeridad suicida[316].

En Paraguay, las violaciones a los derechos humanos afectaron también a extranjeros que escapaban de persecuciones en Argentina, Brasil, Chile, Bolivia y Uruguay. La dictadura argentina, durante su guerra sucia, hizo desaparecer a 54 ciudadanos paraguayos exilados que se encontraban en Buenos Aires[317]. Ya en septiembre de 1976, la *Liga Internacional por los Derechos Humanos* difundió una lista de 203 prisioneros políticos en las cárceles de Paraguay, algunos de los cuales llevaban más de 18 años encarcelados[318].

La investigación más relevante se ha llevado a cabo por el *Comité de Iglesias paras Ayudas de Emergencia*, CIPAE. El resultado fue publicado a partir de mayo de 1990 en una serie de cuatro tomos bajo el título general *Paraguay: Nunca Más*. Unas 360.000 personas, de un total de 3 millones de habitantes, fueron encarcelados, y un millón se exilió[319].

Otro trabajo de documentación fue el realizado por la Iglesia Católica de Misiones, con el título *Koága roneeta* (*Ahora hablaremos*), *testimonio campesino de la represión en Misiones, 1976-1978*. En este libro se expone la brutalidad policial y militar contra cientos de activistas de las *Ligas Agrarias Cristianas* y de la *Juventud Agraria Cristiana*, entre otras organizaciones de base.

316.-*Acción*, octubre de 1974, ps. 21 a 24.

317.-La lista completa de estos paraguayos desaparecidos en Argentina fue publicada por el Consejo Mundial de Iglesias, en su informe "The Human Rights situation in Paraguay", Ginebra, febrero de 1988, p. 14.

318.-"Report of Commission of Enquiry into Human Rights in Paraguay of the International League for Human Rights, September 1976", ps. 35 a 38.

15.-La Corte Penal Internacional: el proceso de Roma

La historia de la creación una Corte Penal Internacional (CPI) con jurisdicción y competencias en un ámbito universal[320] es, ante todo, un largo camino de discusión política y jurídica[321], un proceso de onda larga que se remonta, en su origen como ya hemos visto, a tiempos antiguos y a siglos pasados[322]. Lo centraremos, de aquí en adelante, en las discusiones que dieron origen a la actual CPI, bajo la denominación *proceso de Roma*.

Antecedentes doctrinales aparte, el primer debate importante sobre la creación de un tribunal penal internacional permanente se inició en los años cincuenta del siglo XX, tras las experiencias adquiridas después de los procesos de Nüremberg y Tokio. La sombra de los juicios contra los jerarcas nazis y los generales japoneses planean sobre la nueva Corte Internacional: es un lugar común que se argumente que la Corte Penal Internacional funcionará *igual que el tribunal de Nüremberg o con sus parámetros*. Curiosamente, entre los antecedentes que se citan al respecto, nunca se menciona al tribunal de Tokio que condenó a personajes políticos y militares tan relevantes como TOJO. Tanto fue así, que el ayuntamiento de Nüremberg acometió una campaña publicitaria para convertirse en la sede permanente de la corte cuando se iniciaron las negociaciones. No obstante, la comparación con Nüremberg no

---

319.- CIPAE, *Paraguay Nunca Más*, p. 212.

320.-TRIFFTERER, Otto, *Commentary on the Rome Statute of the International Criminal Court: Observers' Notes, Article by Article*, op. cit.; y HUMAN RIGHTS WATCH, *The ICC Statute: Summary of the Key Provisions*, Nueva York: Human Rights Watch, 1998, VV.AA., *Corte Penal Internacional. Manual para la Ratificación e Implementación del Estatuto de Roma*, Vancouver: The International Centre for Criminal Law Reform and Criminal Justice Policy, 2000, en www.ichrdd.ca.

321.-BASSIOUNI, M.C., *The Statute of the International Criminal Court: Documentary History*, Nueva York: Transnational Publishers, 1998; y LEE, Roy S., *The International Criminal Court. The Making of the Rome Statute. Issues-Negotiations-Results*, La Haya, Londres, Boston: Kluwer Law International, 1999.

322.-GOMEZ GUILLAMON, Rogelio, "La creación de la Corte Penal Internacional: antecedentes", *REDEM*, nº 75 (enero-junio de 2000), p.159 y sis; YÁNEZ BARNUEVO GARCIA, Juan Antonio, "El proceso en marcha para la ratificación y puesta en práctica del Estatuto de Roma", *REDEM*, nº 75 (enero-junio de 2000), p. 107 y sis; y FRYE, A. (ed.) *Toward an International Criminal Court?*, Nueva York: Council on Foreign Relations, 1999.

resiste una crítica seria. Según JOHN R. BOLTON, ex Secretario de Estado adjunto de los Estados Unidos para asuntos de los organismos internacionales, *cuando se plantea la idea de un tribunal de crímenes de guerra, se cita definitivamente el modelo de Nüremberg. No obstante, un Tribunal Penal Internacional no será similar a Nüremberg.* En efecto, hay que tener cuenta cómo se desarrollaron los procesos contra los representantes del régimen nazi: se realizaron después de la rendición política y militar incondicional del Eje; se tenía bajo arresto a los posibles acusados; y ya se disponía de evidencias físicas y documentales; más aún, los aliados compartían una visión común sobre cómo debía ser un gobierno de ocupación y los pueblos derrotados apoyaban la legitimidad de los procesos, sin duda, porque no les cabía otra salida. Además, las consideraciones políticas pesaron más que las jurídicas, ya que se podría haber condenado a personalidades aliadas por los mismos razonamientos que sirvieron para condenar y ejecutar nazis. Si se colgó a GOERING por los bombardeos masivos de Londres, se podría haber hecho lo propio con el presidente TRUMAN y el estado mayor norteamericano por haber ordenado el lanzamiento de las dos bombas atómicas; si el genocidio judío fue causa de múltiples ejecuciones, ¿qué debería haberse hecho con los jerarcas soviéticos y con STALIN? Y es que este tribunal estuvo presidido por *una lógica de vencedores sobre vencidos.* Basta recordar la historia para ver lo diferente que era Alemania y el tribunal Nüremberg de los casos contemporáneos, tales como el de Yugoslavia o el de Ruanda, en los que *muchos acusados importantes no se encuentran bajo arresto y la evidencia se manipula, esconde y destruye de forma abierta.* ALFRED RUBIN, profesor de Derecho Internacional de la *Escuela de Derecho y Diplomacia Fletcher* en la *Tufts University*, tiene una visión similar acerca de la comparación con Nüremberg: *existe un precedente frecuentemente citado para utilizar un tribunal y la noción de crímenes de guerra para establecer la 'justicia' en un orden legal que parece incapaz de aplicar reglas que los observadores consideran esenciales: Nüremberg. Pero este precedente falla porque las dos situaciones no son análogas... Nüremberg fue un tribunal de los vencedores.* RUBIN agrega que en Nüremberg los archivos nazis capturados estaban abiertos para la defensa así como para la acusación. El tribunal se constituyó en Alemania y su éxito fue más propagandístico, psicológico y político que netamente jurídico: exponer al pueblo alemán los crímenes cometidos por su gobierno. Pero la Corte de Roma no es un tribunal de vencedores; nace del consenso internacional y estará permanentemente ubicado en La Haya. Los *documentos y testimonios requeridos para una defensa eficaz son difíciles de exponer y de presentar al tribunal; no hay razón alguna para esperar que los serbio-bosnios publiquen sus archivos internos, y tampoco para pensar que los serbios de Serbia deseen que dichos archivos, o las actas de su Gabinete que contengan información sobre dichos archivos, sean expuestos. Tampoco existe razón alguna para pensar que los musulmanes de Bosnia o los croatas voluntariamente presenten sus propios archivos que podrían exculpar a algunos acusados de menor nivel por incriminar a los funcionarios de mayor nivel*[323].

Muchos defensores de la Corte de Roma sugieren que su existencia tiene un efecto disuasivo sobre los futuros criminales de guerra. JIMMY CARTER, por ejemplo, ha declarado que *lo más importante de saber que el Tribunal Penal Internacional existe sería, creo yo, que es un gran elemento disuasivo para aquellos que se inclinarían por perpetrar dichos crímenes.* Igualmente, NORMAN DORSEN, del *Comité Legal de Derechos Humanos* y MORTON HALPERIN, de la *Fundación del Siglo XX*, sostienen que la Corte de Roma es necesaria para *disuadir a aquellos que contemplan cometer crímenes horrendos,* pero no existe razón empírica de que vaya a reducir la cantidad de amenazas a la paz y seguridad internacional. En todo caso, lo

---

323.-Cf. VARADARAJAN, Siddharth, "Imperial Impunity, US Hampers World Criminal Court Plan", *Times of India,* 23 de abril de 1998; DORSEN Norman y HALPERIN, Morton, "Justice after Genocide", *Washington Post,* 13 de mayo de 1998, p. A17; LOCKWOOD, Christopher, "International: Nüremberg Bids to House World War Crimes Court", *Daily Telegraph* (Londres), 29 de abril de 1998, p. 16; BOLTON, John R., "An International Criminal Court Won't Work", *Wall Street Journal Europe,* 30 de marzo de 1998, p. 10; RUBIN Alfred P., "Dayton, Bosnia and the Limits of Law", *National Interest* n° 46 (Invierno 1996-97), p. 44; CARTER, Jimmy, entrevista en *CNN Morning News,* 16 de abril de 1998.

contrario podría ser cierto: los criminales de guerra probablemente no querrán renunciar al poder y se verán motivados a perpetuarse en él con tal de no comparecer ante el tribunal; se habla, incluso, de la posibilidad cierta de adquirir armas de destrucción masiva como una póliza de seguro para sí mismos o para sus comandantes, en caso de ser llevados ante la corte[324], aunque, a día de hoy, no sea digno escudar ninguna posible acción política en la supuesta tenencia de armas químicas, después del desastre de Irak.

El proceso, como decíamos, se remonta al final de la Segunda Guerra Mundial. Al mismo tiempo que se elaboraban la Convención sobre Prevención y Sanción del Crimen de Genocidio (1948) y las diversas Convenciones de Ginebra (1949), la Asamblea General de las Naciones Unidas solicitó a la Comisión de Derecho Internacional (CDI) de la Organización examinar la posibilidad de crear una *corte penal internacional permanente*[325]. A principios de los años cincuenta, la CDI había elaborado dos borradores de estatuto[326], pero el proyecto fue abandonado cuando parecía evidente que el clima político de la Guerra Fría lo haría inviable[327]. En 1989, Trinidad y Tobago revivió la idea al proponer la creación de un *organismo judicial mundial* con capacidad para juzgar los crímenes relacionados con el narcotráfico internacional[328]. Mientras que la Comisión de Derecho Internacional reanudaba el trabajo y elaboraba un borrador de estatuto para un futuro tribunal de estas características, Naciones Unidades creaba tribunales penales internacionales

---

324.-Ibíd.

325.-Documentos oficiales de la Asamblea General, Quincuagésimo período de sesiones. Suplemento nº 10 (A/5/10), Naciones Unidas, Nueva York, 1996, en www.un.org.

326.-Sobre el primer proyecto. Cf. documento A/49/10, Supp. nº 10. Sería modificado por el *Comité Preparatorio sobre el Estatuto de una Corte Penal Internacional*, creado por Resolución 50/46, de 11 de diciembre de 1955, de la Asamblea General. Los datos están tomados de www.un.org.

327.-VV.AA., *No Peace Without Justice, International Ratification Now! Campaign for the establishment of the International Criminal Court by year 2000: A Manual for Legislators*, Roma: No Peace Without Justice, 1999.

328.-Documento de Naciones Unidas A/44/195, anexo 44, en www.un.org.

para Yugoslavia y Ruanda. La CDI presentó un proyecto de estatuto a la Asamblea General de las Naciones Unidas en 1994, recomendando que se convocara una conferencia internacional para redactar el tratado pertinente.

La Asamblea General pasó el proyecto de la CDI a un *Comité ad hoc*[329], que fue sucedido por un *Comité Preparatorio* en 1996 y 1997 para un mayor debate y exploración de temas. A medida que más Estados se unieron al proceso y un conjunto de organizaciones no gubernamentales y académicos tomaron interés, se introdujeron nuevas opciones, se propusieron modificaciones y se elaboraron mecanismos procesales. En particular, se acordó que el estatuto debía contener definiciones exhaustivas de crímenes y principios generales de Derecho Penal y Procesal. Se hizo patente que el instrumento que establecería la Corte Penal Internacional (CPI) se asemejaría a un *código penal y procesal*[330], a diferencia con el contenido, muy genérico, que había anticipado la CDI. Finalmente, en marzo y abril de 1998 el *Comité Preparatorio* elaboró su *Proyecto de Estatuto y Propuesta de Acta Final*[331]. En este sentido, ESCOBAR ha señalado lo siguiente, respecto a la naturaleza del Estatuto de la CPI, una vez que se alcanzó el consenso sobre su contenido y se acordó su publicación:

El Estatuto de Roma por el que se crea y regula el funcionamiento de la Corte Penal Internacional (en adelante, CPI) se configura como un texto completo y compacto en el que se integran todas las normas básicas, tanto

---

329.-Documento de Naciones Unidas A/RES/49/53, en www.un.org. Sobre este comité, Cf. BASSIOUNI, M. C., *Visión histórica: 1919-1998, CPI. Ratificación y Legislación Nacional de Actuación*, en *Nuvelles Études Pénales*, Erés: Assocciation Internationale de Droit Pénal, 1999, ps. 25 y sis.

330.-LIROLA DELGADO, Isabel, *La competencia material de la Corte Penal Internacional. La relación con el Proyecto de Código de Crímenes contra la Paz y la Seguridad de la Humanidad*, en *Creación de una jurisdicción penal internacional*, Colección Escuela Diplomática nº 4, Madrid: Escuela Diplomática-Asociación Española de Profesores de Derecho Internacional y Relaciones Internacionales-Boletín Oficial del Estado, 2000, ps. 47 y sis.

331.-LEE, Roy S., *The International Criminal Court. The Making of the Rome Statute. Issues-Negotiations-Results*, op. cit.

sustantivas como procesales, que son necesarias para que la nueva Corte pueda desempeñar su función procesal. Desde esta perspectiva, el Estatuto se diferencia poco de las normas que, con contenido similar, existen ya en los ordenamientos internos de los Estados. Lógicamente, con las peculiaridades derivadas de la dimensión internacional de la nueva jurisdicción.[332]

El paso siguiente fue la *Conferencia Diplomática de Plenipotenciarios de las Naciones Unidas sobre el Establecimiento de una Corte Penal Internacional*, inaugurada por el Secretario General, Kofi Annan, el 15 de junio de 1998 en la sede central de la Organización de Naciones Unidas para la Agricultura y la Alimentación (FAO), en Roma[333]. Delegaciones de 160 Estados junto con cientos de organismos no gubernamentales participaron durante cerca de cinco semanas de intensas discusiones. La Conferencia fue presidida por el italiano GIOVANNI CONSO, mientras que sus negociaciones estuvieron a cargo del *Comité Plenario*, presidido por el canadiense PHILIPPE KIRSCH. Este Comité supervisó a varios *Grupos de Trabajo* y reuniones informales. Cuando se prepararon los textos, fueron enviados al *Comité de Redacción*, presidido por el egipcio BASSIOUNI. En el curso de la Conferencia surgieron divergencias y se hicieron propuestas irreconciliables, mientras que muchas más se superaron mediante el consenso. Ciertos temas, como la extensión de la jurisdicción y la definición de los delitos no parecían ofrecer esperanza de solución, y quedarían para ser resueltos sólo con buena fe y una dura negociación. Una secuencia de propuestas en paquete de la *Mesa del Comité Plenario* llevó a la *Conferencia* al punto en que se hizo posible el consenso en términos generales sobre la forma y mecanismos de la Corte. La base del consenso fue el texto propuesto por la *Mesa del Comité Plenario* el 17 de julio, el último día programado de la

---

332.-ESCOBAR HERNANDEZ, Concepción, "Algunas reflexiones sobre la Corte Penal Internacional como institución internacional", *REDEM*, nº 75 (enero-junio de 2000), p. 171.

333.-Ibíd.

Conferencia. Se votó por 120 Estados a favor, 7 en contra y 21 abstenciones, con lo cual se adoptó el *Estatuto de Roma* de la Corte Penal Internacional[334]. Se inició el proceso de firmas del Estatuto y el Acta Final de la Conferencia. En la tarde del sábado 18 de julio, después de una ceremonia presidida por el Secretario General, lo firmaron 26 Estados[335]. El Estatuto entró en vigor sesenta días después de que se produjera la ratificación número sesenta, circunstancia que se produjo cuando el 11 de abril de 2002 se reunió el número mínimo de ratificaciones necesarias para su entrada en vigor (76 ratificaciones y 139 firmas). De acuerdo con las previsiones de su Estatuto, inició su andadura formal el 1 de julio de 2002[336].

El Acta Final de la Conferencia de Roma dispone el establecimiento de una Comisión Preparatoria, constituida por todos los Estados invitados a participar en la Conferencia, encargada de proponer los arreglos prácticos para que la Corte entre en vigor, como por ejemplo la preparación de los proyectos de los instrumentos adicionales que necesita para funcionar. La Asamblea General convocó tres reuniones en 1999, a ser seguidas por posteriores encuentros en la primavera del 2000, con el fin de finalizar el proyecto de las Reglas de Procedimiento y Prueba y los Elementos del

---

334.-Estatuto de Roma (*Text of the Rome Statute circulated as document A/CONF.183/9 of 17 July 1998 and corrected by procès-verbaux of 10 November1998, 12 July 1999, 30 November 1999, 8 May 2000, 17 January 2001 and 16 January 2002*), en www.icc-cpi.int/docs/rome_statute(e).pdf.

335.-ESCOBAR HERNANDEZ, Concepción, "Algunas reflexiones sobre la Corte Penal Internacional como institución internacional", op. cit.

336.-El principal problema para el funcionamiento de la Corte es la posición de los Estados Unidos, que se ha opuesto a su jurisdicción. Cf. BOLTON, John R., "Texto de la carta dirigida al Secretario General de las Naciones Unidas por el Subsecretario de Estado para control de armas y seguridad Internacional", *Bureau of Public Affairs, U.S. Department of State - May 6, 2002*, Traducción al español de la versión original en inglés realizada por el Equipo Nizkor el 9 de mayo de 2002, en www.derechos.org/nizkor/impu/tpi/cpiusa1.html; "Mr. Grossman explica, en Washington, por qué Bush cree que la impunidad mejora los sistemas democráticos", *Bureau of Public Affairs, U.S. Department of State - May 6, 2002*. Traducción al español de la versión original en inglés realizada por el Equipo Nizkor el 9 de mayo de 2002, en www.derechos.org/nizkor/impu/tpi/cpiusa5.html; "Declaración del Senador Christopher J. Dodd sobre la revocación de la firma del Tratado de Roma por parte de EE.UU.", USAforICC.org, traducción al español de la versión original en inglés realizada por el Equipo Nizkor el 9 de mayo de 2002, en www.derechos.org/nizkor/impu/tpi/cpiusa3.html.

Crimen, previstos en el Acta Final, que serían aprobados el 30 de septiembre de 2002[337].

El Estatuto contiene todos los principios y procedimientos fundamentales de interés a los potenciales Estados Partes. Quedan pendientes de regularse los medios funcionales por los cuales la Corte pueda ser efectiva funcionalmente. Se debe destacar que, después de una larga inactividad por parte de Naciones Unidas y la comunidad internacional en general, el punto en que se encuentra actualmente la Corte es, sin duda, una inflexión extraordinaria para el Derecho y las relaciones internacionales, difícilmente predecible cuando se hicieron las primeras propuestas para su creación en el siglo pasado.

16.-Jurisdicción y competencia de la CPI

16.1.-Por razón del lugar de comisión

La propia naturaleza jurídica del Estatuto de Roma (una convención internacional de Naciones Unidas) impone la restricción de su vigencia a los Estados contratantes, es decir a aquellos que lo firman y, además, lo ratifican, aceptan, aprueban o se adhieren a él. Solo quienes hayan hecho esto formarán, como es sabido, la Asamblea de Estados Parte del Estatuto de Roma. No obstante, la peculiaridad de esta Convención (por tratar de instaurar por primera vez un Tribunal Penal Internacional permanente para la investigación y enjuiciamiento de determinados crímenes internacionales) hace que haya tenido que ampliar el ámbito tradicional de aplicación, es decir, el ejercicio de su competencia más allá de los

---

337.-UNITED NATIONS, Assembly of States Parties to the Rome Statute of the International Criminal Court First session, Nueva York, 3-10 September 2002, Official Records, Nueva York: United Nations Reproduction Section, 2002, en www.icc-cpi.int/docs/rulesofproc_en.pdf. Además de estas Reglas y los Elementos, de importancia inmediata, la Comisión trabajó sobre distintas propuestas de acuerdos entre la Corte y las Naciones Unidas y entre la Corte y el país anfitrión (Holanda), así como reglamentación para la Asamblea de los Estados Partes, reglamento y reglamentación financiera, un acuerdo sobre privilegios e inmunidades de la Corte y un presupuesto para el primer año financiero.

Estados Parte: el reconocimiento de que ésta solo podría ejercerse con respecto a crímenes cometidos en el territorio de un Estado Parte habría reducido el ámbito pretendidamente universal de competencia de la Corte Penal Internacional hasta límites en absoluto compatibles con la propia naturaleza de este Tribunal y de los crímenes objeto de su jurisdicción. Ni siquiera la ampliación de su competencia a los nacionales de un Estado parte, con independencia del lugar donde hubieran cometido los crímenes, habría sido suficiente al respecto, puesto que seguirían quedando fuera de él los crímenes cometidos fuera del territorio de los Estado parte por nacionales de Estados que no lo son.

De todas formas, incluso si solo existieran estas dos posibilidades de ejercer la competencia -territorialidad y nacionalidad-, los nacionales de Estados no contratantes que cometieran los crímenes en el territorio de uno que sí lo fuera, podrían ser sometidos a la competencia de la Corte Penal Internacional sobre la base del principio de territorialidad. Dada la proliferación de tropas internacionales e intervenciones, armadas o no, en territorios de soberanía ajena, esta hipótesis no es irreal, sino, al contrario, probablemente la más frecuente. En consecuencia, aunque solo fuera por el principio del ejercicio de la competencia sobre los crímenes cometidos en el territorio de los Estados Parte, si un Estado que no lo fuera pretendiera que sus nacionales no pudiesen ser enjuiciados por la Corte Penal Internacional cuando intervienen en territorios de un Estado que sí es Parte (lo que ha sido motivo de explícita preocupación de la delegación de Estados Unidos de América en la Comisión Preparatoria de la Corte Penal Internacional), lo que debe hacer es, precisamente, no intervenir en el conflicto o situación; en caso contrario, sus nacionales serán sometidos a la Corte Penal Internacional por razón del lugar de comisión de los crímenes, aunque sus Estados no sean Parte de ésta. Obsérvese, pues, que aunque solo existiera una condición mínima para el ejercicio de la competencia por la Corte Penal Internacional, a saber, que los crímenes hayan sido cometidos en el territorio de un Estado Parte, la política de alianzas militares internacionales o de envío de tropas a territorios de soberanía ajena para mantenimiento de la paz por parte de Estados no contratantes del Estatuto de Roma, o, simplemente, de intervención de sus nacionales en situaciones políticas conflictivas ajenas, resultaría seriamente afectada por la existencia de la Corte Penal Internacional.

16.2.-Por aceptación

Pero, con independencia de lo anterior, el articulo 12.2, con relación al 13, del Estatuto de Roma amplía expresamente la posibilidad de que la Corte ejerza su competencia sobre crímenes cometidos en el territorio o por nacionales de un Estado que no sea Parte si éste "ha aceptado la competencia" de la Corte, o bien si "el Consejo de Seguridad, actuando con arreglo a lo dispuesto en el Capítulo VII de la Carta de Naciones Unidas(1), remite al Fiscal una situación en que parezca haberse cometido uno o varios de esos crímenes". En síntesis, pues, los Estados que no sean Parte pueden verse afectados por la competencia de la Corte Penal Internacional, bien porque sus nacionales intervengan en territorio de un Estado Parte, como se ha analizado anteriormente, bien porque acepten su competencia pese a no ser Parte del Estatuto de Roma, o bien, final y, desde luego, excepcionalmente, porque así se lo imponga el Consejo de Seguridad de Naciones Unidas.

16.3.-Por decisión del Consejo de Seguridad

Lo peculiar de la introducción en el Estatuto de Roma de esta posibilidad de ejercicio de la competencia por la Corte Penal Internacional frente a Estados que no son Parte consiste, sobre todo, en que permite remitir a este tribunal permanente las investigaciones y enjuiciamientos que hasta el momento el Consejo de Seguridad solo puede poner en marcha mediante la creación de tribunales penales *ad hoc*. En este sentido puede decirse que la Corte Penal Internacional vendrá a cumplir las funciones que hasta ahora solo han podido cumplir los tribunales internacionales específicos. Hasta ahora han sido dos: el de Yugoslavia y Ruanda.

Es esta dimensión del Estatuto de Roma la que más aproxima la Corte Penal Internacional a un órgano de justicia penal internacional universal[338], ya que permite que extienda su competencia a los crímenes objeto de su jurisdicción con independencia del lugar de su comisión, de la nacionalidad de los responsables e incluso de la vinculación de los Estados al propio Estatuto del Tribunal. Desde el punto de vista técnico puede decirse que el artículo 13 b) del Estatuto incorpora la sumisión de todos los Estados miembros de Naciones Unidas a su Carta y, por tanto, a las decisiones del Consejo de Seguridad basadas en el capítulo VII de la misma.

La específica exigencia en el artículo 13 b) del Estatuto de Roma de que el Consejo de Seguridad actúe en estos casos al amparo del Capítulo VII de la Carta de Naciones Unidas concede, ciertamente, un rango internacional muy especial a la decisión, a la vez que la somete a condiciones restrictivas.

Debe recordarse al respecto que, al igual que ha ocurrido en las resoluciones del Consejo de Seguridad de creación de los tribunales penales internacionales *ad hoc* para la antigua Yugoslavia y Ruanda, hechas también al amparo del Capítulo VII, el Consejo de Seguridad solo puede adoptar una de estas resoluciones y acciones cuando exista una situación de amenaza para la paz, quebrantamiento de la paz o acto de agresión, y, además, su objetivo debe ser, precisamente, el mantenimiento o restablecimiento de la paz y la seguridad internacionales. En consecuencia, la decisión de remitir al Fiscal de la Corte Penal Internacional una situación para la investigación y enjuiciamiento de los crímenes

---

338.-RAGUÉS I VALLÉS, Ramón, "El Tribunal Penal internacional. La última gran institución del siglo XX (I)", *La Ley* (17 abril 2001).

correspondientes, debe estar fundamentada por el Consejo de Seguridad en que tal situación implica una amenaza o quebrantamiento de la paz o un acto de agresión, y en que tal remisión al Fiscal es adecuada para el restablecimiento de la paz y la seguridad internacionales.

Por mucho que se comparta la idea de que los crímenes masivos contra los derechos humanos representan, en general, un peligro contra la paz internacional[339], y que el enjuiciamiento de sus responsables contribuye al restablecimiento y mantenimiento de la paz internacional, no por ello debe ignorarse que las situaciones en las que esos crímenes se cometen o se han cometido deben tener cierto nivel de actualidad que permita, precisamente, calificarlas como amenaza para la paz y seguridad internacionales. A ello se refirió, por ejemplo, el informe del Grupo de Expertos sobre los crímenes cometidos por los dirigentes de los Jemeres Rojos en Camboya entre 1975 y 1979. Dicho Grupo recomendó la creación de un Tribunal Internacional *ad hoc* al amparo del Capítulo VII de la Carta de Naciones Unidas, aunque señaló que existían preocupaciones en cuanto al hecho de que se trataría de una decisión sin precedentes, debido a que el conflicto armado camboyano ya no existía, estaba resuelto el problema de los refugiados y no existían, tampoco, tensiones entre Camboya y los países vecinos por la cuestión de los Jemeres Rojos. En tales circunstancias, el Grupo de Expertos propuso que, ante la dificultad que existía para invocar el Capítulo VII de la Carta de Naciones Unidas, se utilizase en su lugar su Capítulo VI, relativo al arreglo pacifico de controversias[340].

339.-Tanto el Estatuto del Tribunal Penal Internacional para Ruanda de 8 noviembre 1994 (Resolución 955 del Consejo de Seguridad), como el del Tribunal para la antigua Yugoslavia de 25 mayo 1993 (Resolución del Consejo de Seguridad 827), fundamentan expresamente su creación, precisamente, en que ambas situaciones continúan siendo una amenaza para la paz y la seguridad internacionales, y que el enjuiciamiento de los responsables de los crímenes contribuirá a la restauración y mantenimiento de la paz.

340.-Informe de 18 febrero 1999 presentado a la Asamblea General -A/53/850- y al Consejo de Seguridad -S/1999/231 - el 16 marzo 1999.

17.-El principio de complementariedad en la CPI

Todo lo que hemos apuntado en cuanto a las competencias de la CIP está matizado por el denominado *principio de complementariedad*, según el cual, a diferencia de los tribunales para la antigua Yugoslavia y Ruanda, son preferentes en la represión de los delitos internacionales los tribunales nacionales sobre la CPI, que es meramente complementaria de éstos. De acuerdo con el principio de complementariedad recogido en el Preámbulo y en los artículos 1 y 17 del Estatuto de Roma, los Estados Partes reconocen que son ellos, no la Corte, los que tienen la obligación de hacer comparecer ante la justicia a los autores de genocidio, crímenes de lesa humanidad y crímenes de guerra. En el Preámbulo, los Estados Partes afirman que *los crímenes más graves de trascendencia para la comunidad internacional en su conjunto no deben quedar sin castigo y que, a tal fin, hay que adoptar medidas en el plano nacional e intensificar la cooperación internacional para asegurar que sean efectivamente sometidos a la acción de la justicia*; determinan *poner fin a la impunidad de los autores de esos crímenes,* y recuerdan que *es deber de todo Estado ejercer su jurisdicción penal contra los responsables de crímenes internacionales.* En el décimo párrafo del Preámbulo, los Estados Partes destacan que la Corte *será complementaria de las jurisdicciones penales nacionales* [341].

El art. 17 define el principio central, comprendido ya en el Preámbulo y en el art. 1, de *complementariedad*: la Corte sólo podrá actuar cuando la jurisdicción nacional no esté dispuesta o no sea capaz de perseguir un delito que caiga en la esfera de su competencia. En principio, no estará permitido un procedimiento ante ella cuando esté tramitándose un procedimiento nacional o el asunto en cuestión no sea lo suficientemente grave como para justificar una intervención de la Corte.

341.-AMNISTÍA INTERNACIONAL, "CORTE PENAL INTERNACIONAL: Lista de requisitos para la aplicación efectiva del Estatuto de Roma", documento AI: IOR 40/11/00/s, julio de 2000, en www.edai.org/centro/tematico/cpi/I4001100.pdf.

Resulta problemático cuándo se puede establecer con certeza que la jurisdicción nacional no está dispuesta a actuar o es incapaz de hacerlo. Debe admitirse una *falta de voluntad* de persecución penal cuando un determinado Estado incoa un procedimiento sólo aparente, para sustraer a la persona interesada de la persecución penal; cuando se verifique una dilación procesal incompatible con una intención de persecución penal; o cuando el proceso no se sustancie de manera independiente o imparcial. La jurisdicción nacional será *incapaz* para la persecución penal cuando, en base a su colapso total o esencial, no consigue hacer comparecer al acusado o proporcionar los medios de prueba necesarios. El principio de complementariedad marca así la diferencia esencial entre la Corte Penal Internacional y los Tribunales ad-hoc: mientras que estos reclaman una competencia preferente para los hechos cometidos en la antigua Yugoslavia y Ruanda, aquella puede llegar a intervenir sólo complementariamente respecto de la jurisdicción nacional. Esto debía desvirtuar incluso las consideraciones de los Estados con especial conciencia de soberanía, pues finalmente depende de ellos, concretamente, de la eficiente persecución penal de sus tribunales nacionales el hecho de si la Corte puede intervenir en un caso que le concierne.

La complementariedad se sitúa en el art. 18 del Estatuto, que afecta a los dictámenes prejudiciales de admisibilidad (*preliminary rulings regarding admissibility*), y en el art. 19, que regula las impugnaciones de competencia y admisibilidad (*challenges to the jurisdiction or the admissibility*). El art. 19 abarca también las cuestiones de admisibilidad reguladas en el art. 18, por lo que los Estados proclives a la Corte siempre consideraron superfluo el art. 18. El doble examen de admisibilidad ahora existente en el art. 18 y 19 entraña el peligro de una dilación o incluso de un bloqueo del procedimiento en un momento procesal muy anticipado. Frente a este peligro, reacciona contra un precepto de preclusión adoptado a instancias de los Estados partidarios de la Corte (art. 18, párr. 7). De acuerdo con ello, podrá practicarse una nueva impugnación de la admisibilidad del mismo Estado en el marco del art. 19 *sólo* de acuerdo con hechos adicionales significativos o a un cambio esencial de las circunstancias. Aunque la palabra clave *sólo* no está contenida en este precepto, sin embargo, debe ser incluida en su espíritu para que pueda cumplir así su fin -evitar una dilación procesal-. En las negociaciones esta restricción explícita fue postulada también por los Estados proclives de la Corte -como signo de su predisposición a transigir- rechazada, sin embargo, por los Estados Unidos. El empeño por restringir todo lo posible las oportunidades de impugnación procesal en el procedimiento preliminar se muestra también en el art. 19, párr. 4, según el cual la admisibilidad puede ser impugnada *una sola vez* por una persona o por un Estado.

Conforme al procedimiento del art. 18, el Fiscal, en el caso de una remisión de un Estado[342] deberá informar (confidencial o restringidamente), en primer lugar, a todos los Estados contratantes y, normalmente, a los Estados competentes. En ese caso, el Estado afectado podrá hacer investigaciones en el plazo de un mes y solicitar del Fiscal la remisión del caso a su competencia aún cuando la Sala de Cuestiones Preliminares no hubiera autorizado tales investigaciones. Una remisión al ámbito de competencia estatal podrá ser revisada después de seis meses o, en todo caso, también después por el Fiscal, cuando las circunstancias indiquen que el Estado no tiene intención o no está en disposición de llevar a cabo el proceso. El Fiscal podrá incluso solicitar del Estado que le informe de la marcha de las investigaciones. En caso de que esté pendiente el conflicto de competencia ante la Sala de Cuestiones Preliminares o ante la Sala de Apelaciones en procesos de revisión, el Fiscal podrá requerir a la Sala de Cuestiones Preliminares el secreto de las medidas de investigación más importantes para el aseguramiento de la prueba cuando exista una única posibilidad de sustentar las pruebas o grave riesgo de perderlas.

342.-Art. 13 (a), en relación con el art. 14, o de investigaciones de oficio, art.13 (c), en relación con el 15.

En el marco del art. 19, la Corte ha de examinar *de oficio* su competencia y admisibilidad. Junto a ello, el procesado, una persona buscada con orden de detención o un Estado (que es competente o cuya conformidad *ad hoc* es necesaria) están autorizados para hacer valer las impugnaciones de competencia y admisibilidad. Tal impugnación deberá ser presentada, en principio, antes de la iniciación del juicio. Antes de la ratificación de los cargos inculpatorios, es competente para ello la Sala de Cuestiones Preliminares, después de la ratificación la Sala de Primera Instancia. La instancia de los recursos será en ambos casos la Sala de Apelaciones. El Fiscal al llevar un conflicto ante los Tribunales podrá (igual que en el art. 18) solicitar a la Corte la autorización de adoptar las medidas de investigación necesarias para el aseguramiento de la prueba. El procedimiento de impugnación no afecta a la eficacia de las medidas de investigación de la Fiscalía ni a las órdenes judiciales tomadas antes de la impugnación. Si la Corte declara inadmisible un asunto conforme al art. 17 (complementariedad), el Fiscal podrá solicitar una revisión ante la existencia de nuevos hechos. Con la remisión de un proceso a un determinado Estado, el Fiscal (igual que en el art. 18) podrá exigir estar al corriente con regularidad sobre la marcha del proceso; en caso contrario ha de informar por su parte al Estado interesado sobre la situación del proceso.

Evidentemente, de lo anterior se deriva el reconocimiento de ciertos principios penales generales en el Estatuto: *nullum crimen* y *nulla poena* (arts. 22-24), *non bis in idem* (art. 20) y jerarquía de Derecho aplicable (art. 21): en primer lugar, deben aplicarse el Estatuto, los elementos del delito (aún por definir, art. 9) y las reglas de procedimiento.

En segundo lugar, rigen los Tratados aplicables y los principios y normas de Derecho Internacional. Si de estas fuentes del Derecho no se desprendiese una solución, podrá recurrirse a los principios generales del Derecho nacional si estos principios son compatibles con el Estatuto y el Derecho Internacional. La Corte podrá también apoyarse expresamente en decisiones anteriores. La aplicación del Derecho no deberá ser determinada por criterios nacionales, racistas, políticos o de otra índole no objetiva.

Un procesado puede invocar el *principio non bis in ídem* cuando haya sido ya condenado o absuelto o también cuando un procedimiento está pendiente ante otro Tribunal. Pero en estos casos rige la restricción derivada del principio de complementariedad de que este procedimiento no puede ser un procedimiento aparente para la protección del sospechoso o de modo no independiente o parcial (art. 20).

El principio *nullum crimen* se regula expresamente en cada una de sus cuatro acuñaciones (arts. 22-24): una persona sólo puede ser castigada por hechos que sean punibles en el momento del hecho según el Estatuto (*lex scripta*), que hubieran sido cometidos después de su entrada en vigor (*lex praevia*)[343] que estén formulados en forma suficientemente precisa (*lex certa*) y que no hayan sido ampliados mediante analogía (*lex stricta*).

En caso de duda deberá optarse siempre por la interpretación más favorable para el inculpado. En caso de modificaciones del Derecho antes de que se dicte sentencia debe aplicarse la ley más beneficiosa para el acusado. El art. 23 establece finalmente el *principio nulla poena* para impedir que se recurra a penas no fijadas en el Estatuto (para las penas, VI.1.).

18.-Crímenes enumerados en el Estatuto

343.-Según el art. 11, la Corte es competente sólo para crímenes cometidos después de la entrada en vigor del Estatuto.

De acuerdo con el artículo 1 del Estatuto de la Corte, *es una institución permanente, facultada para ejercer su jurisdicción sobre personas respecto de los crímenes más graves de trascendencia internacional* (con) *carácter complementario de las jurisdicciones penales nacionales.* Como veremos, esta afirmación supone establecer el *core delicta iuris gentium,* en relación con la extrema gravedad y las trascendencia internacional de los crímenes que contiene el listado. A su vez, el artículo 5 establece los crímenes para cuyo enjuiciamiento es competente la Corte:

1. La competencia de la Corte se limitará a los crímenes más graves de trascendencia para la comunidad internacional en su conjunto. La Corte tendrá competencia, de conformidad con el presente Estatuto, respecto de los siguientes crímenes:

a) El crimen de genocidio;

b) Los crímenes de lesa humanidad;

c) Los crímenes de guerra;

d) El crimen de agresión.

No pretendemos hacer un estudio pormenorizado sobre la tipificación que realiza el Estatuto, ya que ese es el contenido de un futuro estudio, a modo de tomo II de esta obra. Lo que sí pretendemos subrayar que el contenido competencial es indisponible y se acepta en bloque. Tras intensos debates, se convino en aceptar que cuando un Estado se adhiere al Estatuto, acepta la competencia del Tribunal sobre los cuatro crímenes principales: genocidio, crímenes de lesa humanidad, crímenes de guerra y actos de agresión. Por consiguiente, el Tribunal puede ejercer su jurisdicción si el Estado en cuyo territorio se ha cometido el acto o ha tenido lugar la omisión en cuestión, o si el Estado al que pertenece la persona investigada o enjuiciada, está obligado por el Estatuto o ha aceptado la competencia del Tribunal. Si, para el cumplimiento de lo expuesto, es necesario el consentimiento de un Estado que no es parte en el Estatuto, dicho Estado puede hacer una declaración por la que acepte la competencia del Tribunal sobre determinado crimen. No se requiere el consentimiento del Estado cuando el Consejo de Seguridad remite una situación particular al fiscal de conformidad con lo dispuesto en el Capítulo VII de la Carta de las Naciones Unidas. El Consejo de Seguridad también podrá exigir que no se inicie o prosiga investigación o enjuiciamiento alguno por un período renovable de 12 meses. Esto sólo puede ponerse en práctica una vez que se apruebe una resolución en ese sentido, con arreglo a lo estipulado en el Capítulo VII de la Carta[344].

Desgraciadamente, no se aceptó la propuesta de otorgar competencia automática al Tribunal cuando el Estado está obligado por el Estatuto. En la práctica, el Estado custodio puede desempeñar una función importante en cuanto al enjuiciamiento de criminales de guerra. A continuación se presenta un ejemplo hipotético que puede ilustrar esta situación. Una persona, acusada de haber cometido un crimen de guerra durante un conflicto armado en el territorio de un Estado X, y que es ciudadano de este mismo país, huye al Estado Y. El Estado X no es parte en el Estatuto y se niega a aceptar la competencia de la CPI sobre el sospechoso. A falta de competencia automática, el Tribunal no podrá tomar medidas y el enjuiciamiento sólo será posible cuando el Consejo de Seguridad remita el asunto al fiscal o cuando el Estado Y desee y pueda llevar al sospechoso a juicio ante los tribunales de ese país. Es evidente, una vez más, que sólo la amplia aceptación del Estatuto por parte de los Estados posibilitará la salida de este callejón sin salida[345].

344.-TRIFFTERER, Otto, *Commentary on the Rome Statute of the International Criminal Court...*, op. cit.
345.-Ibíd.

Bibliografía

Actes de la V Conférence International pour l´Unification du Droit Penal, París: Pedone, 1935.

ADDICOTT, Jeffrey F.,"The 25th Anniversary of My Lai: A Time to Inculcate the Lessons", *Military Law Review,* nº 153 (Winter 1993).

"ADOLF EICHMANN", Institut für Sozial und Wirtschaftsgeschichte, www.wsg-hist.uni-linz.ac.at/Auschwitz/HTMLesp/Eichmann.html.

ANDREOPOLUS, George*, Genocide: Conceptual and Historical Dimensions*, Philadelphia: University of Pennsylvania Press, 1994.

ARENDT, Hannah, *Eichmann en Jerusalén: un estudio sobre la banalidad del mal*, Barcelona: Lumen, 1999.

BAADE, "The Eichmann trial: Some legal aspects", *Duke Law Journal*, 1961.

BACARDÍ, Alejandro de, *Nuevo Colón o Tratado del Derecho Militar de España y sus Yndias*, Barcelona: Imprenta de Narciso Ramírez, 1858.

BACARDÍ, Alejandro de, *Diccionario de Legislación Militar*, Barcelona: Imprenta de Sucesores de Narciso Ramírez y Cía., 1885.

BAILEY, S., *Prohibitions and Restraints in War*, Londres: Oxford University Press, 1972.

BARRATA, Joseph Preston, *International peacekeeping: history and strengthening*, Livingston: Center for U.N. Reform Education, 1989.

BAR-ZOHAR, Michel, *Les Vengeurs*, París: Librairie Arthéme Fayard, 1968.

BASSIOUNI, M. C., "De Versalles a Ruanda en 75 años: la necesidad de establecer una Corte Penal Internacional Permanente", *Revista de Derecho Público,* nº 10, Bogotá, mayo de 1999.

BASSIOUNI, M. C., *Visión histórica: 1919-1998, CPI. Ratificación y Legislación Nacional de Actuación*, en *Nuvelles Études Pénales*, Assocciation Internationale de Droit Pénal, 1999.

BASSIOUNI, M.C., *The Statute of the International Criminal Court: Documentary History*, Nueva York: Transnational Publishers, 1998.

BAUMAN, Zygmunt, *Modernidad y holocausto*, Madrid: Ediciones Sequitur, 1997.

BERGALLI, Roberto, *La violencia del Sistema Penal*, en VV.AA, *Control Social Punitivo*, Barcelona: Bosch, 1996.

BIDDISS, Michael, "Victor's Justice? The Nüremberg Trial" *History Today* (May 1995).

BIERMANN, Wolfgang, *The evolution of UN peace-keeping operations in the post-Cold War era*, Copenhagen: Center for Peace and Conflict Research, 1995.

BILTON, Michael; y SIM, Kevin, *Four Hours in My Lai,* Nueva York: Viking, 1992.

"Biografías: Isabel Perón", www.historiadelpais.com.ar/biografias/Isabel_Peron.htm.

BOLTON, John R., "An International Criminal Court Won't Work", *Wall Street Journal Europe*, 30 de marzo de 1998.

BRACKMAN, Arnold C., *The Other Nüremberg: the Untold Story of the Tokyo War Crimes Trial,* Nueva York: William Morrow and Company, 1987.

BREHUM, L. *Liberia: war of horror*, Accra: Africa Book Publishing Record, 1993, www.citadel.edu/citadel/otherserv/psci/mays.htm.

BROWNLIE, I. *Principles of Public International Law*, Oxford: Clarendon Press, 1990.

BUFFE, Patrick John, "Une multinationale de la terrour sous les ailes du condor", *Journal de Geneve et Gazette de Lausanne*, 7 de julio de 1993.

BUGNION, François, *El Emblema de la Cruz Roja - Reseña histórica*, en www.icrc.org.

BUSTOS RAMÍREZ, Juan, *Manual de Derecho Penal Especial, Delitos Contra el Funcionamiento del Sistema*, Madrid: Ariel Derecho, 1995.

BUSTOS, Juan, *Derecho Penal y control social*, Barcelona: PPU, 1987.

CAMARGO, Pedro Pablo, *Tratado de Derecho Internacional Público*, Leyer: Bogotá, 1998.

CARBONEL MATEU, C., y GONZALEZ CUSSAC, J. L., *Derecho Penal Parte Especial*, Valencia: Tirant Lo Blanch, 1996.

CASAS DE LA VEGA, Rafael, *El terror, Madrid 1936*, Madrid: Editorial Fénix, 1994.

CAUSA GENERAL, LA DOMINACIÓN ROJA EN ESPAÑA, AVANCE DE LA INFORMACIÓN INSTRUÍDA POR EL MINISTERIO PÚBLICO, Madrid: Ministerio de Justicia, 1943.

CISNEROS, Andrés, y ESCUDÉ, Carlos, *Historia General de las Relaciones Exteriores de la Argentina (1806 - 1989)*, Buenos Aires: Consejo Argentino para las

Relaciones Internacionales (CARI) – Iberoamérica y el mundo, 2000, www.argentina-rree.com/home_nueva.htm.

COLLIER, David; *The new authoritarism in Latin America*, Princeton: Princeton University Press, 1979.

COLÓN DE LARRIATEGUI Y XIMENEZ DE EMBUN, Félix, *Juzgados Militares de España*, Madrid: Viuda de Ibarra, hijos y Cía., 1788.

DAILLER, P., y PELLET, A., *Droit international public*, París, 1998.

DAVID, Eric, "Le Tribunal international pénal pour l'ex-Yougoslavie", *Revue belge de droit international*, 1992.

DE VABRES, Donnedieu , "Le Proces de Nuremberg devant les Principes modernes du droit pénal international ", *Recueil des Cours* (1947-I), vol. 70.

DE WAAL, Alex, y RAKIYA, Omaar, "The genocide in Rwanda and the international response", *Current History*, vol. 19, N° 591, 1995.

DEBRAY, Regis, *The Chilean Revolution: Conversations with Allende,* Nueva York: Pantheon, 1972.

DIEHL, Paul F., *International Peacekeeping*, Baltimore: Johns Hopkins University Press, 1993.

DINSTEIN, Y., *The Defence of "Obedience to Superior Orders" in International Law*, Leiden: OBC, 1965.

DORSEN Norman y HALPERIN, Morton, "Justice after Genocide", *Washington Post*, 13 de mayo de 1998.

DOUCET, G., *La qualification des infractions graves au droit international humanitaire*, en SANDOZ, Y, y KALSHOVENF, F, *Implementation of International Humanitarian Law*, Dordrecht/Boston/Londres, 1987.

DUNANT, Henry, *Recuerdo de Solferino*, www.icrc.org.

DURCH, William J., *The Evolution of UN Peacekeeping: Case Studies and Comparative Analysis*, Nueva York: St. Martin's Press, 1993.

DURCH, William J., y BLECHMAN, Barry M., *Keeping the Peace: The United Nations in the Emerging World Order,* Washington: Henry L. Stimson Center, 1992.

"Eichmann: From Capture to Trial", www.pbs.org/eichmann/study3.htm.

EKAIZR, Ernesto, "El ´Nüremberg´ de Pinochet", *El País Digital* (Madrid, 15.11.1998), www.elpais.es.

"El relojero del Holocausto", *El País*, 5 de marzo de 2000, en www.elpais.es.

Enciclopedia Universal Ilustrada Europeo Americana, Madrid/Barcelona/Bilbao: Espasa e hijos, 1925, tomo XXVII, p. 513, voz *Hagenbach (Pedro de).*

Encyclopedia of the Holocaust, Nueva York: Macmillan Publishing Company, 1990.

EPSTEIN, L. Jack, *A history of a dirty war: Paraguay's secret police 'horror files' come to light*, Cleveland: UPC, 1995.

ERNANDEZ DURO, Cesáreo, *Armada Española*, Madrid: 1902, tomo VIII.

ESCOBAR HERNANDEZ, Concepción, "Algunas reflexiones sobre la Corte Penal Internacional como institución internacional", *REDEM*, nº 75 (enero-junio de 2000).

FAIRMAN, CH., "The Supreme Court on Military Jurisdiction: Martial Rule in Hawaii and the Yamashita Case", *Harvard Law Review*, vol. 59, 1946.

FAWCETT, "The Eichmann Case", *British Year Book of Internacional Law*, vol. 38, 1962.

FETHERSTON, A.B., *Towards a Theory of United Nations Peacekeeping*, Nueva York: St. Martin's Press, 1994.

FLORIA, Carlos A. y GARCÍA BELSUNCE, César A., *Historia de la Argentina contemporánea, 1880-1983*, Buenos Aires: Alianza, 1989.

FRANKLIN, Joshua Daniel, *The International Military Tribunals. An Overview and Assessment,* Honors Thesis, Carl Goodson Honors Program, Ouachita Baptist University Arkadelphia (15 April 2001), www.iocc.com/~joshua/history/trials/trials.html.

FRÜHLING EHRILCH, Hugo; *La defensa de los derechos humanos en el Cono Sur. Dilemas y perspectivas hacia el futuro*, en *Represión política y defensa de los derechos humanos,* Santiago de Chile: Centro de Estudios Sociales (CESOC) y Ediciones Chile y América, 1986.

FRYE, A. (ed.) *Toward an International Criminal Court?*, Nueva York: Council on Foreign Relations, 1999.

GARCÍA ARÁN, M. y LOPEZ GARRIDO, D., *Crimen internacional y jurisdicción universal: (el caso Pinochet)*, Valencia: Tirant lo Blanch, 2000.

GARCIA MENDEZ, Emilio, *Autoritarismo y control social. Argentina-Uruguay-Chile*, Buenos Aires, 1976.

GARRETON, M. A., *Dictaduras y democratización*, Santiago de Chile: FLACSO,

1984.

GARRETON, Manuel Antonio, *En torno a la discusión sobre los nuevos regímenes autoritarios en América Latina*, en PORTALES, Carlos; *La América Latina en el Nuevo Orden Económico internacional*, México: Fondo de Cultura Económica, 1983.

GELLER, Doron, "The Capture of Adolf Eichmann", *Jewis Virtual Librey*, www.us-israel.org/jsource/Holocaust/eichcap.html.

GERSHEN, Martin, *Destroy or Die: The True Story of My Lai,* Nueva York: Arlington House, 1971.

GIL GIL, Alicia, *Derecho Penal Internacional*, Madrid: Editorial Tecnos, 1999.

GOMEZ GUILLAMON, Rogelio, "La creación de la Corte Penal Internacional: antecedentes", *REDEM*, nº 75 (enero-junio de 2000).

GROBMAN Gary, "Eichmann's Final Plea", www.pbs.org/eichmann/ownwords.htm.

GROBMAN, Gary, "Charges Against Eichmann", www.pbs.org/eichmann/study4.htm.

GUILLEN TATO, Julio F., *Historia de las condecoraciones marineras: cruces, medallas y escudos de distinción,* Madrid: Consejo Superior de Investigaciones Científicas-Instituto Histórico de la Marina, 1958.

GUTIÉRREZ CONRADI, Faustino; *La criminalidad organizada ante la justicia*. Sevilla: Secretariado de publicaciones de la Universidad de Sevilla, 1996.

HAMMER, Richard, *The Court-Martial of Lt. Calley,* Nueva York: Coward, 1971.

Historia de la ONU, ABC de las Naciones Unidas, en www.un.org/spanish/aboutun/origin.htm.

HUMAN RIGHTS WATCH, *The ICC Statute: Summary of the Key Provisions*, Nueva York: Human Rights Watch, 1998.

International Dimensions of Humanitarian Law, París: UNESCO, 1988.

JESCHEK, Hans-Heinrich, *Nüremberg Trials*, en BERNHART, Rudolf (ed.), *Encyclopedia of Public International Law*, vol. 4, Amsterdam-Nueva York-Oxford: North-Holland Publishing Company, 1982.

JIMENEZ DE ARECHAGA, Eduardo, *Instituciones de Derecho Internacional Público*, Madrid: Editorial Tecnos, 1978.

KEITH HALL, Christopher, "La primera propuesta de creación de un tribunal penal internacional permanente", *Revista Internacional de la Cruz Roja*, n° 145 (marzo de 1998).

"LA CAPTURA ILEGAL DE ADOLFO EICHMANN", en *Biblioteca de Textos Doctrinarios*, lans-wp.freewebspace.com/T-i-gen.htm.

"La prensa vuelve a exhumar el recuerdo de Adolf Eichmann", www.mesianicos.com/noticias/eichman.htm.

LANDECHO VELASCO, C.M., y MOLINA BLAZQUEZ, C., *Derecho Penal Español. Parte Especial*, Madrid: Tecnos, 1996.

LANDRUM, Bruce D., "The Yamashita War Crimes Trial: Command Responsibility Then and Now", 63.206.217.42/geneva_project/archive/DoD/docs/Landrum_Yamashita.doc.

LECHNER, Norbert; *Estado y Política en América Latina*, México: Ed. Siglo XXI, 1981.

LEE, Roy S., *The International Criminal Court. The Making of the Rome Statute. Issues-Negotiations-Results*, La Haya, Londres, Boston: Kluwer Law International, 1999.

LEMKIN, R., "Genocide, A Modern Crime", *Free World*, vol. 4 (April, 1945), www.preventgenocide.org/lemkin/freeworld1945.htm.

LEMKIN, R., *Axis Rule in Occupied Europe: Laws of Occupation - Analysis of Government - Proposals for Redress*, Washington, D.C.: Carnegie Endowment for International Peace, 1944.

LIROLA DELGADO, Isabel, *La competencia material de la Corte Penal Internacional. La relación con el Proyecto de Código de Crímenes contra la Paz y la Seguridad de la Humanidad*, en *Creación de una jurisdicción penal internacional, Colección Escuela Diplomática n° 4*, Madrid: Escuela Diplomática-Asociación Española de Profesores de Derecho Internacional y Relaciones Internacionales-Boletín Oficial del Estado, 2000.

LOCKWOOD Christopher, "International: Nüremberg Bids to House World War Crimes Court", *Daily Telegraph* (Londres), 29 de abril de 1998.

LOPEZ GARRIDO, Diego, *Terrorismo, política y derecho*, Madrid: Alianza, 1987.

LOPEZ LAUSON, Carlos, *La Doctrina de Seguridad Nacional y los Derechos Humanos*, Santiago de Chile: Documentas, 1984.

MACKINTOSH, Anne, "The international response to conflict and genocide: Lessons from the Rwanda experience. Report of the Joint Evaluation of Emergency Assistance to Rwanda", *Journal of Refugee Studies*, vol. 9, n° 3, 1996.

"Malkin, el cazador de Eichmann", *Clarín digital* (domingo 14 de mayo de 2000), www.raoul-wallenberg.org.ar/espanol/clarin/clarin3.html.

MATELLANES RODRÍGUEZ, Nuria, *El delito de tortura*, en *Nuevas Cuestiones Penales*, Madrid: Edit. Colex, 1998.

MELÉNDEZ, Adolfo, "La emancipación de los desarraigados. Ayuda Humanitaria y Derechos Humanos. Conceptos interrelacionados", *Tiempo de paz*, n° 40 (invierno 1996).

MERKEL, Reinhard, Das Recht des Nüremberger Prozesses, Nüremberger Menschenrechtszentrum (Hg.): Von Nüremberg nach Den Haag, Hamburg 1996.

MERON, Theodor, "International Criminalization of Internal Atrocities", American Journal of International Law, vol. 89, 1995.

MONTERO MORENO, Antonio, *Historia de la persecución religiosa en España, 1936-1939*, Madrid: Biblioteca de Autores Cristianos, 1999.

MOYNIER, Gustave, "Note sur la création d'une institution judiciaire internationale propre à prevenir et à réprimer les infractions à la Convention de Genève", *Bulletin international des Sociétés de secours aux militaires blessés,* n° 11 (abril de 1872).

MÜLLER, Ingo, *Hitler's Justice: The Courts of the Third Reich,* Cambridge: Harvard University Press, 1991.

MUÑOZ CONDE, *Manual de Derecho Penal General*, Valencia: Tirant Lo Blanch, 1995.

MUTUA, Makau, "Never again: Questioning the Yugoslav and Rwanda Tribunals", *Temple International and Comparative Law Journal*, vol. 11, n° 1, 1997.

NATHANS, Eli, "Legal Order as Motive and Mask: Franz Schlegelberger and the Nazi Administration of Justice", *Law and History Review*, vol. 18, n° 2, www.historycooperative.org/journals/lhr/18.2/nathans.html.

ÖGREN, K., "El Derecho Humanitario en los Artículos de Guerra decretados en 1621 por el Rey Gustavo Adolfo II de Suecia", *RICR*, nº 136 (julio-agosto de 1996).

OPPENHEIM, L., *International Law, Volumen II, Disputes, War and Neutrality*, Londres: Longmans and Green, 1952.

ORTUZAR, Ximena, "A common market of terror", *World Press Review*, mayo de 1993.

ORURO, José, *Sociedad y Política*, Lima: 1980.

OSIEKE, Ebere, "The Legal Validity of Ultra Vires Decisions of International Organizations", *The American Journal of International Law*, vol. 77.

PADFIELD, Peter, *Himmler. El líder de las SS y la Gestapo*, Madrid: La Esfera de los Libros, 2003.

PARKER, Geoffrey, *El ejército de Flandes y el Camino Español*, 1567-1659, Madrid: Alianza, 1991.

PARKS, Hays W., "A Few Tools in the Prosecution of War Crimes", *Military Law Review* nº 149 (Summer 1995).

PASTOR RIDRUEJO, José A., *Curso de Derecho Internacional Público y Organizaciones Internacionales*, Madrid, Editorial Tecnos, 1992.

PAZ PAZ, Claudia, *Análisis Jurídico del Genocidio. Especial consideración del concepto y Mecanismos de Protección*. Tesina de Grado, Universidad de Salamanca, Facultad de Derecho, 1997.

PICTET, Jean, *Desarrollo y Principios del Derecho Internacional Humanitario,* en www.icrc.org.

PIGNATELLI y MECA, Fernando, "Ponencias del XII Seminario "Duque de Ahumada", crímenes contra la humanidad y genocidio", en www.guardiacivil.org.

POO, Ximena, "La riesgosa labor del descubridor", *La Época,* (Santiago de Chile), 28 de febrero de 1993.

PORTILLA CONTRERAS, G., *De las torturas y otros delitos contra la Integridad Moral,* en COBO DEL ROSAL, *Curso de Derecho Penal Español, Parte Especial,* Madrid: Marcial Pons, Madrid, 1996.

PORTUGUÉS Y MORENTE, José Antonio, *Colección General de Ordenanzas Militares de España desde 1551 hasta 1758,* Madrid: 10 tomos, 1746-65.

PRÉVOST, A.M., "Race and War Crimes: The 1945 War Crimes Trial of General Tomoyuki Yamashita", *Human Rights Quarterly,* vol. 14, 1992.

PRITCHARD, R. John, y MAGBANUA ZAIDE, Sonia, *The Tokyo War Crimes Trial* (22 vols.), Nueva York and Londres: Garland, 1981.

QUATREFAGES, René, *Los Tercios,* Madrid: Ediciones Ejército, 1983.

"¿Qué es el generocidio?", www.gendercide.org/que_es_generocidio.html.

"¿Qué pasó en Uchuraccay?", *Caretas,* 7 de febrero de 1983.

QUINTANO RIPOLLÉS, Antonio, *Tratado de Derecho Internacional Penal,* Madrid: CSIC, 1955.

RAGUÉS I VALLÉS, Ramón, "El Tribunal Penal internacional. La última gran institución del siglo XX (I)", *La Ley* (17 abril 2001).

RAIMONDO, Tony, "La Masacre de My Lai: Estudio de un Caso, Escuela de las Américas, Fuerte Benning, Georgia", www.fsa.ulaval.ca/personnel/vernag/EH/F/cons/lectures.

RALEA, Francesc, "Las víctimas del general", *El País Digital*, www.elpais.es/p/d/especial/chile/.

RAMON CHORNET, C., *¿Violencia necesaria? La intervención humanitaria en Derecho Internacional*, Madrid: Trotta, 1995.

RAMÓN CHORNET, Consuelo, *Terrorismo y respuesta de fuerza en el marco del Derecho Internacional*, Valencia: Tirant Lo Blanch, 1993.

RASSINIER, Paul, *La verdad sobre el proceso Eichmann*, www.abbc.com/aaargh/espa/rassin/verd3.html, 1962.

RAWLS, John, *El derecho de los Pueblos*, Bogotá: Universidad de los Andes, 1996.

REMIRO BROTONS, Antonio, *Derecho Internacional Público*, Madrid: Editorial Tecnos, 1983.

REMIRO BROTONS, Antonio, *El caso Pinochet. Los límites de la impunidad*, Madrid: Biblioteca Nueva, 1999.

RODRÍGUEZ VILLASANTE PRIETO, José Luis, "Naciones Unidas: acción preventiva e injerencia humanitaria", *Revista Española de Defensa*, nº 63 (mayo de 1993).

RÖLING, B. V. A., y RUTER, C. F., *The Tokyo Judgement: The International Military Tribunal for the Far East (I.M.T.F.E.), 29 April 1946-12 November 1948*, (2 vols.), Amsterdam: APA University Press, 1977.

RÖLING, Bert V.A., *Tokyo Trial*, en BERNHART, Rudolf (ed.), BERNHART, Rudolf (ed.), *Encyclopedia of Public International Law*, vol. 4, Amsterdam-Nueva York-Oxford: North-Holland Publishing Company, 1982.

RUBIN Alfred P., "Dayton, Bosnia and the Limits of Law", *National Interest* n° 46 (Invierno 1996-97).

RUEDA FERNÁNDEZ, Casilda, *Delitos de Derecho Internacional*, Barcelona: Bosch, 2001.

RUMMEL, R.J., "How many did communist regimes murder?", www.mega.nu:8080/ampp/rummel/com.art.htm.

SALES. F., "El paraíso azul", *El País*, 15 de febrero de 1988.

SAVATER, Fernando, y MARTÍNEZ FRESNEDA, Gonzalo, *Teoría y presencia de la tortura en España*, Barcelona: Anagrama, 1982.

SCHINDLER y TOMAN, *The Laws of Armed Conflicts*, Ginebra: Instituto Henry Dunant, 1988.

SCHMINTT, Carl, *El concepto de lo político*, Madrid: Alianza Universidad, 1991.

SCHWARZENBERG, G., *International Law as Applied by International Courts and Tribunals, Vol. II: The Law of Armed Conflicts*, Londres: Stevens, 1968.

SCHWARZENBERGER, G., "The Eichmann judgement", *Current Legal Problems*, vol.

15, 1962.

SCHWELB, E., "Crimes against humanity", *British Yearbook of International Law*, vol. 23, n° 8, 1949.

SCOTT, J. B., *The Hague Conventions and Declarations of 1899 and 1907*, Nueva York: Carnegie Endowment for International Peace, 1915.

SMITH, Bruce T., "His Professional Duty: A Profile of Judge Wayne E. Alley", *APR Fed. Law* n° 38 (March/April 1996).

STOLLEIS, Michael, *The Law under the Swastika: Studies on Legal History in Nazi Germany,* Chicago: University of Chicago Press, 1998.

SWINARSKI, Christophe, *Principales nociones e institutos del Derecho Internacional Humanitario como sistema de protección de la persona humana*, en www.icrc.org.

TANAKA, Yuki, *Hidden Horrors: Japanese War Crimes in World War II.* Boulder: Westview Press, 1996.

TAPIA VALDES, Jorge, *El terrorismo de Estado*, México: Nueva Imagen, 1969.

TOURAINE, Alain, *Vie et morte du Chile populaire*, París: Seuil, 1973.

"Trials of War Criminals before the Nuremberg Military Tribunals under Allied Control Council (ACC) Law No. 10", www.archives.gov/iwg/research_papers/trial_of_war_criminals_before_imt.html.

TRIFFTERER, Otto, *Commentary on the Rome Statute of the International Criminal Court: Observers' Notes, Article by Article*, Baden-Baden: Nomos Verlagsgsellschaft, 1999.

"Un nazi en San Fernando", *Clarín digital* (domingo 14 de mayo de 2000), www.raoul-wallenberg.org.ar/espanol/clarin/clarin2.html.

VALDIVIESO MONTAÑO, A, *Tomás Boves,* Oviedo: Grupo Editorial Asturiano, 1990.

VALENCIA VILLA, *Diccionario Espasa de Derechos Humanos*, Espasa: Madrid, 2003.

VALLECILLO, Antonio, *Legislación Militar de España Antigua y Moderna, recogida, ordenada y recopilada por D. Antonio Vallecillo.* Madrid: Establecimiento tipográfico de T. Fortanet, 1853.

VALLECILLO, Antonio, *Ordenanzas de S.M. para el Régimen Disciplina, Subordinación y Servicio de sus Ejércitos ilustradas por artículos con las Reales Ordenes espedidas hasta la fecha de esta edición*, Madrid: Imprenta de los Señores Andrés y Díaz, Plazuela del Duque de Alba nº 4, 3 ts., 1850.

VARADARAJAN, Siddharth, "Imperial Impunity, US Hampers World Criminal Court Plan," *Times of India*, 23 de abril de 1998.

VERBITSKY, Horacio, *La Posguerra Sucia,* Buenos Aires: Legasa, 1985.

VIDAL, César, *Checas de Madrid. Las cárceles republicanas al descubierto,* Madrid: Belacqva /Carroggio, 2003.

VIVES ANTON, T. S.; BOIX REIG, J.; OTS BERENGUER, E., CARBONEL MATEU, J.C., GONZALEZ CUSSAC; *Derecho Penal. Parte Especial*, Valencia: Tirant Lo Blanch.

VV.AA., *Corte Penal Internacional. Manual para la Ratificación e Implementación del Estatuto de Roma*, Vancouver: The International Centre for Criminal Law Reform and Criminal Justice Policy, 2000, www.ichrdd.ca.

VV.AA., *Curso de Derecho Internacional Público*, Madrid: Servicio de Publicaciones de la Universidad Complutense, 1992.

VV.AA., *No Peace Without Justice, International Ratification Now! Campaign for the establishment of the International Criminal Court by year 2000: A Manual for Legislators*, Roma: No Peace Without Justice, 1999.

WALDMANN, Peter, "Represión estatal y paraestatal en Latinoamérica", *Revista América Latina Hoy*, 2ª época, n° 19 (junio de 1995).

WALZER, Michael, *Guerras justas e injustas. Un razonamiento moral con ejemplos históricos*, Barcelona: Paidós, 2001.

WÉLLER, M., "The international response to de dissolution of the Socialist Federal Republic of Yugoslavia", *American Journal of International Law*, vol. 86, n° 3 (julio de 1992).

"Wiesenthal", www.geocities.com/Eureka/3353/simon.htm.

WILLIS, J. W. *Prologue to Nüremberg: The Politics and Diplomacy of Punishing War Criminals of the First World War Westport,* Conneticut: Greenwood Press, 1982.

YÁNEZ BARNUEVO GARCIA, Juan Antonio, "El proceso en marcha para la ratificación y puesta en práctica del Estatuto de Roma", *REDEM*, n° 75 (enero-junio de 2000).

www.ingramcontent.com/pod-product-compliance
Lightning Source LLC
Chambersburg PA
CBHW031828170526
45157CB00001B/227